●収録内容一覧

■2025年度中学受験用

国士舘中学校

4年間スーパー過去問

入試問題と解説・解答の収録内容

2024年度　１回	算数・国語 （国語は５回）	実物解答用紙DL
2024年度　２回	算数・国語	実物解答用紙DL
2024年度　４回	算数・国語 （解答のみ）	実物解答用紙DL
2023年度　１回	算数・国語 （算数は２回）	実物解答用紙DL
2023年度　３回	算数・国語 （国語は４回）	実物解答用紙DL
2022年度　１回	算数・国語 （国語は２回）	実物解答用紙DL
2022年度　３回	算数・国語	実物解答用紙DL
2021年度　１回	算数・国語 （国語は４回）	
2021年度　３回	算数・国語	

～本書ご利用上の注意～　以下の点について，あらかじめご了承ください。

★別冊解答用紙は巻末にございます。実物解答用紙は，弊社サイトの各校商品情報ページより，一部または全部をダウンロードできます。

★編集の都合上，学校実施のすべての試験を掲載していない場合がございます。

★当問題集のバックナンバーは，弊社には在庫がございません（ネット書店などに一部在庫あり）。

合格を勝ち取るための
『スーパー過去問』の使い方

本書に掲載されている過去問をご覧になって,「難しそう」と感じたかもしれません。でも，多くの受験生が同じように感じているはずです。なぜなら，中学入試で出題される問題は，小学校で習う内容よりも高度なものが多く，たくさんの知識や解き方のコツを身につけることも必要だからです。ですから，初めて本書に取り組むさいには，点数を気にしすぎないようにしましょう。本番でしっかり点数を取れることが大事なのです。

過去問で重要なのは「まちがえること」です。自分の弱点を知るために，過去問に取り組むのです。当然，まちがえた問題をそのままにしておいては意味がありません。

本書には，長年にわたって中学入試にたずさわっているスタッフによるていねいな解説がついています。まちがえた問題はしっかりと解説を読み，できるようになるまで何度も解き直しをしてください。理解できていないと感じた分野については，参考書や資料集などを活用し，改めて整理しておきましょう。

このページも参考にしてみましょう！

◆どの年度から解こうかな　「入試問題と解説・解答の収録内容一覧」

本書のはじめには収録内容が掲載されていますので，収録年度や収録されている入試回などを確認できます。

※著作権上の都合によって掲載できない問題が収録されている場合は，最新年度の問題の前に，ピンク色の紙を差しこんでご案内しています。

◆学校の情報を知ろう!!「学校紹介ページ」

このページのあとに，各学校の基本情報などを掲載しています。問題を解くのに疲れたら息ぬきに読んで，志望校合格への気持ちを新たにし，再び過去問に挑戦してみるのもよいでしょう。なお，最新の情報につきましては，学校のホームページなどでご確認ください。

◆入試に向けてどんな対策をしよう？「出題傾向＆対策」

「学校紹介ページ」に続いて,「出題傾向＆対策」ページがあります。過去にどのような分野の問題が出題され，どのように対策すればよいかをアドバイスしていますので，参考にしてください。

◇別冊「入試問題解答用紙編」

本書の巻末には，ぬき取って使える別冊の解答用紙が収録してあります。解答用紙が非公表の場合などを除き，(注）が記載されたページの指定倍率にしたがって拡大コピーをとれば，実際の入試問題とほぼ同じ解答欄の大きさで，何度でも過去問に取り組むことができます。このように，入試本番に近い条件で練習できるのも，本書の強みです。また，データが公表されている学校は別冊の１ページ目に過去の「入試結果表」を掲載しています。合格に必要な得点の目安として活用してください。

本書がみなさんの志望校合格の助けとなることを，心より願っています。

株式会社　声の教育社　編集部

国士舘中学校

所在地	〒154-8553 東京都世田谷区若林4-32-1
電　話	03-5481-3114(代)
ホームページ	https://jhs.kokushikan.ed.jp/
交通案内	東急世田谷線「松陰神社前駅」より徒歩6分, 小田急線「梅ヶ丘駅」より徒歩13分 各線「渋谷駅」「五反田駅」よりバス「世田谷区民会館」下車2分

くわしい情報はホームページへ

トピックス

★面接の時間は約5分で，面接官は2名(参考：昨年度)。
★柔道部や剣道部は全国レベル。全国大会優勝などの実績をほこる。

創立年 大正12年

男女共学

高校募集 あり

応募状況

年度	募集数		応募数	受験数	合格数	倍率
2024	①　40名	男	68名	49名	32名	1.5倍
		女	20名	17名	14名	1.2倍
	②　15名	男	76名	25名	16名	1.6倍
		女	23名	5名	3名	1.7倍
	③　15名	男	75名	23名	12名	1.9倍
		女	23名	4名	2名	2.0倍
	④　10名	男	88名	21名	15名	1.4倍
		女	23名	2名	0名	—
	⑤若干名	男	88名	11名	6名	1.8倍
		女	23名	4名	4名	1.0倍

入試情報（参考：昨年度）

・試験日：
　第１回　2024年２月１日＊
　第２回　2024年２月２日午前＊
　第３回　2024年２月２日午後＊
　第４回　2024年２月４日
　第５回　2024年２月５日
　＊では，２科合計が160点以上で国士舘高等学校への進学を希望する者を学業優秀特待生とする(複数回チャレンジ可能)。
・試験科目：
　２科(国語・算数)，面接(受験生個人)
※試験当日，昼食を準備する必要はございません。

本校の特色

国士舘では，多様な経験を通して，「礼節」をわきまえること，自発的に学習する姿勢を身につけること，部活動をはじめとする「文武両道」を全うすることができる生徒を育てます。

＜特色ある教育＞

・書道や武道で「礼節」を身につけます。
・生徒の心の状況や成長度合いを把握したうえで“長所を伸ばして，短所を改善する”取り組みとして「エゴグラム」を導入しています。
・月曜日～金曜日の15：30～16：30は，教室でクラス担任や教科担当の先生とともに放課後学習を実施し，宿題や復習，翌日の予習などに取り組みます。
・２年次に福島県の「ブリティッシュヒルズ」を訪れ，ネイティブによるレッスンで英語を集中的に学びます。２泊３日の体験で，積極的に英語に関わろうとする姿勢や成長を感じられるようになります。

過去３年間の主な他大学合格実績

上智大，明治大，青山学院大，立教大，中央大，法政大，学習院大，順天堂大，星薬科大

※中学校からの内部進学者のみ

〔国士舘大学への内部進学〕

全日制各学部内部推薦入試枠(参考：2023年度)

政経学部37，理工学部27，体育学部22，法学部34，文学部15，21世紀アジア学部15，経営学部20

編集部注一本書の内容は2024年4月現在のものであり，変更されている場合があります。正式な情報は，学校のホームページ等で必ずご確認ください。

算数 出題傾向＆対策

◆基本データ（2024年度１回）

試験時間／満点	45分／100点
問題構成	・大問数…２題 計算１題（５問）／応用小問１題（15問） ・小問数…20問
解答形式	解答のみを記入する形式になっている。単位はあらかじめ印刷されている。
実際の問題用紙	Ｂ５サイズ，小冊子形式
実際の解答用紙	Ｂ４サイズ

◆出題傾向と内容

▶過去３年の出題率トップ３
１位：四則計算・逆算21％　２位：角度・面積・長さ７％　３位：計算のくふう６％
▶今年の出題率トップ３
１位：四則計算・逆算22％　２位：角度・面積・長さ12％　３位：約数と倍数など５％

計算問題は５問ほど出題され，計算のくふうをしなければならないものもあります。

小問集合題の出題範囲ははば広く，特殊算，割合，数の性質，図形分野などからひと通り取り上げられます。なかでも角度・面積・長さ，割合と比の出題率が高くなっています。

そのほか，よく出題されるものに，還元算・相当算，数列，場合の数，比の性質，角度・面積・長さを求める問題，速さとグラフを組み合わせた問題があります。

全体的に見ると，基本的でかたよりのない試験となっています。

◆対策～合格点を取るには？～

計算力は算数の基本的な力です。標準的な計算問題集を１冊用意して，毎日５問でも10問でもかまいませんから，欠かさずに練習すること。数量分野では，単位の計算，割合と比，数の性質，場合の数などに注目しましょう。図形分野では，角度・面積・長さ・体積を求める基本的な考え方や解き方をはば広く身につけ，すばやく解けるようになること。また，グラフの問題は，速さと組み合わせた問題の基本をおさえておくとよいでしょう。特殊算もよく出題されているので，ひと通りの基本を習得しておいてください。

分野	年度	2024		2023		2022	
		1回	2回	2回	3回	1回	3回
計算	四則計算・逆算	●	●	●	●	●	●
	計算のくふう	○	○	○	○	○	○
	単位の計算			○	○	○	
和と差	和差算・分配算						
	消去算	○		○		○	
	つるかめ算			○		○	
	平均とのべ	○			○	○	○
	過不足算・差集め算			○		○	
	集まり						
	年齢算		○				
割合と比	割合と比			○	○		◎
	正比例と反比例						
	還元算・相当算	○			○		○
	比の性質		○	○	○		
	倍数算		○			○	○
	売買損益	○			○		
	濃度	○			○		
	仕事算		○				
	ニュートン算						
速さ	速さ		○	○		○	◎
	旅人算			○		○	
	通過算		○				
	流水算						
	時計算				○		○
	速さと比	○			○	○	
図形	角度・面積・長さ	●	◎	●	○	○	
	辺の比と面積の比・相似		○		○	○	◎
	体積・表面積		○		○		
	水の深さと体積		○	○			○
	展開図						
	構成・分割						
	図形・点の移動	○		○	○	○	
表とグラフ							
数の性質	約数と倍数	○	○	○	○	○	○
	N進数				○		
	約束記号・文字式		○				
	整数・小数・分数の性質			○		○	○
規則性	植木算						
	周期算	○					○
	数列		○				
	方陣算						
	図形と規則						
場合の数						○	○
調べ・推理・条件の整理				○	○		
その他							

※　○印はその分野の問題が１題，◎印は２題，●印は３題以上出題されたことをしめします。

国語　出題傾向＆対策

◆基本データ（2024年度２回）

試験時間／満点	45分／100点
問題構成	・大問数…６題 文章読解題３題／知識問題３題 ・小問数…31問
解答形式	記号選択や書きぬきのほかに，文章中のことばを使った記述問題が見られる。自分の考えを述べるものもある。
実際の問題用紙	Ｂ５サイズ，小冊子形式
実際の解答用紙	Ｂ４サイズ

◆出題傾向と内容

▶過去の出典情報（著者名）
説明文：栄　和人　広瀬一郎　美甘玲美
小　説：中松まるは　竹内由美　工藤純子
随　筆：豪栄道豪太郎　クルム伊達公子
韻　文：武馬久仁裕　東　直子　佐藤弓生

●読解問題…説明文・論説文では指示語・接続語，言いかえの表現，筆者の考えの読み取りなどの問いが，小説・物語文では心情や理由の読み取りなどの問いが中心となっています。韻文の出題が多いのも特ちょうです。また，自分の考えや経験を文章で述べたり，短歌や俳句を作ったりする問題も出題されます。

●知識問題…漢字の読み・書き取り以外に，慣用句，熟語，部首・画数などが見られます。ローマ字に関する問題も出題されています。

◆対策～合格点を取るには？～

読解問題の対策としては，多くの文章に接して，読解力を十分につけておくことです。そのさい，登場人物の性格や気持ち，背景などを通してえがかれる，作者が伝えたいことがら（主題）をくみ取りながら読みすすめるとよいでしょう。

なお，詩・短歌・俳句がよく出題されていますので，有名な作品は読んでおきましょう。

表現力を養うためには，読書の後に，要旨や感想を50～100字程度でまとめてみるのが効果的です。主述の対応は問題ないか，漢字や接続語は正しく使えているかなどに注意しましょう。

知識問題については，漢字の問題集を一冊仕上げるほか，慣用句・ことわざなどについても，ノートにまとめるなどして覚えていきましょう。

分野 ＼ 年度			2024		2023		2022	
			2回	5回	1回	4回	2回	3回
読解	文章の種類	説明文・論説文	★		★	★	★	
		小説・物語・伝記	★	★	★	★	★	★
		随筆・紀行・日記						★
		会話・戯曲						
		詩			★			
		短歌・俳句	★	★			★	
	内容の分類	主題・要旨	○	○	○	○	○	○
		内容理解	○	○	○	○	○	○
		文脈・段落構成						
		指示語・接続語	○	○	○	○	○	○
		その他	○	○	○	○	○	○
知識	漢字	漢字の読み	★	★	★	★	★	★
		漢字の書き取り	★	★	★	★	★	★
		部首・画数・筆順		○	○	○		
	語句	語句の意味						
		かなづかい	○					
		熟語				○		○
		慣用句・ことわざ	○	○	○	○	○	
	文法	文の組み立て	○	○	○	○	○	○
		品詞・用法						
		敬語						
	形式・技法							
	文学作品の知識							
	その他		★	★	★	★	★	★
	知識総合		★	★	★	★	★	★
表現	作文							
	短文記述		○	○	○	○	○	○
	その他							
放送問題								

※　★印は大問の中心となる分野をしめします。

カコを追いかけ
ミライをつかめ
「今の説明、もう一回」を何度でも
web過去問
ストリーミング配信による入試問題の解説動画
もっと古いカコモンないの？
カコ過去問
「さらにカコの」過去問をHPに掲載（DL）
声の教育社
詳しくはこちらから

Memo

Memo

2024年度　国士舘中学校

【算　数】〈第１回試験〉（45分）〈満点：100点〉

1　□にあてはまる数を入れなさい。

・ $2.34 \div 0.12 \div 6.5 =$ ［　①　］

・ $6.4 \div 9 \times 3.6 \div 8 =$ ［　②　］

・ $14 + 35 \times \left(1\frac{3}{7} - 1\frac{2}{5}\right) =$ ［　③　］

・ $1\frac{5}{6} - \frac{8}{15} \div 0.36 =$ ［　④　］

・ $78 \times 6.27 + 2.2 \times 62.7 =$ ［　⑤　］

2　□にあてはまる数を入れなさい。

・ $\frac{10}{\square} \div \frac{6}{7} = \frac{5}{9}$ のとき、□にあてはまる数は［　⑥　］です。

・　8の倍数でも14の倍数でもある整数は、［　⑦　］の倍数と同じです。

・　4回のテストの平均点が［　⑧　］点のとき、5回目に94点をとると5回のテストの平均点が78点になります。

・　［　⑨　］円の品物を40％引きの値段で買うとき、支払う金額は2100円です。（消費税は、考えない。）

・　12％の食塩水200gに水を100g加えると、［　⑩　］％の食塩水になります。

・　ケーキ１個とクッキー４枚の代金の合計は880円で、ケーキ２個とクッキー３枚の代金の合計は960円です。このとき、ケーキ１個の値段は［　⑪　］円です。（消費税は、考えない。）

・　あるきまりにしたがって、3、5、7の数字が次のように左から順に並んでいます。このとき、左から１番目の数から［　⑫　］番目までの数をすべてたした和は267になります。

3　7　5　5　3　5　3　7　5　5　3　5　3　7　…

・　全部で［　⑬　］ページある本を、昨日は全体の$\frac{2}{7}$を読み、今日は残りの$\frac{3}{5}$を読んだら、まだ読んでいないページが70ページありました。

・　家から［　⑭　］mの道のりにある駅まで行くのに、分速75mで歩くと電車の発車時刻の４分前に着き、分速60mで歩くと電車の発車時刻に２分遅れます。

・　右の図のような、同じ大きさの長方形からなるます目の道があります。この道を通って、Ａ地点からＢ地点までいちばん短い道のりで行く行き方は全部で［　⑮　］通りあります。

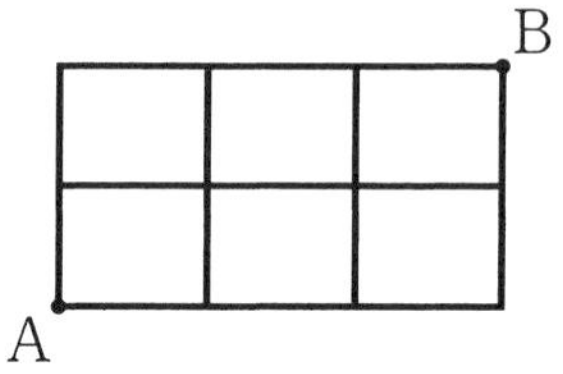

・　太郎さんと花子さんはじゃんけんを40回しました。１回勝ったときの得点を4点、1回負けたときの得点を0点、1回あいことなったときの得点を太郎さんと花子さんにそれぞれ2点ずつとします。あいこが8回あり、太郎さんの得点が花子さんの得点よりも16点多いとき、太郎さんの得点は［　⑯　］点です。

・　右の図で、四角形ＡＢＣＤは正方形で、三角形ＢＣＥは正三角形です。㋐の角の大きさは ⑰ 度です。

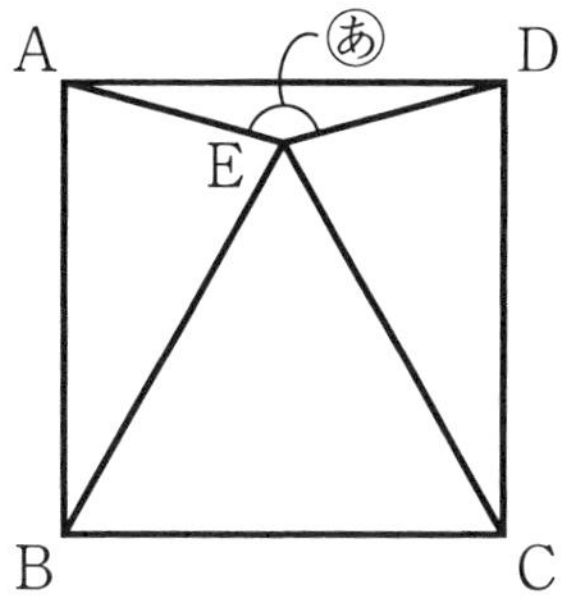

・　右の図は、直方体の展開図です。この展開図を組み立ててできる直方体の辺の長さの合計は ⑱ cmです。

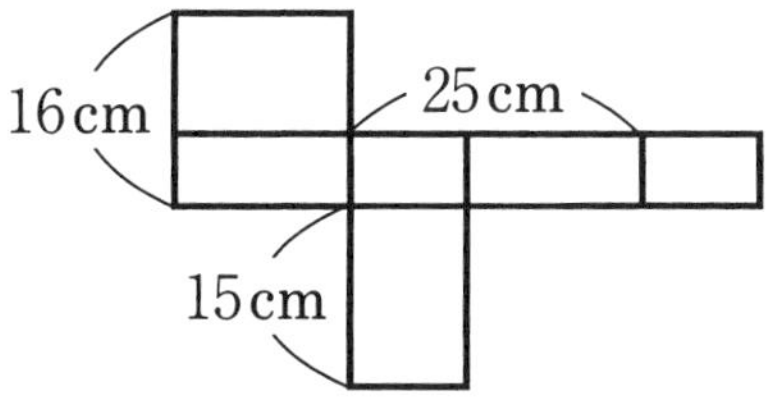

・　右の図は、半径が8cmの円の$\frac{1}{4}$と正方形を組み合わせた形です。かげをつけた部分の面積は ⑲ cm^{2}です。

（円周率は3.14とする。）

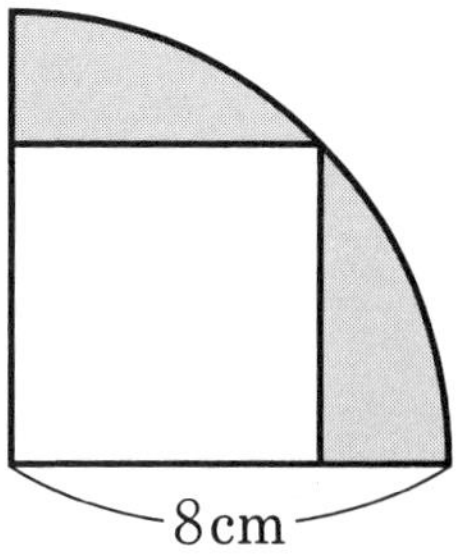

・　右の図のように、ＡＢ＝18cmの長方形ＡＢＣＤがあります。点Ｐは頂点Ａを出発して、毎秒2cmの速さで辺ＡＢ上を往復します。また、点Ｑは頂点Ｄを点Ｐと同時に出発し、毎秒3cmの速さで辺ＤＣ上を往復します。点Ｐと点Ｑがそれぞれ頂点Ａと頂点Ｄを出発してからはじめてＡＤとＰＱが平行になるのは ⑳ 秒後です。

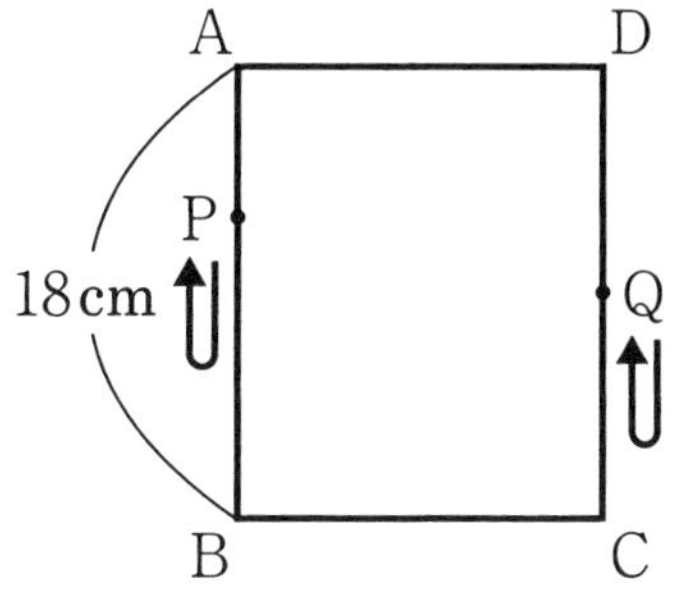

六　次の問いに答えなさい。

問一　次の文から文全体の主語と述語にあたる部分を一つずつ選び、番号で答えなさい。

1次に　2会う　3ときには　4あなたが　5私を　6案内してね。

問二　次の漢字の総画数をそれぞれ漢数字で答えなさい。

①　陸　　　②　承

問三　次の三つがそれぞれ慣用句を正しく用いた文になるように、□に共通して入る漢字一字を書きなさい。

・ピアノの発表会で、小学三年生が私より上手な演奏をしたので、□を巻いた。
・妹をしかったが、反省しているふりをして内心で□を出しているにちがいない。
・□の肥えている友人に手作りのおかしを食べてもらうのはきんちょうする。

五

次の――線部の言葉をローマ字に直して、すべて小文字で書きなさい。

乗り物カード

やかたぶね

[屋形船]

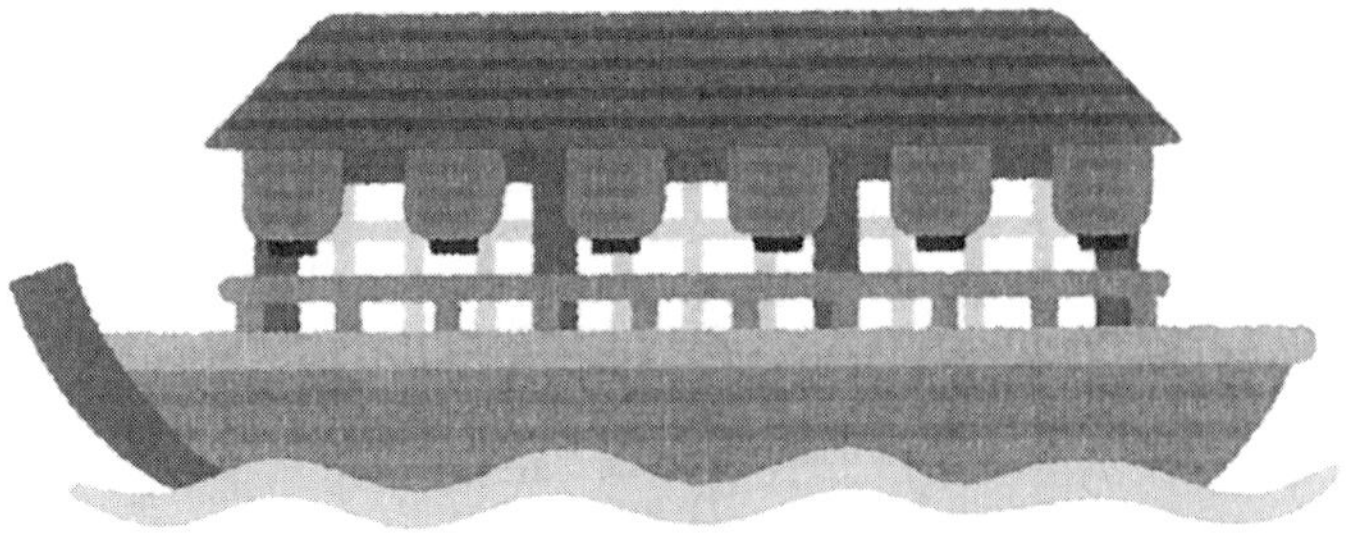

屋根と座しきをもうけた、和風の船。
おもに川や湖での遊覧に用いられる。

四　次の短歌と鑑賞《かんしょう》文を読んで、後の問いに答えなさい。

靴紐《くつひも》を結ぶべく身を屈《かが》めれば全ての場所がスタートライン　　山田《やまだ》　航《わたる》

靴紐はなかなか上手に結べない。朝きちんと結んだ気でいても、思いがけないときにほどける。周囲の人たちが颯爽《さっそう》と歩いていくなか、靴紐がほどけた私は身を屈め、靴紐を結び直す。人の流れを止めてしまうことを申し訳ないと思いながら、身を縮める。ちょっと格好悪い。でも、自分の息づかいを感じたり、自分の体の熱さに気づいたりして、ありのままの自分を見つめ直すひとときになる。気がつけば、身を屈めている今の私は、短距離走《たんきょりそう》のクラウチングスタートの姿勢をとっているみたいだ。そう考えれば、［①］どころか、ちょっといいかもしれない。今から私は、自分らしい生き方を始めるのだ。自分を見つめ直すとき、誰《だれ》もが［②］に立っている。

（東直子・佐藤弓生・千葉聡編著『短歌タイムカプセル』より。鑑賞文は千葉聡著。）

問一　［①］に入る言葉として最も適切なものを、鑑賞文中から四字で書きぬきなさい。

問二　［②］に入る言葉として最も適切なものを、短歌の中から七字で書きぬきなさい。

問三　この短歌にこめられた作者の思いとして最も適切なものを次の中から一つ選び、番号で答えなさい。

1　靴紐をしっかりと結び直すように、いつでもどこでも自分をしっかり見つめ直すことが人生には必要だ。
2　靴紐を結ぶ姿勢がそこから走り出す姿勢に見えるように、いつでもどこでも新しい生き方は始められる。
3　靴紐を結ぶために身を屈めると自分の息づかいや体の熱さに気づいて、今まで急ぎすぎていたことに気がつく。
4　靴紐を結ぶ姿勢をとると思わず走り出したくなるように、ふだんとちがうことをすると思いがけない発見がある。

問四　④に入る言葉として最も適切なものを次の中から一つ選び、番号で答えなさい。

1　そっと　　2　きりっと　　3　ぐっと　　4　ぴりっと

問五　⑤に入る言葉として最も適切なものを、本文中から三字で書きぬきなさい。

問六　――線⑥「でも、ハシケン先生、ごめんって言ったから、許してやるかぁ」とありますが、このときの大河の様子として最も適切なものを次の中から一つ選び、番号で答えなさい。

1　葵のことを思えばこんなことでハシケン先生を認めるわけにいかないが、みんなの手前仕方なく話を合わせている様子。
2　本当はハシケン先生のがんばりを認めているが、強いことを言った手前わざとえらそうにしてとりつくろっている様子。
3　ハシケン先生が思いがけなく葵のことも考えてくれていたことに感動したが、はずかしいのでごまかそうとする様子。
4　がんばることの大変さがわかり、ハシケン先生もこれでえらそうなことは言えなくなったといい気持ちになっている様子。

問七　この文章から読み取れるハシケン先生の人物像として最も適切なものを次の中から一つ選び、番号で答えなさい。

1　思いつきで行動するので失敗することもあるが、自由な発想ができるおもしろい人物。
2　なにごとも子どもと同じ目線で考えるため大人げないところはあるが、やさしい人物。
3　熱血すぎるところがあるが、すすんで子どもたちのお手本になろうとするたのもしい人物。
4　少し気が弱いところはあるが、正しいと思うことを言葉や行動で表せるすなおな人物。

ふんっと鼻を鳴らした大河は、「葵は、もっとがんばってるけどな」とつぶやいてから、「⑥でも、ハシケン先生、ごめんって言ったから、許してやるかぁ」

そう言って、空に向かって、うーんと伸びをした。

ハシケン先生は、子どもに「ごめん」って言える。

どうしてがんばらないといけないのかも、教えてくれた。

間違ってると思ったら、反省もする。

だから、ぼくはノートに書くつもりだ。

・子どもの意見を聞く。　（よくできる）　できる　もうすこし

（工藤純子『サイコーの通知表』より）

※　葵くん……三年生の大河の弟。生まれつき体力がなく不器用なため、小さいころからずっとがんばってトレーニングをしている。

問一　――線①「もしかして……」とありますが、朝陽はどのようなことを思ったと考えられますか。次の文の□に入る言葉として最も適切なものを、本文中から十一字で書きぬきなさい。

大河は今、□のではないかということ。

問二　――線②「本気で言われた言葉」とありますが、ハシケン先生の本気の言葉とはどのようなことですか。次の文の□に入る言葉を、「がんばれ」「喜び」という言葉を用いて、二十字以上三十字以内で書きなさい。（、や。なども一字に数えます。）

できない子に□だということ。

問三　――線③「顔を赤くして」とありますが、先生の顔の表現でこのあと先生がもっとがんばった様子を表している言葉として最も適切なものを、本文中から八字で書きぬきなさい。

「足を伸《の》ばしちゃダメ！」

いつもハシケン先生が言っていることを、みんなで言った。

何度も何度も失敗して、でも、先生はあきらめない。

ドンッと足が落ちるたびに、地面がゆれるようで、かわいた砂のにおいがした。

「がんばれ、がんばれー！」という声が校庭に響《ひび》いて、サッカーをしている子たちがこっちを見た。
③顔を赤くして、汗《あせ》だくのハシケン先生が、何度も地面をける。
「もういいんじゃない？」って言葉が、口から出そうになった。見守るだけっていうのも、けっこう大変だ。

「あと、もう少し！」

「せーのっ」

みんなの掛《か》け声で、先生が地面をける。

みんながこぶしをにぎりしめ、身を乗り出す。

ハシケン先生の太ももが、［④］鉄棒に巻きついた。

ぐるんっ。

「やった〜！」

みんなで手をたたいたり、ハイタッチしたり。

汗をかいて、顔に砂をつけたハシケン先生が、はぁはぁ息を切らしている。顔をまっ赤にして、ほこらしそうに笑った。

「今、天と地がひっくり返って、わかったよ！」

ハシケン先生が、興奮している。ぼくらは「え？」って戸惑《とまど》った。

「［⑤］！　この間言ったことは、間違《まちが》ってた。『もうすこし』っていうのは、その子が『もうすこしがんばればできる』ってことだけじゃない。先生も、その子に対して『もうすこしがんばらないといけない』ってことなんだ」

先生も、「もうすこし」？

なるほど……。ハシケン先生って、おもしろい。

ぼくは、ムスッとして意地を張っている大河を肩《かた》で押《お》した。

「ハシケン先生、がんばったじゃん」

大河の様子がおかしいと、だれもが思った。いつもだったらおちゃらけて、「しょうがねぇなぁ」なんて、ガハガハ笑うのに……。

そのとき、ぼくは「あっ」と思った。

①もしかして……。

「できないことは、いいんだ。でもさ、だれにでも、できないことってあるじゃん。それなのに、がんばれなんて、簡単に言わないでほしい」

大河がムスッとする。

やっぱり……大河は、今、※葵《あおい》くんのことを思ってるんだ。

がんばってるのに、それを認めてくれない先生がいる。

それは、ハシケン先生には、関係ないかもしれないけれど……。

でも、きっと大河は知りたいんだ。ハシケン先生なら、どうするか。

「うん……そうだよな。がんばってもできないことってある。でもさ、ぼくはみんなに、できる喜びを知ってほしいんだよなぁ」

できる喜びかぁ……。

そりゃあ、ぼくだって、できたらうれしいし、自信になる。

「なんだよ。だったら、最初からそう言えばいいじゃん……。ちゃんと言ってくれれば、オレたちにだってわかるのに」

大河の言うとおりだ。子どもだからって、甘《あま》く見ないでほしい。

②本気で言われた言葉くらい、ぼくらにだってわかるんだ。

「だったら、オレが先生に教えてやる」

大河が言うと、みんなも「がんばれ～！」と、ハシケン先生を取り囲んだ。

先生はぼくらを見回して、口をひきしめると、「うん。みんながんばってるんだから、先生もがんばる！」と言って、鉄棒をつかんだ。

ふり上げた足が、ドンッと地面に落ちる。

「もっと腕《うで》を曲げて！」

ドスンッ。

「鉄棒から、体をはなさないで！」

先生が歯を食いしばり、ぼくらのこぶしにも力が入る。

問五　「仲間とコーチの存在」以外で理恵がゴールボールを辞めなかった理由として最も適切なものを、本文中から十八字で書きぬきなさい。

問六　この文章に書かれている内容と合っているものを次の中から一つ選び、番号で答えなさい。

1　理恵は、あこがれのゴールボールのクラブに入ると、初めから毎日いっしょうけんめいに練習した。
2　理恵は、先生や先輩と一緒に頑張り、自分と本気で向き合うことで成長することができた。
3　理恵は、先生や先輩のように動けない自分に腹を立て、その気持ちをばねに練習を工夫した。
4　理恵は、いやいや始めたゴールボールで才能を花開かせ、自分に自信が持てるようになった。

問七　＝＝線「いい訳ばかりしている人生なんて……私は嫌だ！」とありますが、この理恵さんの言葉をあなたはどう思いますか。自分自身の経験に当てはめて書きなさい。

三

次の文章は、体育の授業で、逆上がりができない子に「がんばれ」と言っていた橋本健太《はしもとけんた》（通称ハシケン）先生が、先生もやってみてと言われてやってみたけれど、できなかった場面を描《えが》いたものです。小学四年生の「ぼく（朝陽《あさひ》）」や瀬戸《せと》大河《たいが》たちは、先生たちに一方的に通知表を書かれることに疑問をもち、ハシケン先生にも通知表をつけていました。これを読んで、後の問いに答えなさい。


「先生ができないのに、ぼくらにはがんばれって、おかしくない？」

何人かの子が、「そうだ、そうだ」と言ったけど、中には、「先生だって、できないことくらいあるよ」と、かばう子もいた。

「……ごめんなぁ」

ハシケン先生が、顔を赤くして頭をかいた。

「瀬戸くんの言うとおりだよ。できるって、言っちゃったし……」

「いいよ、別に」

問一　――線①「今日こそはサボろう！」とありますが、理恵はどうしてこのように思っていたのですか。次の文の［　　］a・bに入る言葉として最も適切なものを、本文中からそれぞれ六字で書きぬきなさい。

ゴールボールは思っていたよりも練習が［ a ］し、目が見えなくなる前から［ b ］自分には向いていないと考えたから。

問二　――線②「体をはって教えてくれた」とありますが、小宮選手の実際の教え方について説明した次の文の［　　］に入る言葉を、二十字以上三十字以内で書きなさい。（、や。なども一字に数えます。）

小宮選手は自分のディフェンス姿勢を理恵にさわらせて、できていない部分をわからせるとともに、理恵が［　　］という教え方をしてくれた。

問三　――線③「ひとつは仲間とコーチの存在です」とありますが、辞めなかった理由のひとつとなったコーチや仲間について説明したものとして最も適切なものを次の中から一つ選び、番号で答えなさい。

1　コーチは同じミスをしても根気よく教えてくれ、仲間は自分がつらいときはトレーニングを代わってくれた。
2　コーチは怒ることなくいつも優しく励ましてくれ、仲間はミスを補って、つらいトレーニングにつきあってくれた。
3　コーチは厳しく指導してくれ、仲間はコーチとは対照的に明るくのんびりとしたふんいきで支えてくれた。
4　コーチは的確な声かけをして安心感と信頼をあたえてくれ、仲間は一緒に考えて動き、自分で気づくまで待ってくれた。

問四　［④］・［⑤］に入る言葉として最も適切なものを次の中から一つずつ選び、それぞれ番号で答えなさい。

1　つまり　　2　でも　　3　ところで　　4　そして　　5　たとえば

江黒先生はここだけの話、怒《おこ》るととても怖《こわ》いです（笑）。でも、めちゃめちゃ怒るけど、できたところはしっかりほめてくれる。いいところも悪いところもちゃんと見ていてくれる。その安心感が信頼《しんらい》につながっています。

失敗したとき、先生からよくこんな言葉をもらいました。

「ミスしてもいいよ！　何回ミスしてもいいけど、同じミスはするなよ！」

たとえミスをしたとしても、なぜミスしたのかを考え、工夫して再チャレンジすれば、それはミスじゃない。同じミスをしたり、あきらめたりしたときが本当の失敗だと、先生はわかりやすい言葉で励《はげ》ましてくれたのです。

また、仲間は私がコートでミスをすると、「失敗してもいいから思い切ってやってみて！　理恵がミスしたぶんは私がカバーするから」と声をかけてくれました。「次も失敗したらどうしよう？」と下を向いていた私は、何度その言葉に救われたことでしょう。

地味な筋力トレーニングなどをやっているときも、もともと運動が苦手だった私は、「このくらいでやめようかな……。もうキツイし」などと何度も思うのですが、その隣《となり》で歯を食いしばって頑張《がんば》っている先輩の姿に、「私も、もうちょっと頑張ろう！」と刺激《しげき》をもらいました。

口先だけで「頑張れ」「頑張れ」ということは誰《だれ》だってできます。
④、先輩や仲間は一緒《いっしょ》に考え動いていてくれ、私が気づくまで待っていてくれました。
⑤、ゴールボールを辞めなかったもう一つの理由は、自分と本気で向き合ってみたかったからです。
私は、訓練学校に通い始め、ゴールボールと出会ってから、ちょっとずつではありますが前向きに考えられるようになっていました。

でも、やっぱりどこかで〝見えない〟ことを理由に逃《に》げ腰《ごし》になっているもう一人の自分を感じていました。

私って、このままいつまでも〝見えない〟ことを理由にいい訳し続けるのかな？

〝見えない〟ことから一生逃《のが》れられないのかな？

そう考えたとき、「このままじゃ嫌《いや》だ！」という強い思いが、心の底からわき上がってきたのです。

人生って一回しかない！　いい訳ばかりしている人生なんて……私は嫌だ！


（竹内由美『浦田理恵　見えないチカラとキセキ』より。一部省略がある。）

※　鍼灸……体のツボに針をさしたり、もぐさという草を置いて燃やしたりする治療《ちりょう》法。

先輩にそういわれると、「①今日こそはサボろう！」って決心（?）していても、つい
「はい、行きます。」
と反射的《はんしゃてき》に答えて、しぶしぶ体育館へ重い足を引きずっていく。そして翌日《よくじつ》も「今日こそはサボろう！」と思っては見つかって、体育館へ……。

そんなことのくり返しでした。

コート練習では、アイシェードを着ける前から見えない状態なので、ボールがどこから来るのかがまったくわかりません。「ボールが来た！」と思って、ディフェンス姿勢を取ってもボールはすでにゴールの中。

もともと運動が苦手な私は、見えているころからすばやく動くということができなかったのですが、見えなくなってさらに動きが遅《おそ》くなっていたのです。

ディフェンスも、できている人の動きを見て覚えるということはできません。

他の人と比べて、自分がどのくらい遅《おく》れているのか？　フォームはできている人と比べてどう違《ちが》うのか？

見えないからわからない。もう、わからないことばっかり!!

あきらめそうになる私に、②体をはって教えてくれたのが、江黒《えぐろ》先生と小宮《こみや》選手でした。

「じゃあ……理恵。私のフォームをさわってみて。」

目で見られない私にわかるように、小宮選手は何度も自分のディフェンス姿勢をさわらせてくれました。

そうか。私のディフェンス姿勢と、手の角度が違うんだ。足もこうやってまっすぐ力を入れて伸《の》ばすんだ！

小宮選手のディフェンス姿勢を何度もさわらせてもらううちに、だんだんと自分のできていない部分がわかってきました。

今度は、私が修正したフォームを、小宮選手にさわって確認《かくにん》・再修正してもらいます。

しかし、そのときできたと思っても、次にやるときにはできていなかったり……。見えないぶん、体で覚えるのにはとても時間がかかりました。

（中略）

自分にはセンスがないな。やっぱり辞《や》めようかな……。

仲間と自分を比べて、そんな思いがふとしたときに頭をよぎります。それでも辞めなかったのには理由がありました。

③ひとつは仲間とコーチの存在です。

2024年度 国士舘中学校

【国語】〈第五回試験〉（四五分）〈満点：一〇〇点〉

一 次の——線の漢字の読みをひらがなに、カタカナは漢字に直しなさい。ていねいに、はっきりと書くこと。

1 民衆が革命を起こす。
2 非協力的な態度を批判する。
3 トラックで農作物を輸送する。
4 室内で小型犬を飼う。
5 畑の麦を収かくする。
6 情報が多すぎてコンランする。
7 事実をレイセイに受け止める。
8 バスが駅前にテイシャする。
9 祭だんに花をソナえる。
10 ジャガイモからメが出る。

二 次の文章は、ゴールボール女子日本代表選手だった浦田理恵《うらたりえ》さんについて書かれた文章の一部です。二十歳《さい》で視力をなくした浦田さんは、アテネパラリンピックでゴールボール（目かくし〔アイシェード〕をして鈴《すず》の入ったボールを転がし、ゴールに入れることで得点とする視覚障《しょう》がい者の球技）を知り、※鍼灸《しんきゅう》マッサージの学校のクラブ活動としてゴールボールを始めました。これを読んで、後の問いに答えなさい。

テレビで見たときは、「かっこいい！」って思っていたけど、練習はこんなに地味できついなんて……。こんなにきついんだったら、やっぱりやめようかな。やっぱり、私には向いてないかも。だって、中学・高校時代は体育2か3だもんね。

放課後になると、そんなことを考えながら、先輩《せんぱい》に見つからないように体育館を避《さ》けて廊下《ろうか》を歩いていました。

でも、そういうときに限って先輩と鉢合《はちあ》わせするんです。

「あっ、理恵。今日練習来るよね？」

2024年度

国士舘中学校

▶解説と解答

算　数　＜第１回試験＞（45分）＜満点：100点＞

解　答

[1] ① 3　② 0.32　③ 15　④ $\frac{19}{54}$　⑤ 627　[2] ⑥ 21　⑦ 56　⑧ 74点　⑨ 3500円　⑩ 8％　⑪ 240円　⑫ 57番目　⑬ 245ページ　⑭ 1800m　⑮ 10通り　⑯ 88点　⑰ 150度　⑱ 124cm　⑲ 18.24cm^2　⑳ 7.2秒後

解　説

[1] 四則計算，計算のくふう

① $2.34\div0.12\div6.5=19.5\div6.5=3$

② $6.4\div9\times3.6\div8=(6.4\div8)\times(3.6\div9)=0.8\times0.4=0.32$

③ $14+35\times\left(1\frac{3}{7}-1\frac{2}{5}\right)=14+35\times\left(1\frac{15}{35}-1\frac{14}{35}\right)=14+35\times\frac{1}{35}=14+1=15$

④ $1\frac{5}{6}-\frac{8}{15}\div0.36=\frac{11}{6}-\frac{8}{15}\div\frac{9}{25}=\frac{11}{6}-\frac{8}{15}\times\frac{25}{9}=\frac{11}{6}-\frac{40}{27}=\frac{99}{54}-\frac{80}{54}=\frac{19}{54}$

⑤ $A\times C+B\times C=(A+B)\times C$となることを利用すると，$78\times6.27+2.2\times62.7=78\times6.27+2.2\times10\times6.27=78\times6.27+22\times6.27=(78+22)\times6.27=100\times6.27=627$

[2] 逆算，数の性質，平均，割合，濃度《のうど》，消去算，周期算，相当算，速さと比，場合の数，和差算，角度，長さ，面積，点の移動，旅人算

⑥ $\frac{10}{□}\div\frac{6}{7}=\frac{5}{9}$より，$\frac{10}{□}=\frac{5}{9}\times\frac{6}{7}=\frac{10}{21}$　よって，□＝21

⑦ 右の図１より，８と14の最小公倍数は，$2\times4\times7=56$だから，８の倍数でも14の倍数でもある整数は，56の倍数である。

図１

2)	8	14
	4	7

⑧ (平均点)＝(合計点)÷(回数)より，(合計点)＝(平均点)×(回数)なので，５回のテストの合計点は，$78\times5=390$(点)である。よって，４回のテストの合計点は，$390-94=296$(点)だから，４回のテストの平均点は，$296\div4=74$(点)とわかる。

⑨ もとの値段の，$1-0.4=0.6$(倍)が2100円なので，もとの値段は，$2100\div0.6=3500$(円)となる。

⑩ (食塩の重さ)＝(食塩水の重さ)×(濃度)より，12％の食塩水200ｇにふくまれる食塩の重さは，$200\times0.12=24$(ｇ)とわかる。水を加えたあとの食塩水の重さは，$200+100=300$(ｇ)だから，このとき食塩水の濃度は，$24\div300\times100=8$(％)となる。

⑪ ケーキ１個の値段を[ケ]，クッキー１枚の値段を[ク]として式に表すと，右の図２のア，イのようになる。アの式を３倍，イの式を４倍して，２つの式の差を求めると，[ケ]×８－[ケ]×３＝[ケ]×５にあたる金額が，$3840-2640=1200$(円)とわかる。よって，ケーキ１個の値段は，$1200\div5=240$(円)と求められる。

図２

[ケ]×１＋[ク]×４＝880(円)…ア
[ケ]×２＋[ク]×３＝960(円)…イ
⬇
[ケ]×３＋[ク]×12＝2640(円)…ア×３
[ケ]×８＋[ク]×12＝3840(円)…イ×４

⑫　{３，７，５，５，３，５}の６個の数がくり返し並んでいる。６個の数の和は，３＋７＋５＋５＋３＋５＝28なので，267÷28＝９あまり15，３＋７＋５＝15より，６個の数が９回くり返され，さらに３個の数が並ぶ。よって，たした数は１番目から，６×９＋３＝57(番目)までとわかる。

⑬　まだ読んでいない70ページは，昨日読んだ残りの，$1-\frac{3}{5}=\frac{2}{5}$にあたるので，昨日読んだ残りのページ数は，$70\div\frac{2}{5}=175$(ページ)となる。また，この175ページは，全体の，$1-\frac{2}{7}=\frac{5}{7}$にあたるから，この本のページ数は全部で，$175\div\frac{5}{7}=245$(ページ)と求められる。

⑭　家から駅までの道のりを，分速75mと分速60mで歩くのにかかる時間の比は，$\frac{1}{75}:\frac{1}{60}=4:5$で，この比の，５－４＝１にあたる時間は，４＋２＝６(分)とわかる。よって，分速75mで歩くときにかかる時間は，６×４＝24(分)なので，家から駅までの道のりは，75×24＝1800(m)である。

⑮　いちばん短い道のりで行くとき，右の図３の矢印のように行くことになる。よって，各交差点まで行く行き方は図３のようになるので，Ａ地点からＢ地点まで行く行き方は10通りとわかる。

図３

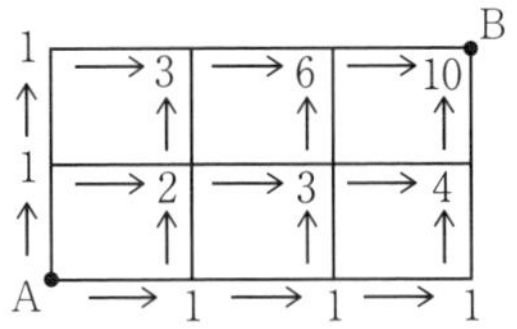

⑯　太郎さんの方が16点多いので，太郎さんは花子さんより，16÷４＝４(回)多く勝ったとわかる。すると，勝敗が決まったのは，40－８＝32(回)だから，太郎さんが勝った回数は，(32＋４)÷２＝18(回)になる。よって，太郎さんは勝ちで，４×18＝72(点)，あいこで，２×８＝16(点)得点したから，全部で，72＋16＝88(点)となる。

⑰　問題文中の図で，角EBCの大きさは60度だから，角ABEの大きさは，90－60＝30(度)である。また，AB＝BC＝EBより，三角形ABEは二等辺三角形なので，角AEBの大きさは，(180－30)÷２＝75(度)となる。よって，角AEBと角DECの大きさは等しく75度だから，㋐の角の大きさは，360－60－75×２＝150(度)とわかる。

⑱　下の図４で，同じ記号をつけた辺の長さは等しくなる。すると，aと15cmの和は25cmなので，aの長さは，25－15＝10(cm)である。また，aとbの和は16cmだから，bの長さは，16－10＝６(cm)とわかる。よって，直方体の３種類の辺は，15cm，10cm，６cmであり，それぞれ４本ずつあるので，直方体の辺の長さの合計は，(15＋10＋６)×４＝124(cm)となる。

⑲　下の図５で，半径が８cmの円の$\frac{1}{4}$の面積は，$8\times8\times3.14\times\frac{1}{4}=50.24$($cm^2$)である。また，正方形の対角線の長さは８cmだから，この正方形の面積は，８×８÷２＝32(cm^2)になる。よって，かげをつけた部分の面積は，50.24－32＝18.24(cm^2)と求められる。

図４

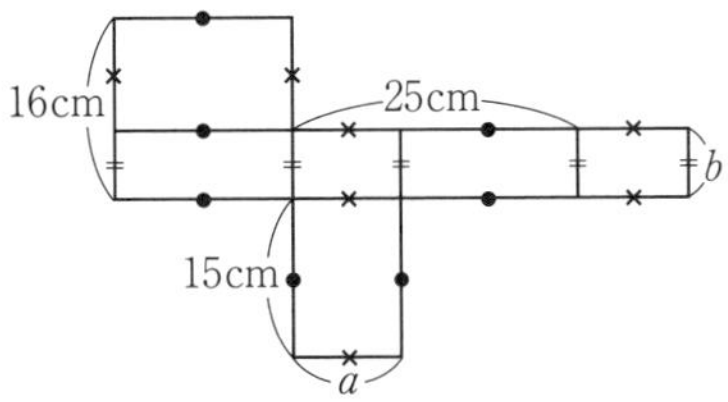

図５

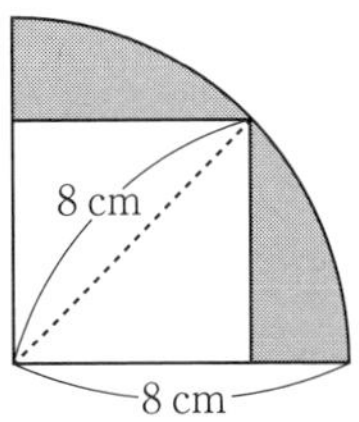

図６

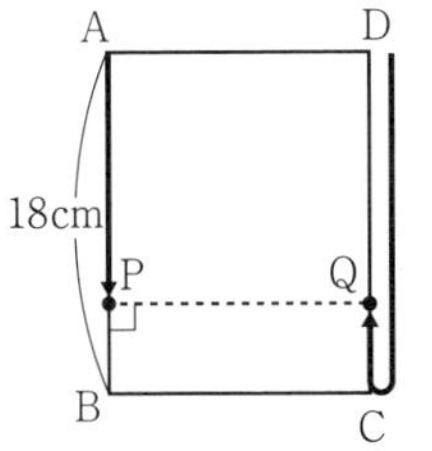

⑳　ADとPQがはじめて平行になるとき，点Pと点Qの動くようすは，上の図６のようになる。図６より，点Pと点Qは合わせて，18×２＝36(cm)動くことがわかる。よって，点Pと点Qは１秒間に合わせて，２＋３＝５(cm)ずつ動くので，図６のようになるのは，36÷５＝7.2(秒後)である。

国　語　＜第５回試験＞（45分）＜満点：100点＞

解　答

一　**1**　みんしゅう　**2**　ひはん　**3**　ゆそう　**4**　か(う)　**5**　むぎ　**6～10**　下記を参照のこと。　**二**　**問１**　**a**　地味できつい　**b**　運動が苦手な　**問２**　(例)　修正したフォームをさわって，確認・再修正する　**問３**　4　**問４**　④　2　⑤　4　**問５**　自分と本気で向き合ってみたかったから　**問６**　2　**問７**　(例)　ぼくは，バスケットボールをやっています。でも，身長が高くないので，ずっとレギュラーをとれないでいました。ぼくが，浦田理恵さんの言葉で共感したのは，「いい訳なんて嫌だ」ということです。なぜなら，ぼくも，身長のことをいい訳にしないで，練習を積み，今ではレギュラーをとったからです。この気持ちを忘れずに，ずっとがんばっていきたいです。　**三**　**問１**　葵くんのことを思ってる　**問２**　(例)　がんばれと言うのは，できる喜びを知ってほしいから　**問３**　顔をまっ赤にして　**問４**　3　**問５**　ごめん　**問６**　2　**問７**　4　**四**　**問１**　格好悪い　**問２**　スタートライン　**問３**　2　**五**　yakatabune　**六**　**問１**　**主語**…4　**述語**…6　**問２**　①　十一(画)　②　八(画)　**問３**　舌

●漢字の書き取り

一　**6**　混乱　**7**　冷静　**8**　停車　**9**　供(える)　**10**　芽

解　説

一　漢字の読みと書き取り

1　社会を構成している多くの人々。　**2**　物事の悪い点を指てきして意見すること。　**3**　人や物資を運ぶこと。　**4**　音読みは「シ」で，「飼育」などの熟語がある。　**5**　音読みは「バク」で，「麦芽」などの熟語がある。　**6**　まとまりがなくなり，入り乱れること。　**7**　落ち着いていて，感情に左右されないこと。　**8**　車や電車が止まること。　**9**　音読みは「キョウ」「ク」で，「提供」「供養」などの熟語がある。　**10**　音読みは「ガ」で，「発芽」などの熟語がある。

二　**出典：竹内由美**《たけうちゆみ》**『浦田理恵**《うらたりえ》**　見えないチカラとキセキ』**。ゴールボール女子日本代表選手だった浦田理恵さん(「私」)の体験や，練習を通して思ったことなどが書かれている。

問１　ゴールボールをテレビで見たときは「かっこいい」と思ったが，実際に練習してみると「地味できつい」ということがわかった。また，中学・高校時代の体育の成績が２か３で，「もともと運動が苦手」だったこともあり，練習に行きたくなくなったのである。

問２　小宮《こみや》選手は，「何度も自分のディフェンス姿勢」をさわらせてくれて，「姿勢」や「手の角度」や「足」の伸《の》ばし方など，「できていない部分」を気づかせてくれた。そして，次は理恵の「修正したフォーム」を「さわって確認・再修正」してくれたのである。

問３　コーチの江黒《えぐろ》先生は，「怒《おこ》るととても怖《こわ》い」が，「できたところはしっかりほめてくれる」ので，ちゃんと見ていてくれるという「安心感」が「信頼」につながった。また「先輩《せんぱい》や仲間」は，「一緒《いっしょ》に考え動いてくれ」て，自分で気づくまで「待っていて」くれたと述べられている。

問４　④　口先だけで「頑張《がんば》れ」と言うことは誰《だれ》だってできるが，「先輩や仲間」は「一緒に考え

動いて」くれた，という文脈になる。よって，前のことがらに対し，後のことがらが対立する関係にあることを表す「でも」が合う。　⑤　理恵がゴールボールを辞めなかったのは，先輩や仲間が「一緒に考え動いてくれ，私が気づくまで待っていて」くれたということに加えて，「私」が「自分と本気で向き合ってみたかったから」だ，という文脈である。よって，前のことがらを受けて，さらにつけ加える意味を表す「そして」が入る。

問５　ゴールボールを辞めなかった理由として，ぼう線③では仲間とコーチの存在をあげ，空らん⑤に続いて「もう一つの理由」は「自分と本気で向き合ってみたかったから」だと述べられている。

問６　理恵は，コーチである江黒先生や仲間たちと共にがんばることで，ゴールボールを続けることができた。さらに，ゴールボールを通じて，自分と本気で向き合おうという「強い思い」を持つことができるようになった。この内容が２に合う。

問７　浦田理恵さんは，ゴールボールを続ける中で，「“見えない”ことから一生逃《のが》れられない」のは「嫌《いや》だ」と強く思い，「いい訳ばかりしている」自分を乗り越えようと決意した。自分の経験を思い起こし，この言葉について感じたことや考えたことなどを書けばよい。

三　**出典：工《く》藤《どう》純《じゅん》子《こ》『サイコーの通知表』**。逆上がりができないのに，子どもたちにがんばれと言っていたことを責められたハシケン先生は，みんなの前で逆上がりに挑戦《ちょうせん》する。

問１　だれにでもできないことがあるのに「がんばれなんて，簡単に言わないでほしい」と，「ムスッ」として言う大河《たいが》を見て，「ぼく」は「様子がおかしい」と感じた。そして，がんばっていることを「認めてくれない先生がいる」ことに思い当たり，大河が「葵《あおい》くんのことを思ってるんだ」と想像している。

問２　「先生ができないのに，ぼくらにはがんばれって，おかしくない？」などと子どもたちに言われ，ハシケン先生は，「がんばってもできないことってある」と認めたうえで，「みんなに，できる喜びを知ってほしいんだよなぁ」と，自分の本心を言った。その言葉に対して，大河は「オレたちにだってわかるのに」と理解を示し，「ぼく」も，大河と同じ気持ちになった。「ぼく」は，ハシケン先生が，なぜ子どもたちに「がんばれ」と言うのか，その本当の理由を聞かされて，納得したのである。

問３　「汗《あせ》だく」になり，「顔を赤く」しながら，何度も地面をけっていたハシケン先生が，ついに逆上がりに成功したとき，「顔をまっ赤」にしていたと表現されている。

問４　直後に「ぐるんっ」とあるので，ハシケン先生の太ももが強く「鉄棒に巻きつい」て，逆上がりが成功したとわかる。よって，力が入っているさまを表す「ぐっと」が合う。

問５　少し後に，「ハシケン先生，ごめんって言ったから，許してやるかぁ」という大河の言葉があるので，ハシケン先生は，「この間言ったことは，間違《まちが》ってた」ということを，「ごめん」という言葉とともに，子どもたちに謝ったとわかる。

問６　大河は，ハシケン先生の言葉の真意がわかり，逆上がりに成功した先生の努力も認めてはいるものの，「ムスッ」とした態度で強い言葉を言ってしまったので，素直に接することができず，気まずい気持ちを，えらそうな態度でごまかしていると考えられる。

問７　ハシケン先生は，子どもたちの言葉に言い返すことができないでいるので，気の弱さが感じられる。しかし，自分の間違いを素直に謝り，逆上がりもがんばって成功しているので，自分の気持ちを言動で率直に表せるすなおな人物だということが読み取れる。

四　出典：東直子《ひがしなおこ》・佐藤弓生《さとうゆみお》・千葉聡《ちばさとし》編著：『短歌タイムカプセル』。山田航《やまだわたる》の短歌をとりあげて鑑賞《かんしょう》している。

問１　「靴紐《くつひも》を結び直す」ために「身を屈《かが》め」ている自分のことを，「短距離走《たんきょりそう》のクラウチングスタートの姿勢をとっている」と思えば，「ちょっと格好悪い」どころか，「ちょっといいかもしれない」と思えてくるものだと筆者は述べている。

問２　「身を屈め」て「ありのままの自分を見つめ直す」と，「今から私は，自分らしい生き方を始めるのだ」と思えてくる。つまり，「自分を見つめ直すひととき」によって，誰もが「スタートライン」に立った気持ちになれるのである。

問３　「靴紐を結び直す」ためにとった「クラウチングスタートの姿勢」を，「ありのままの自分を見つめ直すひととき」と考えれば，「自分らしい生き方を始める」ためのスタートラインに自分が立っていると思うこともできる。日常の中にも新しい生き方を見つけられる瞬間《しゅんかん》があるということが，この短歌に込められた作者の思いである。

五　ローマ字の表記

　ローマ字では，母音の「aiueo」であ行を表記し，か行からわ行は，各行の子音と各段の母音とを組み合わせて表記する。また，「ん」はｎと表記する。「やかたぶね」における子音は，や行がｙ，か行がｋ，た行がｔ，ば行がｂ，な行がｎなので，「や」は「ya」，「か」は「ka」，「た」は「ta」，「ぶ」は「bu」，「ね」は「ne」となる。

六　主語と述語，漢字の画数，慣用句の完成

問１　主語は「だれが」や「何が」を表す文節である。また，述語は「どうする」「どんなだ」「何だ」を表す文節で，主語に対応している。よって「あなたが」が主語で，「案内してね」が述語となる。

問２　①　「陸」の筆順は，「㇇」→「㇋」→「阝」→「阝一」→「阝十」→「阝土」→「阝𠂉」→「阝圥」→「阝圥一」→「阝圥十」→「陸」となり，総画数は十一画。　②　「承」の筆順は，「乛」→「了」→「孑」→「孑一」→「孑二」→「孑三」→「承」の一部→「承」となり，総画数は八画。

問３　「舌を巻く」は，あまりにも優れているためにひどく驚《おどろ》いて言葉が出なくなること。「舌を出す」は，見えないところで，人をばかにしたり，あざけったりすること。また，自分の失敗の恥ずかしさなどをごまかすしぐさ，という意味で使われることもある。「舌が肥《こ》える」は，さまざまなものを食べたことで味のよしあしが判断できるようになること。

2024年度 国士舘中学校

【算　数】〈第２回試験〉（45分）〈満点：100点〉

1　□にあてはまる数を入れなさい。

・　$91 \div (29 - 8 \times 2) =$ ［　①　］

・　$1\frac{1}{4} - 1\frac{5}{12} \div 1\frac{6}{11} =$ ［　②　］

・　$8.28 \div 0.6 \times 2.5 =$ ［　③　］

・　$79 \times 0.18 - 29 \times 0.18 =$ ［　④　］

・　$2\frac{11}{14} \times \left(1.2 - \frac{8}{9}\right) =$ ［　⑤　］

2　□にあてはまる数を入れなさい。

・　9、12、15の最小公倍数は［　⑥　］です。

・　分子が0ではない、分母が15の真分数のうち、約分できない分数は［　⑦　］個あります。

・　$0.36 : \frac{3}{5} = 3 :$ ［　⑧　］

・　時速3.6kmで歩くと1時間20分かかる道のりを時速4kmで歩くと1時間［　⑨　］分かかります。

・　$\boxed{2}$、$\boxed{0}$、$\boxed{2}$、$\boxed{4}$の4枚のカードを並べて4けたの整数をつくるとき、つくることができる整数のうち5番目に大きい整数は［　⑩　］です。

・　現在、母と姉の年令の差は28才で、今から10年後には、母の年令は姉の年令のちょうど2倍になります。このとき、現在の母の年令は［ ⑪ ］才です。

・　2つの整数Ａ、Ｂについて、Ａ☆Ｂ＝Ａ×5－Ｂ×3と表すものとします。例えば、6☆5＝6×5－5×3＝15となります。このとき、8☆(4☆3)＝［ ⑫ ］です。

・　長さが200ｍで、時速75km で走る列車が、トンネルに入り始めてから完全に出るまでにちょうど2分かかりました。このとき、トンネルの長さは［ ⑬ ］ｍです。

・　ある製品をつくるのに、機械Ａを使うと3時間で24個をつくることができ、機械Ｂを使うと5時間で60個をつくることができます。いま、240個の製品をつくるために、はじめは機械Ｂだけを何時間か使い、残りを機械Ａと機械Ｂの2台を使ってつくったところ、すべてつくり終わるのに14時間かかりました。このとき、機械Ａを［ ⑭ ］時間使いました。

・　はじめに、太郎さんと花子さんが持っていた金額の比は6：5でしたが、2人とも900円の買い物をしたので、残りの金額の比は9：7になりました。はじめに太郎さんが持っていた金額は［ ⑮ ］円です。(消費税は、考えない。)

・　右の表のように、あるきまりにしたがって奇数が1から小さい順に並んでいます。このとき、17行目の4つの奇数の和は［ ⑯ ］です。

1行目	1	3	5	7
2行目	9	11	13	15
3行目	17	19	21	23
4行目	25	27	29	31
⋮	⋮	⋮	⋮	⋮

・　右の図で、(あ)の角の大きさは ⑰ 度です。

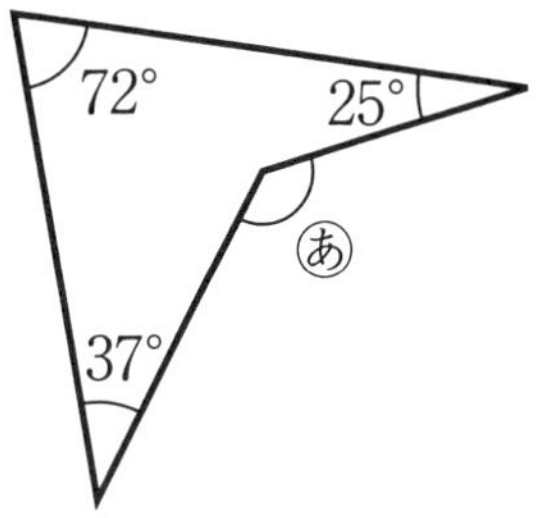

・　右の図のように、直方体を組み合わせてできた立体があります。この立体の表面積は ⑱ cm^2 です。

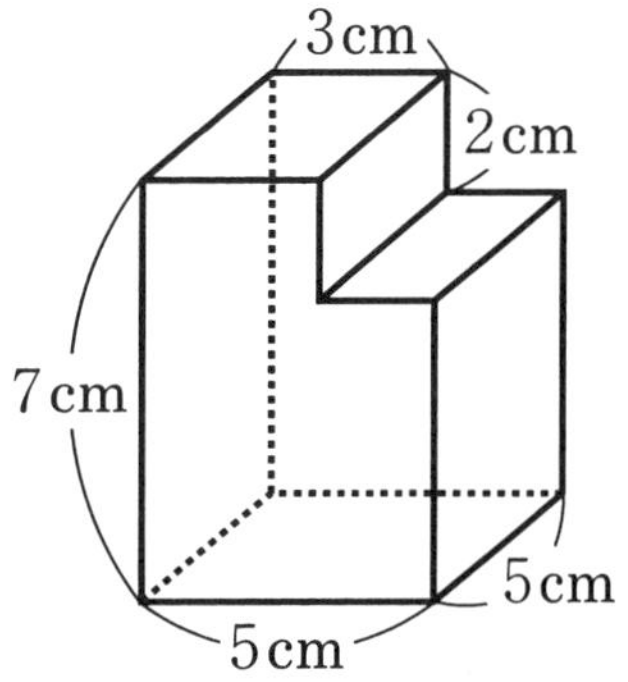

・　右の図で、四角形ＡＢＣＤは正方形です。三角形ＡＢＦの面積が三角形ＤＥＦの面積より$30cm^2$大きいとき、ＤＥの長さは ⑲ cm です。

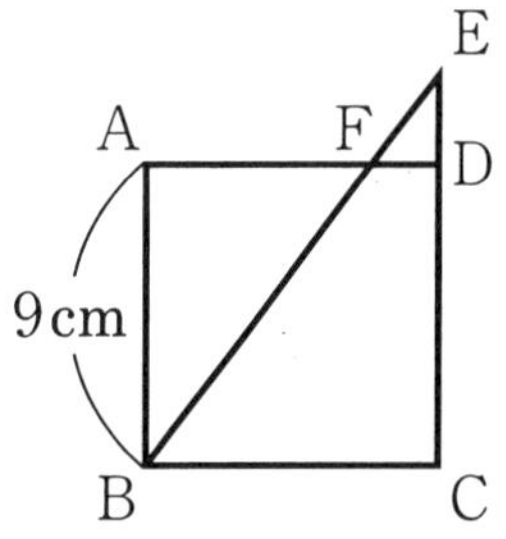

・　右の図のように、円柱の容器Ａ、Ｂがあります。これに同じ量の水を入れたところ、Ａには3cm、Ｂには9cmの深さまで水が入りました。この状態からＢの水の一部をＡに移して、２つの容器に入っている水の深さを同じにしました。このとき、水の深さは ⑳ cm です。

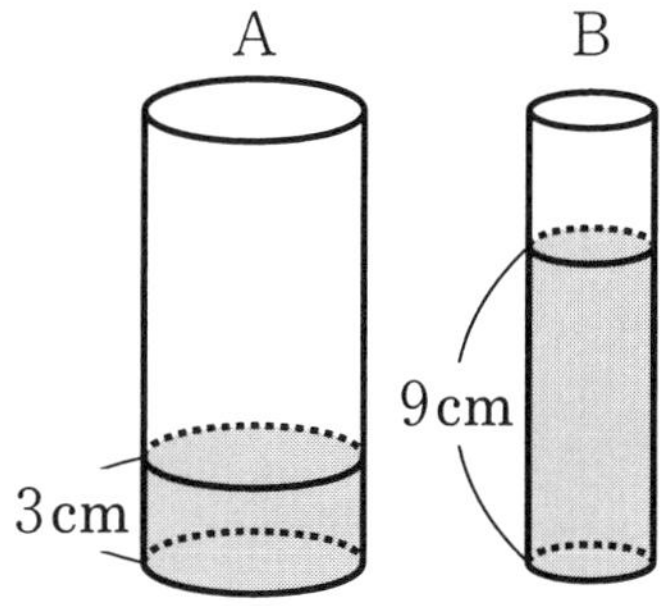

六　次の問いに答えなさい。

問一　次の文から文全体の主語と述語にあたる部分を一つずつ選び、番号で答えなさい。

1私です、　2その　3絵を　4この　5場所に　6かざったのは。

問二　次の――線の語のうち、送りがなが適切でないものを一つ選び、番号で答えなさい。

1　駅で友人と別れる。
2　相手に質問を浴せる。
3　初めて一人で新幹線に乗る。
4　試合に向けて体調を整える。

問三　「恩をあだで返す」と似た意味のことわざとして最も適切なものを次の中から一つ選び、番号で答えなさい。

1　立つ鳥あとをにごさず
2　人を見たら泥棒《どろぼう》と思え
3　九死に一生を得る
4　飼い犬に手をかまれる

３　句の中の言葉の配置と、描《えが》いているものの配置が一致《いっち》しているから。

４　人工の花火より、自然の星のほうを上等なものとして描いているから。

問二　二か所の□に共通して入る言葉はどれですか。最も適切なものを次の中から一つ選び、番号で答えなさい。

１　面影《おもかげ》　　２　妄想《もうそう》　　３　燃えかす　　４　写真

問三　秋の季語の「月」「赤とんぼ」「くり」のうちいずれか一つを用いて、俳句を作りなさい。ただし、俳句の定型（決まった形）を守ること。

五　次の――線部の言葉をローマ字に直して、すべて小文字で書きなさい。

乗り物カード

くるま

［車］

車輪を回して進む乗り物のこと。
現在では自動車を指すことが多い。

四 次の俳句と鑑賞《かんしょう》文を読んで、後の問いに答えなさい。

星一つ残して落つる花火かな　　酒井《さかい》抱一《ほういつ》

訳　夜空に星を一つ残して、落ちて行く花火だなあ！

訳のように、とてもやさしい句です。しかし、やさしい中になかなか味わいのある句です。この句、上にあるべき「星」は上に、下にあるべき「落つる花火」は下にあります。だから、この句を読んだ時、違和感《いわかん》なく、すんなりこころに入ってきます。

夜空に星が一つ輝《かがや》き、その下には崩《くず》れて落ちて行く大輪の花火のある美しい光景です。星は、花火が光を失ったからこそ、天辺《てっぺん》でひと際《きわ》光り輝きます。

この句には面白《おもしろ》いところがあります。

実際の花火は落ちてすぐに消えてしまいますが、「星一つ残して落つる花火かな」という俳句の中の「花火」という言葉（文字）は消えることはありません。

ですから、たとえ「落つる花火かな」と書かれていても、読者のこころの中からまったく「花火」が消え去ることはないのです。花火はずっとあり続けます。しかし、はっきりと花火があるわけではありません。「落つる花火（落ちて行く花火）」ですから。

崩れ落ちて行く大輪の花火は、□として残ることになります。

その結果、崩れ落ちて行く大輪の花火の□と、その上に輝く一つの星からなるさびしくも美しい夜空が浮かび上がります。季語は、花火。季節は、秋です。

（武馬久仁裕『こんなにも面白く読めるのか　名歌、名句の美』より）

問一　――線「この句を読んだ時、違和感なく、すんなりこころに入ってきます」とありますが、それはなぜだと説明されていますか。最も適切なものを次の中から一つ選び、番号で答えなさい。

1　とてもやさしい句で、だれでも情景を想像できるから。

2　美しいだけでなく、少しさびしさもある、味わいのある句だから。

問四　――線⑤「キャプテンが思わぬことを口にした」とありますが、なぜ美桜はキャプテンの言葉を「思わぬこと」だと感じたのですか。次の文の［　］a・bに入る言葉として最も適切なものを、本文中からaは九字、bは四字で書きぬきなさい。

キャプテンは、スパイクにこだわって［a］自分をよく思わず、練習中も自分を［b］いたと思っていたから。

問五　――線⑥「三浦さんのがんばりにふさわしいもの」とありますが、それはなんですか。本文中から十一字で書きぬきなさい。

問六　この文章から読み取れるキャプテンの人物像として最も適切なものを次の中から一つ選び、番号で答えなさい。

1　キャプテンとして、チーム全体のまとまりを一番に考え、勝手な行動を許さない責任感のある人物。
2　部員の希望をかなえるために、キャプテンとして、監督にも無理を通そうとするたのもしい人物。
3　キャプテンとして、いち早く部員一人ひとりの特性を見ぬき、的確な指導ができるすぐれた人物。
4　自分のまちがいを認めることができ、キャプテンとして、努力している部員を正当に評価できる人物。

問七　この文章から読み取れる美桜の性格として最も適切なものを次の中から一つ選び、番号で答えなさい。

1　わがままでみえっぱり。
2　自分勝手でお調子者。
3　お人好しでなみだもろい。
4　負けずぎらいでがんばりや。

「三浦さん、今日はいっしょうけんめい空元気《からげんき》を出して明るくふるまってただろ。そんなの、見てたらわかるよ。レシーブだって、この前とくらべたら、格段にうまくなってた。きっといっぱい努力してきたんだと思う。そんな子を悪く思えるはずないじゃない。三浦さんは⑥三浦さんのがんばりにふさわしいものを手に入れるべきだ。ぼくはそう思う」

（そんなふうに見てくれてたんだ）

美桜は、胸があつくなった。

大河も言ってくれた。

「しゃーないな。三浦さんも、これでスパイク練習に仲間入りだ」

じわじわとよろこびがこみあげてきた。

「やった」美桜は、だんだん声を大きくさせていった。「やった、やった、やったあ！」

すると、急になみだがこみあげた。

（こんなの、人に見せられない）

美桜は、くるりと、みんなに背をむけ、ユニフォームで目をぬぐった。

（中松まるは『アタックライン１　なりたいわたしになるために』より）

問一　――線①「美桜は、まよいにまよった末」とありますが、なぜ美桜はまよっていたのですか。その理由を「勝負」「立場」という言葉を用いて、二十字以上三十字以内で書きなさい。（、や。なども一字に数えます。）

問二　[②]・[④]に入る言葉として最も適切なものを次の中から一つずつ選び、それぞれ番号で答えなさい。

1　ほっと　　2　さっと　　3　はっと　　4　ぐっと　　5　じっと

問三　――線③「息を[　　]」は慣用的な表現です。[　　]に入る言葉として最も適切なものを次の中から一つ選び、番号で答えなさい。

1　のんだ　　2　ひそめた　　3　ついた　　4　ぬいた

しかし、

最短！

静止！

呼びこむ！

美桜は、ずっとそれを意識して練習してきたのだ。今や無意識に体が動くまでになっていた。

自然に顔の前に最短距離《きょり》で左手が出て、それに右手を重ねて静止させた。すべてが瞬間のことだ。

こんな動きは練習でもしたことがない。

そして、ボールが当たると、下半身も使い、一気にボールをはね返した。

「やあ！」

「上がったあー！」

みんなも声を上げた。

ボールは、そこにだれかがいれば、かならずつながれたであろう理想的なレシーブになった。

「やられたあ！」

大河はがくっとひざをついた。

美桜は、興奮をおさえきれず、肩で息をした。胸もドキドキしていた。

すると、⑤キャプテンが思わぬことを口にした。

「監督、これでもう、三浦さんはスパイク練習に参加してもいいですよね」

「もちろん」

監督は、頭の上に、腕《うで》で大きな丸をつくった。

「うそ」美桜は信じられなかった。「あれは、前回だけの話だったんじゃあ……。それに、キャプテンも、チームの和をみだすわたしをよく思っていなかったんじゃあ……」

「最初はね。でも、三浦さんのがんばりを見ていたら、だんだん、ぼくのほうがまちがっているんじゃないかと思えてきた。だから、気がついたら、三浦さんのほうばかり見るようになっていた」

「え？　あれって、わたしをにらんでたんじゃなかったの？」

美桜は、こまって、ネットのところにいる監督の顔を見た。すると、監督は言った。

「美桜ちゃん、ほんとうにもう一回、大河くんと勝負したい？」
①美桜は、まよいにまよった末、うなずいた。
「だったら、やってみれば。わたしも見てみたい」

「ほんとうにいいんですか？」

「もう時間なので、一本だけならいいよ」

それを聞いて、ほかの子たちも、コートのまわりに集まってきた。

美桜は、きんちょうしながらコートにむかった。

ネットのむこうでは、大河とキャプテンが待ちかまえていた。

美桜は、この前の顔面レシーブの痛みをわすれたわけではなかった。百パーセントの大河のスパイクのおそろしさはいやというほど思い知らされていた。

だからといって力めば、ろくな結果にならない。力めばとれるボールもとれなくなるのは弟との練習でわかったことだ。

美桜は、肩《かた》をゆさぶり、手をぶらぶらさせ、体の準備に入った。

そんな美桜を、大河が［②］見ていた。

美桜は、とことん体をリラックスさせると、大声を出し、力をぬいてかまえた。

「さあ、こい！」

いよいよ、美桜ＶＳ《ヴァーサス》大河の第二ラウンドがはじまった。

トスを上げるのは、もちろんキャプテン。そのボールにあわせ、助走をつけた大河がジャンプし、大きく体をしならせた。

バシン！

ものすごい音のスパイクが放たれた。

そのとたん、みんなは③息を［　］。ボールは一直線に美桜の顔にむかったからだ。

だれもが思った。

（また顔面レシーブ！）

美桜も、一瞬《いっしゅん》、［④］した。

問六　この文章に書かれている内容と合っているものを次の中から一つ選び、番号で答えなさい。

１　勝負で勝ちそうな人は生まれつき心の強い人で、それは練習で身につけることはできない。

２　試合前にいろいろとかける技について考えても、ほとんどうまくいかないのだからそれは無意味だ。

３　気持ちが後ろ向きになっているときには、実際は相手が弱くなっていても気がつけないものだ。

４　ほとんど実力差がないような勝負に勝つためには、気持ちを強く持っていることが大事だ。

問七　＝＝線部「大事なのは、技がかからなかったとき、それでも２度３度と挑戦する気持ちです」とありますが、あなたは何かうまくいかなかったときに繰り返し挑戦するということについてどう思いますか。自分自身の経験に当てはめて書きなさい。

三　次の文章は、小学生バレーボールクラブに所属する小学六年生の三浦美桜《みうらみお》が、エースアタッカーの大河《たいが》のスパイクをレシーブしようとしている場面を描《えが》いたものです。スパイクがやりたくて入ったのに、背が低いためにスパイク練習をさせてもらえない美桜は、大河のスパイクがとれたらスパイク練習をさせてもらえる約束で対決しましたが、やぶれました。しかし、その後も弟の助けを借りて特訓を重ね、思いがけず二度目のチャンスがおとずれました。これを読んで、後の問いに答えなさい。

コートでは、監督《かんとく》がネットをはずそうと台に上がっていた。キャプテンは、監督になにか話しかけた。

（どうしよう……）

美桜は、とほうにくれた。

でも、胸の中はふたたび燃えあがっていた。

（とりたい。わたしは、ほんとうは、大河くんの百パーセントのボールを今度こそとってみたいんだ）

でも、誘《さそ》いにのって失敗すれば、またもや美桜は立場をうしなうだろう。

そんな美桜を弟がたきつけてきた。

「ねえちゃん、なにをまよってるんだよ。やれよ。努力はうそをつかない」

問二　［②］・［④］に入る言葉として最も適切なものを次の中から一つずつ選び、それぞれ番号で答えなさい。

1　ですが　　2　すなわち　　3　もしくは　　4　また　　5　すると

問三　――線③「勝負でも同じです」とありますが、どのようなことが同じなのですか。次の文の［　］a・bに入る言葉として最も適切なものを、本文中からaは六字、bは七字で書きぬきなさい。

［a］で結果も変わり、自信のある人からは［b］を感じるということ。

問四　――線⑤「すでに負けてしまっていたら」とありますが、勝負の前に「すでに負けている」とはどのような状態ですか。次の文の［　］に入る言葉を、「不安」「自分」「相手」という言葉を用いて、二十字以上三十字以内で書きなさい。（、や。なども一字に数えます。）

［　］と思い込む状態。

問五　［⑥］・［⑦］・［⑧］に入る言葉の組み合わせとして最も適切なものを次の中から一つ選び、番号で答えなさい。

1　⑥　勝てない　　⑦　勝てる　　⑧　勝てない
2　⑥　勝てない　　⑦　勝てる　　⑧　勝てる
3　⑥　勝てる　　⑦　勝てる　　⑧　勝てない
4　⑥　勝てる　　⑦　勝てない　　⑧　勝てない

心が強くなれば、練習によって体を強くすることはできます。また、試合前にどーんと構えていることで、相手を圧倒《あっとう》することもできます。

「あの技をマスターできなかった」
「この選手には今まで一度も勝ったことがない」
「相手は余裕《よゆう》の表情をしている」
「緊張《きんちょう》して昨夜は眠れなかった」

などと、「⑥理由」を探していたらその通りの結末になります。

「もし技に失敗したら、またすぐ立て直して攻《せ》めよう」
「この選手よりも強い先輩《せんぱい》に、練習試合で勝った」
「相手だって不安なはずだ」
「睡眠《すいみん》不足でも頭はスッキリしている」

と、「⑦理由」を探していれば、いくらでも見つかります。

気持ちを強く持つために、普段《ふだん》から「⑧理由」を探す練習をしておくといいでしょう。

勝つ選手には、勝つ※メンタリティーがあるのです。

オリンピックのような大舞台《おおぶたい》では、実力差はあってないようなものです。世界中からトップ選手が集まるのですから、誰《だれ》が勝ってもおかしくありません。

ただ一つ言えるのは、勝つ選手は気持ちを強く持っているということ。それを忘れずにいてほしいと思います。

（栄和人『〝最強〟の結果を生み出す「負けない心」の作り方』より）

※　オーラ……人をひきつけるような独特のふんいき。

※　メンタリティー……心や精神の状態。

問一　①にはあることわざが入ります。最も適切なものを次の中から一つ選び、番号で答えなさい。

1　時は金なり　2　病は気から　3　急がば回れ　4　勝負は時の運

③勝負でも同じです。それまでの戦績は決して目覚ましくなくても、マットの上に立つ感じが落ち着いていたり、目線が安定していたりすると、「なんか強そう」「勝ちそう」に見えるのです。

もっとも「勝ちそう」に見えるのは、体のどこにも余分な力が入っていなくて、適度に体がゆるんでいる。おだやかな表情で目力はしっかりしていて、周りのことがきちんと見えている状態。力まず自然体でありながら集中を高めているときは、こんな感じになります。

試合前、頭の中ではいろいろなシミュレーションをします。練習したあの技をかけて、次にこの技を……と考えること自体はいいことです。ですが、すべてその通りに行くはずはありません。真剣《しんけん》勝負で１００％はないのです。

ちなみに、ライオンが狩《か》りに成功する確率は20‐30％ほどだと聞いたことがあります。ライオンにとって狩りは生きるための営み。失敗したら、死が待っています。

生死を賭《か》けた戦いをするライオンですら成功率が20‐30％なら、レスリングの技がかからなくても不思議はありません。大事なのは、技がかからなかったとき、それでも2度3度と挑戦《ちょうせん》する気持ちです。一度かからなかったからといってあきらめてしまってはいけない。「技がかからなかった」と思っても、すぐに気持ちをリセットしてまたチャレンジする。その繰《く》り返しが勝利につながるのです。

気持ちが後ろ向きになっているときは、対戦相手に対して「思い込《こ》み」を持ってしまいがちです。

「前回対戦したときよりも、ものすごく強くなっているんじゃないか」

「いつもより体が大きく見える」

など、不安から相手がより強く大きく見えてしまうのです。

[④]、考えてみてください。相手も同じ人間です。ほんのわずかな間に、2倍も3倍も急激に強くなることなんてありえません。もしなれるのなら、自分だってそうなるはずです。

自分だけが弱いままで、相手だけが何倍も強くなっている。これは思い込みであり幻想《げんそう》です。弱くて後ろ向きな気持ちが、そう見せているだけなのです。

気持ちで負けないというのは、そういう幻想を持たないということ。これから一対一の真剣《しんけん》勝負がはじまるというのに、⑤すでに負けてしまっていたら対等に戦うことはできませんし、勝つこともできません。

心は、最も鍛《きた》えにくいものです。もって生まれた性格がありますし、成長する過程で身につけてきた思考傾向《けいこう》もあります。ですが、

2024年度

国士舘中学校

【国　語】〈第二回試験〉（四五分）〈満点：一〇〇点〉

一 次の——線の漢字の読みをひらがなに、カタカナは漢字に直しなさい。ていねいに、はっきりと書くこと。

1 親が元気なうちに孝行する。
2 各国の首脳が訪《おとず》れる。
3 日本とアメリカの間の貿易。
4 作品が評価されたことを喜ぶ。
5 コップを水で満たす。
6 博物館をカンランする。
7 臨海学校でエンエイに挑戦《ちょうせん》する。
8 重要な書類をフクシャする。
9 悲しい話を聞いてナく。
10 暗かったので道にマヨう。

二 次の文章は、日本女子レスリングのコーチとして多くのオリンピック金メダリストを育てた栄和人《さかえかずひと》さんが書いた文章の一部です。これを読んで、後の問いに答えなさい。

「[①]」ということわざがありますが、勝負の世界でも同じことが言えます。勝つも負けるも気持ちしだいとは、よく言ったものです。

ビジネスでもそうだと思います。自信を持って堂々《どうどう》と話す人と、自信なさげにボソボソと話す人では、説得力が違《ちが》います。内容は悪くないとしても、気持ちの持ち方、伝え方一つで伝わり方は変わり、結果も変わります。

[②]自信のある人からは、プラスの※オーラを感じますよね。その人の言うことをすんなりと信じるのは、言葉よりもオーラのような感覚的なものなのかもしれません。「持っている人」「持っていない人」という比較《ひかく》がありますが、そこには「何か持っていそう」という感覚が関わっています。

2024年度
国士舘中学校　▶解説と解答

算　数　＜第２回試験＞（45分）＜満点：100点＞

解　答

1 ①　7　②　$\frac{1}{3}$　③　34.5　④　9　⑤　$\frac{13}{15}$　**2** ⑥　180　⑦　8個
⑧　5　⑨　12分　⑩　2402　⑪　46才　⑫　7　⑬　2300m　⑭　9時間　⑮
3600円　⑯　528　⑰　134度　⑱　182cm^2　⑲　$2\frac{1}{3}$cm　⑳　4.5cm

解　説

1 四則計算，計算のくふう

①　91÷(29－８×２)＝91÷(29－16)＝91÷13＝７

②　$1\frac{1}{4}-1\frac{5}{12}\div1\frac{6}{11}=\frac{5}{4}-\frac{17}{12}\div\frac{17}{11}=\frac{5}{4}-\frac{17}{12}\times\frac{11}{17}=\frac{15}{12}-\frac{11}{12}=\frac{4}{12}=\frac{1}{3}$

③　8.28÷0.6×2.5＝13.8×2.5＝34.5

④　$A\times C-B\times C=(A-B)\times C$となることを利用すると，79×0.18－29×0.18＝(79－29)×0.18＝50×0.18＝９

⑤　$2\frac{11}{14}\times\left(1.2-\frac{8}{9}\right)=\frac{39}{14}\times\left(\frac{6}{5}-\frac{8}{9}\right)=\frac{39}{14}\times\left(\frac{54}{45}-\frac{40}{45}\right)=\frac{39}{14}\times\frac{14}{45}=\frac{13}{15}$

2 数の性質，比例式，速さ，場合の数，年令算，約束記号，通過算，仕事算，倍数算，数列，角度，表面積，相似，長さ，水の深さと体積

⑥　右の図１より，９，12，15の最小公倍数は，３×３×４×５＝180とわかる。

図１

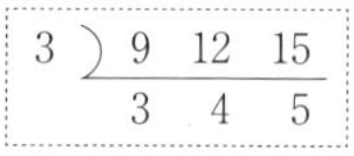

⑦　15＝３×５より，分子が３か５の倍数のとき約分できる。よって，求める分数は，$\frac{1}{15}$，$\frac{2}{15}$，$\frac{4}{15}$，$\frac{7}{15}$，$\frac{8}{15}$，$\frac{11}{15}$，$\frac{13}{15}$，$\frac{14}{15}$の８個ある。

⑧　$A:B=C:D$のとき，$A\times D=B\times C$になる。よって，$0.36:\frac{3}{5}=3:\square$のとき，$0.36\times\square=\frac{3}{5}\times3$となり，$\square=\frac{3}{5}\times3\div0.36=\frac{9}{5}\div\frac{9}{25}=\frac{9}{5}\times\frac{25}{9}=5$とわかる。

⑨　１時間20分は，$1\frac{20}{60}=1\frac{1}{3}$時間だから，この道のりは，$3.6\times1\frac{1}{3}=4.8$(km)である。したがって，時速４kmで歩くときにかかる時間は，4.8÷４＝1.2(時間)，60×0.2＝12(分)より，１時間12分とわかる。

⑩　最も大きい整数は4220である。また，２番目に大きい整数は4202，３番目は4022，４番目は2420なので，５番目に大きい整数は2402である。

⑪　現在の姉の年令を□才とすると，右の図２のように表せる。図２より，28才が，②－①＝①にあたり，10年後の母の年令は，28×２＝56(才)とわかる。よって，現在の母の年令は，56－10＝46(才)となる。

図２

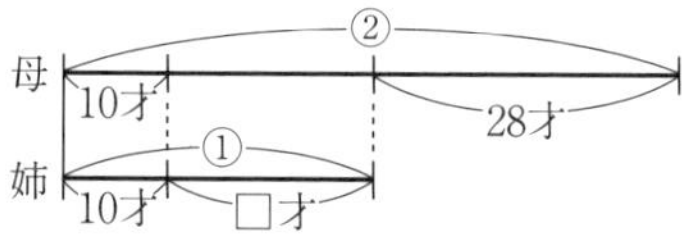

⑫　４☆３＝４×５－３×３＝20－９＝11になるから，８☆(４☆３)＝８☆11＝８×５－11×３＝

40－33＝７となる。

⑬　時速75kmは分速，75×1000÷60＝1250(m)である。列車が２分で進んだ距離《きょり》は，1250×２＝2500(m)であり，これは列車の長さとトンネルの長さの和になる。したがって，トンネルの長さは，2500－200＝2300(m)と求められる。

⑭　機械Ａで１時間につくることができる製品の個数は，24÷３＝８(個)で，機械Ｂで１時間につくることができる製品の個数は，60÷５＝12(個)である。機械Ｂは14時間使い続けたから，機械Ｂでつくった製品の個数は，12×14＝168(個)になる。よって，機械Ａでつくった製品の個数は，240－168＝72(個)なので，機械Ａを使った時間は，72÷８＝９(時間)とわかる。

⑮　２人の金額の差は変わらないから，金額の差を表す比を，９－７＝２にそろえると，右の図３のようになる。すると，そろえた比の，12－９＝３にあたる金額が900円になるので，比の１にあたる金額は，900÷３＝300(円)とわかる。よって，はじめに太郎さんが持っていた金額は，300×12＝3600(円)と求められる。

図３

	太郎		花子	×２	太郎		花子
はじめ	6	：	5	→	12	：	10
残　り	9	：	7	→	9	：	7

⑯　17行目までには，４×17＝68(個)の奇数《きすう》が並ぶから，17行目の最後の奇数は，２×68－１＝135とわかる。すると，17行目の４つの奇数は，129，131，133，135なので，その和は，129＋131＋133＋135＝528になる。

⑰　下の図４は四角形であり，内角の和は360度だから，(い)の角の大きさは，360－(72＋37＋25)＝226(度)になる。よって，(あ)の角の大きさは，360－226＝134(度)と求められる。

⑱　下の図５で，太線で囲まれた部分を底面とすると，底面積は，７×５－２×(５－３)＝31(cm^2)になる。また，太線部分の長さは，たて７cm，横５cmの長方形の周りの長さと等しく，(７＋５)×２＝24(cm)である。すると，図５の立体の側面積は，たて５cm，横24cmの長方形の面積と等しく，５×24＝120(cm^2)だから，この立体の表面積は，31×２＋120＝182(cm^2)とわかる。

図４

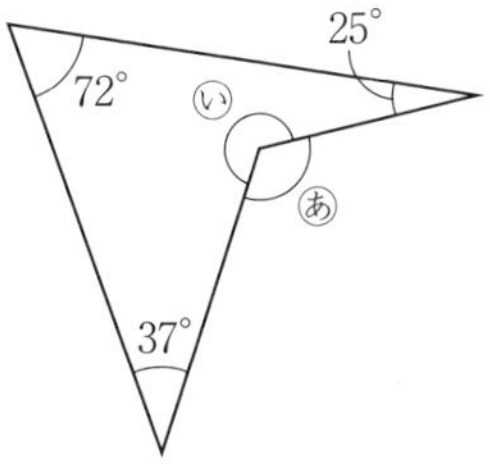

図５

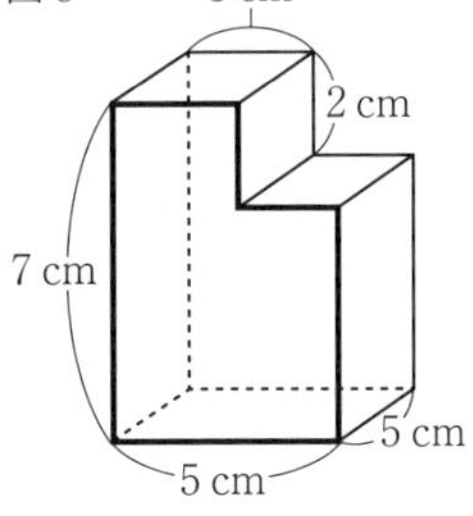

図６

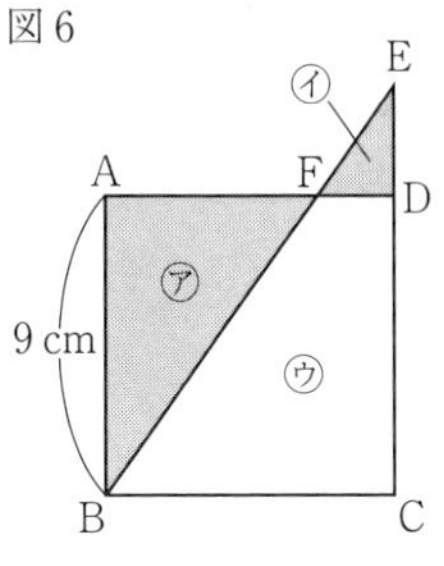

⑲　上の図６で，㋐の面積が㋑の面積より30cm^{2}大きいとき，㋐と㋒を合わせた正方形ABCDの面積は，㋑と㋒を合わせた三角形EBCの面積より30cm^{2}大きくなる。すると，正方形ABCDの面積は，９×９＝81(cm^2)だから，三角形EBCの面積は，81－30＝51(cm^2)となる。よって，CEの長さは，51×２÷９＝11$\frac{1}{3}$(cm)なので，DEの長さは，11$\frac{1}{3}$－９＝2$\frac{1}{3}$(cm)と求められる。

⑳　同じ量の水を入れたから，ＡとＢの底面積の比は，$\frac{1}{3}$：$\frac{1}{9}$＝３：１である。そこで，Ａの底面積を３，Ｂの底面積を１とすると，水の量の合計は，３×３＋１×９＝18になる。また，水の深さを同じ□cmにするとき，３×□＋１×□＝４×□が18になるから，□＝18÷４＝4.5(cm)とわかる。

国　語　＜第２回試験＞（45分）＜満点：100点＞

解　答

一　**1**　こうこう　**2**　しゅのう　**3**　ぼうえき　**4**　よろこ(ぶ)　**5**　み(たす)　**6～10**　下記を参照のこと。　二　**問１**　2　**問２**　②　4　④　1　**問３**　**a**　気持ちしだい　**b**　プラスのオーラ　**問４**　(例)　不安から，自分だけが弱いままで相手だけが強くなっている(と思い込む状態。)　**問５**　2　**問６**　4　**問７**　(例)　わたしは，算数が苦手です。この前の模擬試験のときも，気持ちが弱くなり，途中であきらめそうになった問題がありました。でも，自分でたくさん勉強したことを思い出したら気持ちが落ち着き，いろいろな方法をためしてみようと思えるようになりました。そうしたら，最後は解くことができたので，何度でも挑戦する気持ちは大切だと思います。　三　**問１**　(例)　大河と勝負はしたいが，失敗したらまた立場をうしなうから。　**問２**　②　5　④　3　**問３**　1　**問４**　**a**　チームの和をみだす　**b**　にらんで　**問５**　スパイク練習に仲間入り　**問６**　4　**問７**　4　四　**問１**　3　**問２**　1　**問３**　(例)　月あかり家路を急ぐ足元に／祖母の家おしえてくれる赤とんぼ／くりひろいハリネズミたちそこここに　五　kuruma　六　**問１**　主語…6　述語…1　**問２**　2　**問３**　4

●漢字の書き取り

一　**6**　観覧　**7**　遠泳　**8**　複写　**9**　泣(く)　**10**　迷(う)

解　説

一　漢字の読みと書き取り

1　子どもとして親を敬い，大切にすること。　**2**　国や組織の中心にいて，指導的な役割を果たす人。　**3**　国際間における商品の取り引き。　**4**　音読みは「キ」で，「歓喜《かんき》」などの熟語がある。　**5**　音読みは「マン」で，「満足」などの熟語がある。　**6**　見物すること。　**7**　長い距離《きょり》を泳ぐこと。　**8**　文書や絵などを，別の紙に写し取ること。　**9**　音読みは「キュウ」で，「号泣」などの熟語がある。　**10**　音読みは「メイ」で，「迷路」などの熟語がある。

二　**出典：栄《さかえ》 和人《かずひと》『“最強”の結果を生み出す「負けない心」の作り方―これで「レスリング女子」を世界一に導いた』**。日本女子レスリングのコーチをしていた筆者が，勝つためには強い気持ちを持つことが必要だと説明している。

問１　「勝つも負けるも気持ちしだい」など，「気持ちの持ち方」の大切さについて述べられているところなので，“病気は気持ちしだいで良くも悪くもなる”という意味の「病は気から」が合う。

問２　②　前で述べられていた「気持ちの持ち方」が大切であるという内容に，「自信のある人からは，プラスのオーラを感じ」るという内容がつけ加えられている。よって，あることがらに次のことがらをつけ加えるときに用いる「また」が入る。　④　「気持ちが後ろ向きになっているとき」は，「不安から相手がより強く大きく見え」るといった「思い込《こ》み」を持ってしまうが，よく考えてみると，「相手も同じ人間」なので，「ほんのわずかな間」に「急激に強くなること」はない，という文脈になる。よって，前のことがらを受けて，それに反する内容を述べるときに用いる「ですが」が合う。

問３　ａ，ｂ　前の部分で「勝負の世界」と「ビジネス」について述べられている。この部分に注目する。「気持ちしだい」で勝負の結果は変わってくるものであり，ビジネスでは「自信のある人」から「プラスのオーラ」が感じられると筆者は述べている。

問４　前の部分に注目する。「気持ちが後ろ向きになっているとき」は，不安な気持ちから，「相手がより強く大きく見えてしまう」ことがある。つまり，「自分だけが弱いままで，相手だけが何倍も強くなっている」という「思い込み」や「幻想《げんそう》」を持ってしまうのである。

問５　直前に注目する。この相手には「一度も勝ったことがない」とか「緊張《きんちょう》して昨夜は眠《ねむ》れなかった」などと勝てない理由を探していたらそのとおりの結果になるが，反対に「相手だって不安なはずだ」とか「睡眠《すいみん》不足でも頭はスッキリしている」などと勝てる理由を探してみると，いくらでも見つかるものである。だから，「気持ちを強く持つため」に，普段《ふだん》から勝てる理由を探す練習をしておくとよい。

問６　「実力差はあってない」ような「オリンピックのような大舞台《だいぶたい》」で勝つために大事なことは，「気持ちを強く持っているということ」なので，４が正しい。なお，「もって生まれた性格」があるし，「成長する過程で身につけてきた思考傾向《けいこう》」もあるので，「心は，最も鍛《きた》えにくいもの」だといえるが，普段から勝てる理由を探す練習をしておくと，「気持ちを強く持つ」ことができるようになると述べられているので，１は合わない。また，「練習したあの技をかけて，次にこの技を」などと「考えること自体はいいこと」なので，２も合わない。「大事なのは，技がかからなかったとき，それでも２度３度と挑戦《ちょうせん》する気持ち」である。そして，「気持ちが後ろ向きになっているとき」は，「相手がより強く大きく見えてしまう」が，それは「思い込み」なので，自分や相手の実際の実力とは関係ないため，３もふさわしくない。

問７　まず，うまくいかなかったときの自分の経験を振《ふ》り返り，すぐにあきらめてしまって後悔《こうかい》したこと，あるいはあきらめずに何度も挑戦してよかったと思ったことなどを整理してみる。そして，何度も挑戦する気持ちが大切であるという筆者の意見について，自分の考えを書く。

三　**出典：中松《なかまつ》まるは『アタックライン１　なりたいわたしになるために』**。小学生バレーボールクラブに所属する美桜《みお》が，スパイク練習をさせてもらうことをかけて，大河《たいが》との二度目の対決に挑《いど》む。

問１　大河のスパイクをとる対決の二度目のチャンスを得て，美桜の「胸の中はふたたび燃えあがっていた」が，「失敗すれば，またもや美桜は立場をうしなう」と思われるので，監督《かんとく》に返事をする前に迷ったのである。

問２　②　肩《かた》をゆさぶったり，手をぶらぶらさせたりして「体の準備に入った」美桜のことを，大河は視線をそらさずに見つめていたと思われる。よって，動かないさまを表す「じっと」が入る。
④　大河のスパイクが「美桜の顔にむかった」ので，みんなも美桜自身も驚《おどろ》いている。よって，一瞬《いっしゅん》にして張りつめる気持ちを表す「はっと」が合う。

問３　「息をのむ」は，驚いて息を止めるさま。大河のスパイクは「ものすごい音」だったので，みんなはびっくりして息を止めたのである。

問４　ａ，ｂ　美桜は，スパイク練習をさせてもらえることにこだわって「チームの和」をみだしている自分が，キャプテンによく思われていないだろうと感じていた。練習中に自分のことばかりを見るキャプテンの視線を「にらんで」いるように思っていたことからもわかる。

問5　大河は，キャプテンの言葉を受けて，「これでスパイク練習に仲間入りだ」と言っている。キャプテンは，美桜が「いっぱい努力してきた」ことや，今日の練習中も「いっしょうけんめい空元気を出して明るくふるまって」いたことを認め，美桜もスパイク練習をしてもよいと思ったのである。

問6　美桜の「がんばり」を見ていたキャプテンは，「だんだん，ぼくのほうがまちがっているんじゃないかと思えてきた」と言い，美桜の練習や態度を評価した。よって，４の内容が合う。

問7　はじめの部分で美桜は，大河の「百パーセントのボールを今度こそとってみたいんだ」と闘《とう》志《し》を燃やしており，大河との再戦のために練習を積んできているので，「負けずぎらいでがんばりや」だと考えられる。

四　**出典：武馬久仁裕《ぶまくにひろ》『こんなにも面白く読めるのか　名歌，名句の美』**。筆者は，酒井抱一《さかいほういつ》の俳句をとりあげて解説している。

問1　この句に描《えが》かれている光景の，上にあるべき「星」は句の上に，下にあるべき「落つる花火」は句の下に配置されているので，読んだときに「すんなりこころに入って」くると筆者は説明している。

問2　「実際の花火は落ちてすぐに消えて」しまうが，「花火」という文字は消えないので，「読者のこころの中」から花火が消え去ることはない。よって，目の前にあるように心に思い浮《う》かぶ姿という意味の，「面影《おもかげ》」が合う。

問3　俳句は，季節を表す季語を入れることと，五七五の十七音でつくることがきまりとなっている。この二つのきまりを守ることを心がけて，それぞれの季語にそった俳句を作る。

五　**ローマ字の表記**

ローマ字では，母音の「aiueo」であ行を表記し，か行以下は，各行の子音と各段の母音とを組み合わせて表記する。「くるま」における各行の子音は，か行がｋ，ら行がｒ，ま行がmなので，「く」は「ku」，「る」は「ru」，「ま」は「ma」となる。

六　**主語と述語，漢字の知識，ことわざの知識**

問1　主語は「だれが」や「何が」を表す文節で，述語は主語に対して「どうする」「どんなだ」「何だ」にあたる文節である。文節の順序を普通に戻《もど》すと，その／絵を／この／場所に／かざったのは／私です，となる。よって，文末の「私です」が述語で，それに対応する主語が「かざったのは」とわかる。

問2　「浴」の訓読みは，「あ(びる)」「あ(びせる)」などとなる。

問3　「恩をあだで返す」は，“世話になった者が恩返しをするどころか相手にひどいことをする”という意味。「飼い犬に手をかまれる」は，かわいがったり世話をしたりした人から害を与《あた》えられることのたとえ。

2024年度

国士舘中学校

【算　数】〈第４回試験〉（45分）〈満点：100点〉

1 □にあてはまる数を入れなさい。

・ $1.68 \div 4.8 =$ ［　①　］

・ $48 \div \{78 \div (25-12)\} =$ ［　②　］

・ $69 \div \frac{3}{4} - 45 \div 2\frac{1}{4} =$ ［　③　］

・ $1\frac{7}{8} \div 1.25 - \frac{2}{3} =$ ［　④　］

・ $22 \times 1.57 + 11 \times 0.86 =$ ［　⑤　］

2 □にあてはまる数を入れなさい。

・　36をわっても、63をわっても、わりきれる整数は［　⑥　］個あります。

・ 次の数の列の□にあてはまる数は［　⑦　］です。

3、4、7、11、18、29、□、76、123、…

・　全部で［　⑧　］ページある本を、全体の37.5％読んだところ、150ページ残りました。

・　5kmの道のりを分速60mで歩くと、1時間23分［　⑨　］秒かかります。

・　ある年の3月4日は月曜日です。この年の4月最後の土曜日は、4月［　⑩　］日です。

・　Ａさんと Ｂさんがあるテストを受けたところ、Ａさんの得点の9倍とＢさんの得点の8倍が等しくなりました。このとき、Ａさんの得点はＢさんの得点の [⑪] 倍です。

・　ある歩道に沿って、7ｍの間隔《かんかく》で木が植えてあります。1本目の木Ａが植えてある地点から何本目かの木Ｂが植えてある地点までの道のりは140ｍでした。植えてある木の本数は、木Ａと木Ｂを含めて [⑫] 本です。

・　10円玉と50円玉と100円玉がたくさんあります。この中から4枚選んでつくることができる金額は全部で [⑬] 通りあります。ただし、使わない種類の硬貨《こうか》があってもよいものとします。

・　はじめ、兄と弟が持っていた金額の比は5：4でしたが、兄が1500円使ったので、2人が持っている金額の比は5：6になりました。はじめに、兄が持っていた金額は [⑭] 円です。

・　ある学年の生徒70人に、サッカー、野球が好きかアンケートを行ったところ、どちらも好きではないと答えた生徒はおらず、サッカーが好きだと答えた生徒は59人、野球が好きだと答えた生徒は49人いました。このとき、サッカー、野球のどちらも好きだと答えた生徒は [⑮] 人います。

・　一定の速さで流れている川の上流にあるＡ地点と下流にあるＢ地点は、32kmはなれています。ある船が、Ａ地点からＢ地点まで下るのに2時間かかり、Ｂ地点からＡ地点まで上るのに4時間かかりました。この川の流れの速さは時速 [⑯] kmです。

・　右の図で、四角形ＡＢＣＤは正方形、三角形ＣＥＤは正三角形です。㋐の角の大きさは

⑰ 度です。

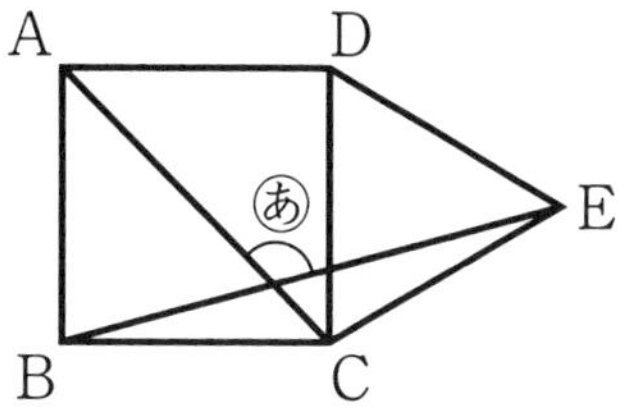

・　右の図で、三角形ＡＢＣは直角三角形です。三角形ＡＢＤの面積が14cm^2のとき、ＢＤの長さは

⑱ cmです。

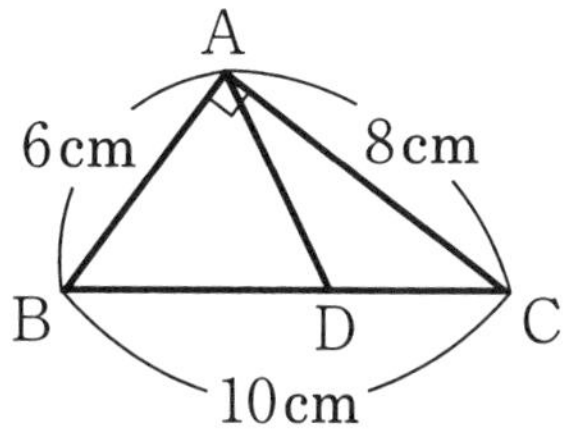

・　右の図は、1辺の長さが6cmの正方形の中に、円とおうぎ形を組み合わせた図形です。かげをつけた部分の面積の和は

⑲ cm^2です。

（円周率は3.14とする。）

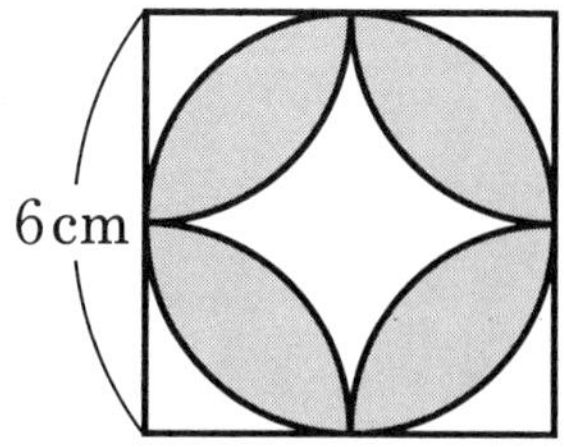

・　右の図は、底面の半径が3cmの円柱と、直方体を組み合わせた立体です。この立体の表面積が398.2cm^2のとき、体積は

⑳ cm^3です。

（円周率は3.14とする。）

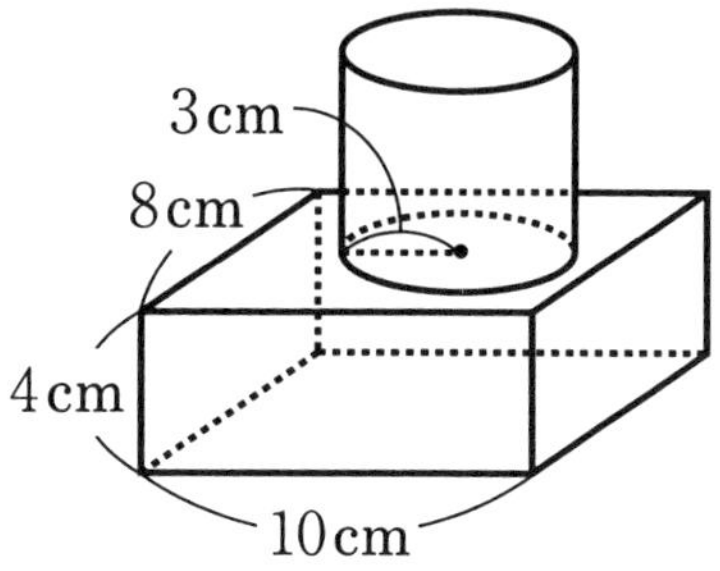

六 次の問いに答えなさい。

問一　次の文から文全体の主語と述語にあたる部分を一つずつ選び、番号で答えなさい。

1今の　2空模様だと　3おそらく　4明日は　5雪が　6降るだろう。

問二　次の漢字の部首名をそれぞれひらがなで答えなさい。

①　待　　②　因

問三　次の四字熟語が、あとの意味になるように、□に入る漢字一字をそれぞれ書きなさい。

大□小□

あまりちがいがないこと。

五

次の――線部の言葉をローマ字に直して、すべて小文字で書きなさい。

乗り物カード

ちかてつ

［地下鉄］

地下のトンネルにしかれた線路を走る電車。

※『放浪記』……林芙美子が、自らの日記をもとに放浪生活の体験を書きつづった自伝的小説。

問一 ［①］に入る言葉として最も適切なものを、詩の中から三字で書きぬきなさい。

問二 ［②］に入る言葉として最も適切なものを次の中から一つ選び、番号で答えなさい。

1 協調的　2 積極的　3 論理的　4 楽天的

問三 この詩の作者は自分をどのようなマリだと考えていると思われますか。次の文の［　］ａ・ｂに入る言葉として最も適切なものを、鑑賞文中からａは五字、ｂは六字で書きぬきなさい。

叩かれて初めて動く、［ａ］のものではあるけれど、その力を利用して高く［ｂ］という強い思いをもった赤いマリ。

四　次の詩と鑑賞《かんしょう》文を読んで、後の問いに答えなさい。

赤いマリ　　　林《はやし》　芙《ふ》美《み》子《こ》

私は野原へほうり出された赤いマリだ！
力強い風が吹《ふ》けば
大空高く
鷲《わし》の如《ごと》く飛び上《あが》る。

おゝ《(お)》風よ叩《たた》け！
燃えるやう《(よ)》な空氣《(気)》をはらんで
おゝ《(お)》風よ早く
赤いマリの私を叩いてくれ。

率直《そっちょく》で、まっすぐに心の中に入って来る詩ですね。わが身をマリに喩《たと》えて生きようとしているのです。ただ作者の思いは濃厚《のうこう》に示されています。まずはマリは自分では運動できません。あなた任せのマリ。そこに※『放浪記《ほうろうき》』などを書いた作者の人生が滲《にじ》んでいるでしょう。

しかし、どうなってもいいなどとは、まったく思っていません。鷲のように飛び上りたい。そのために、燃えるような空気をもつ風がほしい。[①]風です。

青ざめた色のマリではなくて、赤いマリです。何かサーカス団の巨大《きょだい》な宣伝マリが熱気球になって浮《う》かんだようなイメージがあります。

そのマリを動かすために、私は叩かれてもよい、というのでしょうか。人生に苦労も多かった作者がしのばれますが、強い力を欲《ほっ》している、[②]な生き方です。

「私は赤いマリだ」とそっとつぶやく読者が誕生するのではないでしょうか。

（中西進『詩をよむ歓《よろこ》び』より）

問三　――線④「口が□」とありますが、これはついうっかり言ってしまったという慣用的な言い方です。□に入る言葉をひらがな四字で書きなさい。

問四　⑤に入る言葉として最も適切なものを次の中から一つ選び、番号で答えなさい。

1　すっと　　2　ふわっと　　3　ぐっと　　4　ぐらっと

問五　――線⑥「べったりとしたイヤな空気になりかけた」とありますが、それはどうしてですか。最も適切なものを次の中から一つ選び、番号で答えなさい。

1　だれもが副団長ぐらいやってもいいと思っていたのに、一番向いていないと思える「ぼく」がえらそうに立候補したから。
2　それまでのみんなの会話の流れに逆らって、「ぼく」が団長をかばうかのように強い口調で副団長に立候補したから。
3　五年生全員で団結して副団長など必要ないと主張しようとしていたのに、「ぼく」が勝手に引き受けようとしたから。
4　だれも副団長をやりたくないとかんちがいした「ぼく」が、できもしないくせに簡単に考えて立候補しようとしたから。

問六　――線⑦「生まれて初めてかもしれない武者ぶるいが出た」とありますが、このときの「ぼく」の気持ちを説明した次の文の□に入る言葉を、「意思」「副団長」「宣言」という言葉を用いて、二十字以上二十五字以内で書きなさい。（、や。なども一字に数えます。）

向いていないかもしれないけれど、□のだから、できる限りがんばろうと決意している。

問七　「ぼく」が大事な決断をしようとしている自分の状態を日常のある場面に置きかえて考えている部分を、本文中から一文で探し、初めの五字を書きぬきなさい。（、や。なども一字に数えます。）

いつもより瞬《まばた》きが少ない気がする梨屋くんの目が、そう言っている気がした。

「はい。よろしくお願いします」

お腹《なか》に力をこめ、ぼくは声を張った。梨屋くんへの返事と、あとはここにいるみんなへの宣言だ。
⑦生まれて初めてかもしれない※武者ぶるいが出た。

（室賀理江『エール！主人公なぼくら』より）

※　タブレット……板状のコンピュータ。
※　武者ぶるい……重大な場面などで、興奮で体がふるえること。

問一　――線①「ぼくはドキリとした」とありますが、それはどうしてですか。最も適切なものを次の中から一つ選び、番号で答えなさい。

1　動画を撮ることを相談しようと思っていたのに、とてもそんなふんいきではなかったから。
2　副団長になろうと決めていたのに、動画を撮ることで頭がいっぱいですっかり忘れていたから。
3　五年生の中から選ぶということは自分も関係があるのに、何も考えていなかったから。
4　みんなに相談しようと早くきたつもりが、すでに五年生の子たちが全員集まっていたから。

問二　――線②「……」、――線③「……」とありますが、この二つの「……」で共通して表されているのは、「ぼく」のどのような様子ですか。最も適切なものを次の中から一つ選び、番号で答えなさい。

1　団長の梨屋くんの良いところを、何とかみんなにもわかってもらおうと思案している様子。
2　みんなは団長の梨屋くんのことを本当にわかっているのだろうかと疑問に感じている様子。
3　動画を撮るという考えで頭がいっぱいで、団長の梨屋くんの話題についていけていない様子。
4　団長の梨屋くんをばかにした話題に同意を求められたことに、ためらいを感じている様子。

他の子たちも、それぞれ目を丸くしたり、半笑いの顔だったりでぼくを見る。ぼくは、陽介やモロハシさんの顔を思いうかべて、奥《おく》歯《ば》に［⑤］力を入れた。にげたくない。ここでにげたら、胸をはって応援できない。

「向いてないって思うけど、やってみる。それじゃだめ？」

ぼくがそう言うと、智也くんは、鼻の頭をかきながらほかの子たちに目配せした。

「まあそりゃ、だれかがやらないとな……」

それでも、だれも、『自分がやる』とは言わない。にげているんだ。

「だからってさ。大地、おまえ、できんの？」

「できるっていうか。『やる』」

気がついたら、毎朝となえている言葉を口にしていた。

「ヒエー」

「カッコイー」

みんなの顔を見て、しまった、と思った。どうも、えらそうに聞こえてしまったらしい。

「言うのはかんたんだけどさー」

「なあ」

⑥べったりとしたイヤな空気になりかけたところに。

「かんたんじゃないでしょ。ボクはスゴイって思うよ」

キン、とかん高い声が打ちこまれた。顔を向けると、梨屋くんだ。

もともと、ここが白組応援団の集合場所なんだから、梨屋くんがいてもおかしくはない。だけど、いつから来ていたんだろう。みんなが、梨屋くんの悪口を言ったり、物まねをしていたりしたときは？　聞いていたとしたら、ひどい気分になったはずだ。

「ヨロシクね。副団長」

固まっているみんなの前で、梨屋くんは、ニッコリとぼくに笑いかけた。

「市橋くんならきっと、できるよ」

——やってやろうじゃない？　ねえ？

それはまだ、慣れていないからだと思う。

ぼくたちの学年は入学してすぐに※タブレットをもらっていたけれど、低学年のころは、あれをしますよ、これをしましょう、って先生に言われたときでないと使ってはいけないルールだった。

「でもさ。大地が団長に話すの？　平気かな？　大地ってあの人に目ぇつけられてんじゃん？『声が小さーいッ!!』とかって」

一組の子が、梨屋くんの真似《まね》をして声をひっくり返す。

「③……うん。まあ」

「『のどだけで出そうとするなァーッ！』。笑っちゃう。自分だって、のどで声、出してるっての」

どっ、とみんなが笑う。ぼくは笑えなかった。自分が笑われているような気がして。

こういうのって、いやだ。

「副団長もさ、やってもいいんだけど、団長を変えてくれないかな。あの人といっしょにやるの、ハズいっていうか」

「いえてる」

「無理だよな」

また、笑い声。ぼくは目をぎゅっとつむった。

今ぼくは、橋の上に立っているのかもしれなかった。学校に行くとちゅうでにげるように引き返したあの朝と、にげずに越《こ》えてきた、いくつもの朝に。

けれどもう、ぼくにとっての橋の意味は、それで全部じゃなくなっている。

モロハシさんが、力強く風を切って走るのを見たのもあの橋だし、それに、陽介だって。

応援されるならぼくがいいって、あの橋の上で、陽介は確かに言ってくれた。

陽介を、モロハシさんを、堂々と応援できるのはどんなぼくだ？

「……だれもやらないんなら、副団長、ぼくがやるよ」

思いきって言った。陽介に推薦されたときには思わず④口が□って感じだったけれど、今度はちがう。これはぼくの意思だ。

ぼくの申し出に、智也くんが目をむいた。

「ええっ？　マジなんで？」

「なんで、って」

三　次の文章は、小学五年生の市橋大地《いちはしだいち》が運動会で応援団《おうえんだん》の係になり、白組の応援団長で六年生の梨屋《なしや》くんたちといっしょに練習に参加している場面を描《えが》いたものです。目立たない係を望んでいたのに、思いがけずクラスの人気者の陽介《ようすけ》に推薦《すいせん》されたことがうれしくてつい引き受けてしまった大地は、毎回注意されつつ仕方なく練習をしていました。でも、義足で走るモロハシさんと出会って考えが変わり、次第に応援団の練習にも本気になっていきました。これを読んで、後の問いに答えなさい。

放課後がくると、ぼくは大急ぎで白組応援団の集合場所である鉄棒の前へと向かった。動画を撮《と》ることをどう思うか、まずは応援団の仲間に相談してみようと考えていた。

時間より早いのに、ぼくと同じ五年生の子たちは全員集まっていた。「今日だろ。副団長決めんの」とか「だりーなぁ」などというつぶやきが聞こえて、①ぼくはドキリとした。

——副団長。そうだった、すっかり忘れていた。

五年生の中から一人選ぶように言われていたのだ。

「しっかしオレさー、赤組がよかったなー」

「あー、おれも。白組はさ、団長が、なあ？」

「大地もさ、そう思わねえ？」

去年いっしょのクラスだった一組の智也《ともや》くんが、ぼくに話をふってくる。

「②……あのさ。今日、クラスでの応援の練習って、どうだった？」

ぼくが聞くと、智也くんが苦笑いでため息をついた。

「ああ、その話。おれもだけど、みんな時間切れしたって。なあ？」

やっぱり。

「ぼくもなんだ。それでさ、動画を使って練習したいって意見がクラスで出ていて。どうかな？」

ぼくが言うと、みんなもすぐに賛成してくれた。

「いいんじゃねえ？」

「プリントだけじゃ、無理だよな」

「なんで思いつかなかったんだろ？」

2　予想外のできごとがあったのに勝てた理由や今後の課題について、考えることがたくさんあったから。

3　体にかなりダメージを受けていてなかなか回復せず、このままマラソンを続けるのは難しいと思ったから。

4　今回の優勝はまぐれであり、この先また勝てる気がせず、人々の期待にこたえられないと思ったから。

問四　――線④「当日の服装について」とありますが、どのような服装で何ができたことがよかったと言っていますか。それを説明した次の文の□に入る言葉を、二十字以上三十字以内で書きなさい。（、や。なども一字に数えます。）

寒い日だったので、□がよかった。

問五　――線⑤「レース前の食事について」とありますが、四三の考え方として最も適切なものを次の中から一つ選び、番号で答えなさい。

1　レース前には、米飯よりもパンと生たまごの食事をとるほうがよい。

2　レース直前には、どんなにおなかがすいても何も食べないほうがよい。

3　レース前には、しっかり走るためにたくさん食べたほうがよい。

4　レース直前には、タイミングも考えあまりたくさん食べないほうがよい。

問六　――線⑥「マラソンのペース配分について」とありますが、四三の考え方について説明した次の文の□に入る言葉として最も適切なものを、本文中から十六字で書きぬきなさい。

後半のことを考えてトップを無理に追うことはせず、□ためにペース配分を考える。

問七　＝＝線部「日誌をつけて自分を見つめ直すこと」とありますが、四三のこのやり方についてあなたはどのように考えますか。自分自身の経験に当てはめて書きなさい。

めには、どのように走ればよいのかをしっかりと考えねばならない。それを練習を通して築《きず》いていく。

最後、４つ目は、※足袋《たび》。

ランニングシューズはもちろんのこと、ゴム底の足袋すら考えられていなかった時代だ。羽田でのレースでも四三は、ハゼつきの足袋を用いていた。これを走りやすいものに改良する必要があるとも記している。この思いは、後にオリンピックに出場する中で、さらにつのっていく。

初めて走ったマラソンで優勝し、[⑦]、世界記録まで破った。「凄いなあ」と周囲もチヤホヤしてくれる。そうなれば、すっかり浮《う》かれ気分になってしまっても不思議ではない。だが、四三は、そうではなかった。歩くことすら困難だった翌日も授業に出席し、日誌をつけて自分を見つめ直すことにも時間を割《さ》いた。そうできることが四三の強みであり、その後の成長をもたらしたのである。

（近藤隆夫『伝説のオリンピックランナー〝いだてん〟金栗四三』より）

※　足袋……和服の時に足にはく、親指と他の四本に分かれているくつ下のようなもの。ハゼは、足袋のかかとについているとめ具。

問一　[①]・[⑦]に入る言葉として最も適切なものを次の中から一つずつ選び、それぞれ番号で答えなさい。

１　だが　　２　その上　　３　すなわち　　４　例えば　　５　あるいは

問二　――線②「国際的には世界記録としては認められなかった」とありますが、その理由について説明した次の文の[　]a・bに入る言葉として最も適切なものを、本文中からaは五字、bは二字で書きぬきなさい。

いきなり27分も更新し、しかも悪天候だったので、[a]か、[b]が間違っていたと思われたから。

問三　――線③「四三は冷静だった」とありますが、その理由について説明したものとして最も適切なものを次の中から一つ選び、番号で答えなさい。

１　日本では大騒ぎされたけれど、国際的には結局今回のタイムは世界記録として認められなかったから。

「金栗は凄《すご》いぞ。今度、日本が初めて出場するオリンピックでの金メダルは間違いないな」

「そうだ！　金栗だったら絶対にやってくれる」

そんな声が街にあふれていた。

それでも③四三は冷静だった。

レース後は、歩くこともままならないほどに体にダメージを受けていたが、少しずつ回復。その間に何度も何度もレースを振《ふ》り返り、

「なぜ勝てたのか、これからの課題は何か」について考え続けていた。

この頃《ころ》、すでに四三は日誌を書く習慣を身につけている。寝《ね》る前に日誌をつけることで、その日を振《ふ》り返り、翌日以降の計画をしっかりと立てていた。そのことが自分をさらに成長させることに気づいていたのだ。目指すことのために時間を無駄《むだ》にしたくないとの思いを強く持てていた。

その日誌に四三は、初めてのマラソンレースを振り返った上で４つのことを書き残している。

１つ目は、④当日の服装についてだ。

レースの日、四三は長袖《ながそで》のシャツを着ていた。あまりに寒かったのでそうしたのだが、ほかの選手は半袖のシャツを着用する者が多く、彼《かれ》らは歯をガタガタと震《ふる》わせていた。対して自分は、それほど寒さを感じなかった。レース前の体温保持は大切であると。

２つ目は、⑤レース前の食事について。

当日、四三たちは道に迷い羽田《はねだ》競技場への到着《とうちゃく》が予定よりも遅《おく》れた。そのために、少しばかりのパンをかじり、生たまご２つを飲むことしかできなかったが、それが逆によかったと四三は結論づけている。

現在はマラソンランナーの食事法は確立されているが、これも近年のことである。明治の時代は、そうではなかった。

「直前にモリモリ食べてからじゃないと、しっかり走れないぞ！」と教えられていたのだ。食べるタイミングについても考えねばいけないと四三は日誌に綴《つづ》っている。

３つ目は、⑥マラソンのペース配分についてである。

スタート直後、四三はトップを走る佐々木《ささき》を無理に追おうとはしなかった。だが、これはペース配分を考えてのことではなかった。実はレース直前の練習で太ももに違和感《いわかん》をおぼえており、そのために、スパートをかけることをためらったのだ。

これが結果的によかった。

長い距離を走る場合には焦《あせ》りは禁物。後半のことを考えずに、いきなり飛ばしてはいけない。レース全体を通して全力を出し切るた

2024年度 国士舘中学校

【国　語】〈第四回試験〉（四五分）〈満点：一〇〇点〉

一　次の――線の漢字の読みをひらがなに、カタカナは漢字に直しなさい。ていねいに、はっきりと書くこと。

1　病院で薬をもらう。
2　本から知識を吸収する。
3　自らの責任を果たす。
4　あざやかな色の布を織る。
5　坂の上から石を転がす。
6　道具とザイリョウをそろえる。
7　就職に必要なシカクをとる。
8　先生の前でシセイを正す。
9　高いところに手がトドく。
10　写真のウラに名前を書く。

二　次の文章は、明治の終わりに初めてマラソンの日本代表選手としてオリンピックに参加し、その後も日本のマラソン界のために力をつくした金栗《かなくり》四三《しそう》について書かれた文章の一部です。四三は、初めてマラソンを走ったオリンピック予選会で優勝し、世界記録をマークしました。これを読んで、後の問いに答えなさい。

四三が世界記録を上回るタイムでマラソンを走り抜《ぬ》いたことは、外国にも伝わった。

［①］、これが快挙《かいきょ》として報じられていたわけではなかった。

「世界記録が、いきなり27分も更新《こうしん》されることなんてあり得ない。おそらくは距離《きょり》の測定が間違《まちが》っていたのではないか」

「雨風の強い悪天候の中でレースは行われている。そこで世界記録が出るものか？　時計に狂《くる》いが生じていたとしか思えない」

そんなニュアンスで新聞に書かれ、②国際的には世界記録としては認められなかった。

でも、日本では世界記録を破ったことで大騒《おおさわ》ぎになっていた。

2024年度 国士舘中学校 ▶解 答

※ 編集上の都合により，第４回試験の解説は省略させていただきました。

算 数 ＜第４回試験＞（45分）＜満点：100点＞

解 答

1 ① 0.35 ② 8 ③ 72 ④ $\frac{5}{6}$ ⑤ 44 2 ⑥ 3個 ⑦ 47 ⑧ 240ページ ⑨ 20秒 ⑩ 4月27日 ⑪ $\frac{8}{9}$倍 ⑫ 21本 ⑬ 15通り ⑭ 4500円 ⑮ 38人 ⑯ 時速4km ⑰ 120度 ⑱ $5\frac{5}{6}$cm ⑲ 20.52cm^2 ⑳ 461.3cm^3

国 語 ＜第４回試験＞（45分）＜満点：100点＞

解 答

一 **1** びょういん **2** きゅうしゅう **3** せきにん **4** お(る) **5** ころ(がす) **6～10** 下記を参照のこと。 二 **問1** ① 1 ⑦ 2 **問2** **a** 距離の測定 **b** 時計 **問3** 2 **問4** (例) 長袖のシャツを着て，レース前の体温保持ができたこと **問5** 4 **問6** レース全体を通して全力を出し切る **問7** (例) 記録をつけることは，自分を見つめ直し努力を続けるために有効だと思う。私は夏休みに，毎朝早起きしてジョギングすることを目標にしたことがある。毎日起きた時間と走った距離をノートに書き留め，それを見返すことで明日もがんばろうという気になったし，布団から出たくない自分に対して厳しくなることもできた。 三 **問1** 3 **問2** 4 **問3** すべった **問4** 3 **問5** 2 **問6** (例) 自分の意思で副団長をやると決めみんなに宣言した **問7** 今ぼくは， 四 **問1** 力強い **問2** 2 **問3** **a** あなた任せ **b** 飛び上りたい 五 tikatetu (chikatetsu) 六 **問1** **主語**…5 **述語**…6 **問2** ① ぎょうにんべん ② くにがまえ **問3** (大)同(小)異

●漢字の書き取り

一 **6** 材料 **7** 資格 **8** 姿勢 **9** 届(く) **10** 裏

Dr.福井の

入試に勝つ！脳とからだのウルトラ科学

入試当日の朝食で，脳力をアップ！

朝食を食べない学生は，朝食をきちんと食べる学生に比べて成績が悪かった――という研究発表がある。まあ，ちょっと考えればわかると思うけど，朝食を食べないということは，車にガソリンを入れないで走らせようとするようなものだ。体がガス欠になった状態では，頭が十分に働くわけがない。入試当日の朝食はちゃんと食べよう！　朝食を食べた効果があらわれるように，試験開始の２時間以上前に食べるようにするとよい。

では，入試当日の朝食にふさわしいものは何か？

まず，脳の直接のエネルギー源はブドウ糖だけであるから，それを補給するためのご飯やパン，これは絶対に必要だ。また，砂糖や果物の糖分は吸収されやすく，効果が速くあらわれやすいので，パンにジャムをぬったり果物を食べたりするのもよいだろう。

次に，タンパク質。これは脳の温度を上げる作用がある。温度が低いままでは十分に働かないからね。タンパク質を多くふくむのは肉や魚，牛乳，卵，大豆などだが，ここでは大豆でできたとうふのみそ汁や納豆をオススメする。そして，記憶力がアップするDHAを多くふくんでいる青魚，つまりサバやイワシなども食べておきたい。

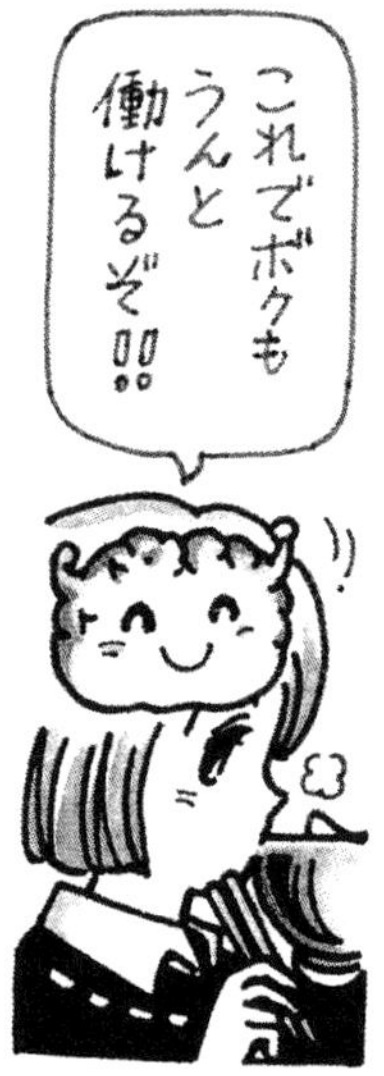

生野菜も忘れてはならない。その中にふくまれるビタミンBは，ブドウ糖を脳に吸収しやすくする働きを持つので，結果的に脳力アップにつながるんだ。

コーヒーや紅茶，緑茶は，カフェインという成分の作用で目覚めをうながすが，トイレが近くなってしまうので，飲みすぎに注意！　試験当日はひかえたほうがよいだろう。眠気を覚ましたいときはガムをかむといい。脳が刺激《しげき》されて活性化し，目が覚めるんだ。

Dr.福井（福井《ふくい》一成《かずしげ》）…医学博士。開成中・高から東大・文Ⅱに入学後，再受験して翌年東大・理Ⅲに合格。同大医学部卒。さまざまな勉強法や脳科学に関する著書多数。

Memo

Memo

2023 年度

国士舘中学校

【算　数】〈第２回試験〉（45分）〈満点：100点〉

1　［　　］にあてはまる数を入れなさい。

・　$44-9\div10\times30=$ ［　①　］

・　$\left(\frac{7}{8}-\frac{7}{12}\right)\times\frac{16}{21}=$ ［　②　］

・　$0.42\div3.5\times1.25=$ ［　③　］

・　$\frac{5}{12}-\frac{5}{18}\times1.05=$ ［　④　］

・　$1.57\times26-3.14\times11=$ ［　⑤　］

2　［　　］にあてはまる数を入れなさい。

・　48、72、96の最大公約数は ［　⑥　］ です。

・　分母と分子の和が52で、約分すると $\frac{4}{9}$ になる分数は ［　⑦　］ です。

・　$2\,\mathrm{m}^2$ は、$400\,\mathrm{cm}^2$ の ［　⑧　］ 倍です。

・　定価 ［　⑨　］ 円の品物を15％引きで買うと、定価より600円安くなりました。（消費税は、考えない。）

・　家から学校まで、行きは分速90m、帰りは分速60mで歩くと、往復の平均の速さは分速 ⑩ mです。

・　はじめに、姉は2700円、妹は1500円持っていました。2人は母から ⑪ 円ずつもらったので、姉と妹の持っている金額の比は3：2になりました。

・　あるクイズでは、正解すると4点もらえて、不正解だと2点引かれます。Aさんがこのクイズに20問答えたら38点でした。Aさんが正解したのは ⑫ 問です。

・　1周1920mのウォーキングコースを、AさんとBさんが同じ地点を同時に出発して反対方向に歩きます。Aさんは時速4.6km、Bさんは時速5kmで歩くと、2人は歩き始めてから ⑬ 分後に出会います。

・　10円玉と50円玉と100円玉の3種類の硬貨《こうか》がたくさんあります。この中からちょうど10枚を使って270円にするとき、50円玉は ⑭ 枚使います。

・　りんご4個とみかん2個の代金は、りんご2個とみかん5個の代金と同じです。また、りんご3個とみかん6個を買うと、代金の合計は840円です。りんご1個の値段は ⑮ 円です。

（消費税は、考えない。）

・　ある学校の学年集会で6年生が全員体育館に集合しました。体育館には長いすが何脚《きゃく》かあります。この長いすに8人ずつすわると6人がすわれなくなり、9人ずつすわると1人だけがすわる長いすができ、長いすはあまりませんでした。このとき、6年生全員の人数は ⑯ 人です。

・　右の図で、三角形ＡＢＣは正三角形で、点Ｄは、ＥＦを折り目として折り返したときに点Ｃが移った点です。㋐の角の大きさは ⑰ 度です。

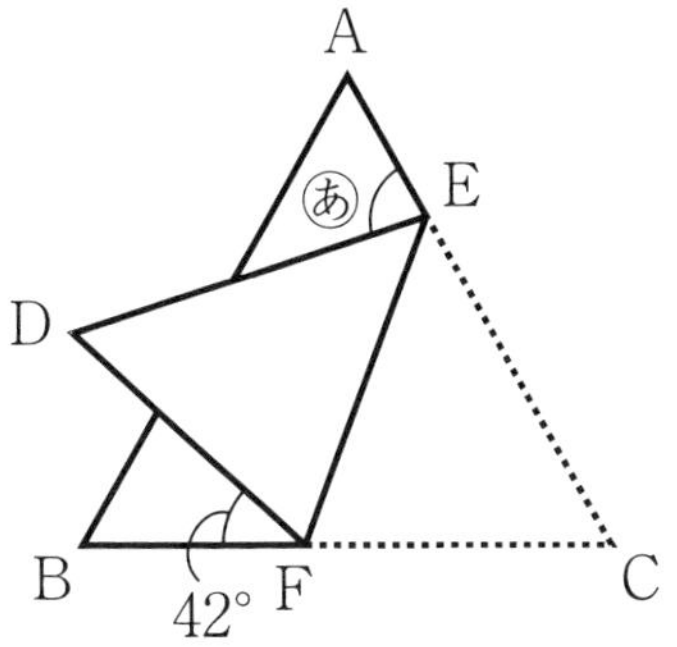

・　右の図のように、半径が6cmのおうぎ形のまわりを、半径が2cmの円がすべることなく転がって1周します。円の中心Ｏがえがく線の長さは ⑱ cmです。

（円周率は3.14とする。）

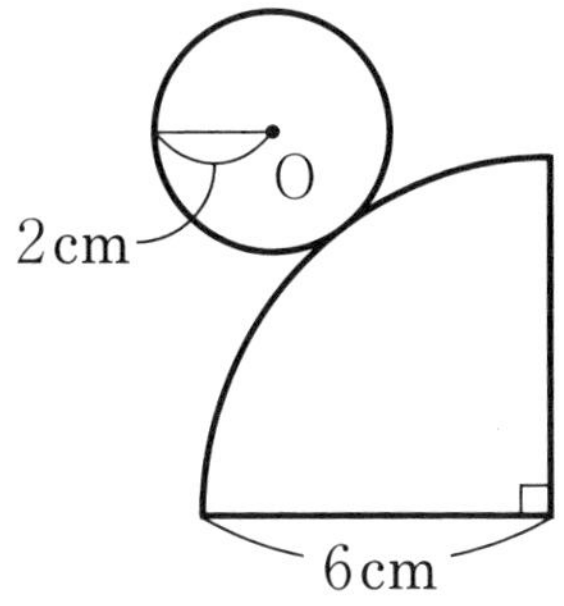

・　右の図のように、長方形ＡＢＣＤと長方形ＥＦＧＨが重なっているとき、ＧＪの長さは4cmで、かげをつけた部分の面積は292cm²です。ＦＩの長さは ⑲ cmです。

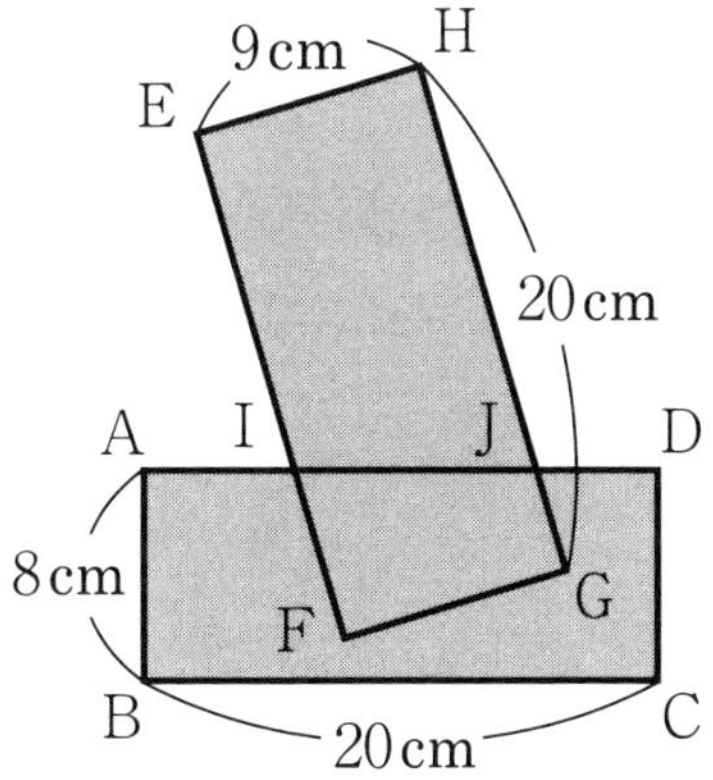

・　右の図1は、底面が1辺8cmの正方形で高さが12cmの四角柱の容器を横から見た図です。容器の中には、底面からの高さが10cmまでの水が入っています。図2は、図1の容器を底面の1辺を床につけたまま45度まで容器を傾《かたむ》けた場合を表しています。このとき、容器からあふれた水の体積は ⑳ cm³です。

図1

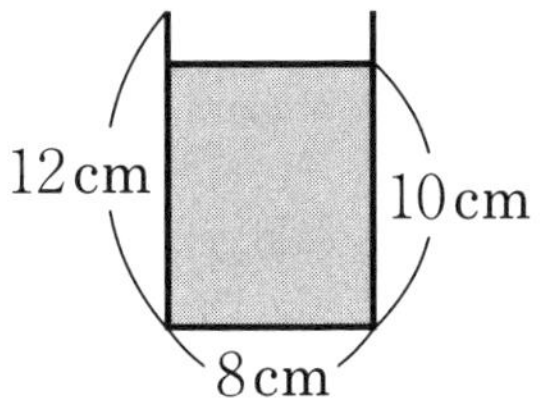

図2

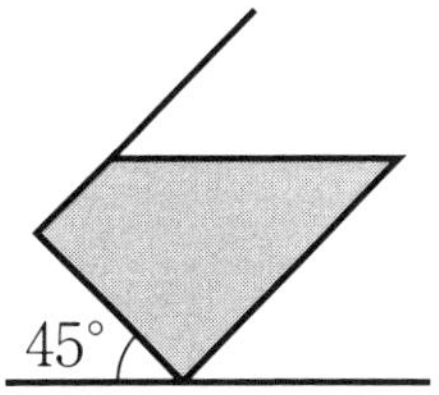

六　次の問いに答えなさい。

問一　次の文から文全体の主語と述語にあたる部分を一つずつ選び、番号で答えなさい。

1赤い　2リボンの　3ついた　4箱が　5あなたに　6あげる　7プレゼントです。

問二　次の漢字の総画数をそれぞれ漢数字で答えなさい。

①　緑　　②　強

問三　次の三つがそれぞれ慣用句を正しく用いた文になるように、□に共通して入る漢字一字を書きなさい。

・兄と私が競走したら兄が勝つことは□を見るより明らかだ。
・けんかをしている友だちを仲直りさせようとして、□に油を注ぐ結果となった。
・今日は母が幼い弟を連れて外出しているため、家の中は□の消えたようだ。

五

次の――線部の言葉をローマ字に直して、すべて小文字で書きなさい。

秋の七草のひとつ

なでしこ

夏から秋にかけて、

ピンク色の花をさかせる。

花びらの先は細くさけている。

月を見つめ
月に見つめられて　立っている

「冬の満月」を読むと詩人のやさしく温かい※慈愛《じあい》に満ちた視線を感じます。私たちは、生きていくうえで様々なことに出会い、傷つき、心がくじけそうになることが多くあります。人とはもともとそのような存在なのかもしれません。でも、ふと見上げた冬の空にくっきりと輝《かがや》く満月。寒気の中で、いっそうきっぱりとどうどうと見える。①その満月のエネルギーを身体の中に受け入れることで、くじけたわたしは再び輝き出すのです。月を見つめ、月に見つめられ、［②］にまっすぐ立って生きていけるのです。大自然にまもられている人間の存在を思わせてくれる詩です。

（海沼松世『少年詩の魅力《みりょく》』より）

※　慈愛……やさしくいつくしみ、かわいがるような深い愛情。

問一　――線①「その満月のエネルギーを身体の中に受け入れることで」とありますが、この部分を詩ではどのように表現していますか。詩の中から一続きの二行で探し、初めの五字を書きぬきなさい。

問二　［②］に入る言葉として最も適切なものを、詩の中から七字で書きぬきなさい。

問三　この詩の作者は満月をどのような存在ととらえていると考えられますか。次の文の［　］に入る言葉として最も適切なものを、鑑賞文中から十四字で書きぬきなさい。

ときに［　］わたしたち人間を守り、力をあたえてくれる存在。

四　次の詩と鑑賞《かんしょう》文を読んで、後の問いに答えなさい。

冬の満月　　高木あきこ

真冬の空に
くっきりと　満月
こうこうと光をはなち
きっぱりと　まんまる
ふらふらせず
びくびくせず
どうどうと　まんまる
しんと静まりかえって
あいまいさのない　まんまる
もしも　長く長く手をのばして
あの月に触《ふ》れることができたなら
きっと　びりっと
凍《こお》りついてしまうだろう
レモン色のかがやきが
さーっとからだの中へながれこんでくると
わたしはゆっくり光りだす
そして
つめたい北風にさらされても
背中をまるめず
りんと　まっすぐに立っている

問五　――線⑥「なのに、いつのまにかあたしの顔はゆがんでいて、ポロポロと涙が出ていた」とありますが、このときのあすかの気持ちとして最も適切なものを次の中から一つ選び、番号で答えなさい。

1　鈴に届いたことでつらい練習から解放され、父の期待にもこたえられてほこらしくなった。
2　鈴に届いたのはたまたま枝が下がったからで、本当は無理なのだとわかり悲しくなった。
3　鈴には届いたけれどまだ何も問題は解決していないことに気づき、がっかりした。
4　鈴に届いたことで投げやりになっていた気持ちもほぐれ、力がぬけてほっとした。

問六　この文章から読み取れるお父さんの人物像として最も適切なものを次の中から一つ選び、番号で答えなさい。

1　口は悪いが、いっしょになってなやんだり気分転かんをすすめたりする思いやりのある人物。
2　ぶっきらぼうではあるが、親として信念をもってあすかを正しい方向へ導こうとするまじめな人物。
3　ふざけているように見えるが、あすかの気持ちを理解しできるだけ応えんしようとするやさしい人物。
4　一見何も考えていないようだが、本当は先の先のことまでよく考えて行動するしんちょうな人物。

問七　この文章の特ちょうとして最も適切なものを次の中から一つ選び、番号で答えなさい。

1　たとえを多く用いることで、登場人物の気持ちやその場の状況《じょうきょう》をわかりやすく表している。
2　音や様子を言葉で表す擬声語《ぎせいご》や擬態語《ぎたいご》をうまく用いて、具体的なイメージを伝えている。
3　テンポのよい会話や短い文を続けて用いることで、あすかのかしこさやすばしっこさを表現している。
4　第三者からの視点でえがくことで、あすかの行動や気持ちを冷静かつ客観的に伝えている。

※　みやび……あすかの小学生の妹。
※　庭を指さすと……庭には父が木につるしてくれた、ジャンプ練習用の鈴がある。

問一　［①］・［⑤］に入る言葉として最も適切なものを次の中から一つずつ選び、それぞれ番号で答えなさい。

１　すうっと　　２　ぐるっと　　３　からっと　　４　ごくんと　　５　するっと

問二　――線②「思わずカッとなって、自分でもびっくりするぐらいの大声が出た」とありますが、このときのあすかの様子を慣用的な表現を使って次のように表しました。［　］に入る言葉として最も適切なものを後から一つ選び、番号で答えなさい。

高崎さんに［　］あわて、気持ちが高ぶっている様子。

１　水をさされて　　２　図星をさされて　　３　拍車《はくしゃ》をかけられて　　４　発破《はっぱ》をかけられて

問三　［③］に入る言葉として最も適切なものを、本文中から十四字で書きぬきなさい。

問四　――線④「あたしはため息をつきながら立ち上がると、鈴を見ながらゆっくり後ろに下がった」とありますが、このときのあすかの気持ちの変化を説明した次の文の［　］に入る言葉を、「練習」「お父さん」という言葉を用いて、二十字以上二十五字以内で書きなさい。（、や。なども一字に数えます。）

自分はダメだ、もうやめようと後ろ向きな気持ちだったが、［　］のために、もう一度だけやってみようという気持ちになった。

なんかもう、全部のことがどうでもよくなった。

高崎さんも勝手にすればいい。

ひとりがいいなら、ひとりでやればいいんだ。

「ほれ、見とったるから」

しゃがみこんだお父さんが笑顔《えがお》でいった。あたしはしばらく無言のまま、じっとお父さんのサンダルを見ていた。

「な、あすか。もう一回だけジャンプしてみ」

かたい地面のせいでお尻《しり》が痛くなってきた。お父さんも、さっきからずっと同じ場所にしゃがみこんでる……足、痛くないのかな。
④あたしはため息をつきながら立ち上がると、鈴を見ながらゆっくり後ろに下がった。 ⑤ 息をすいこんで、いっきに走りだす。
鈴の下で、思いっきり沈《しず》みこんでジャンプした。

そしたら風が吹《ふ》いたんだ。ほんの少しだけ、枝が下がった。うそっ。

シャンシャンシャンッ。

鈴の冷たさを指先に感じた。あたし、たしかにさわった、今！

「うぉーっ、届いたやん！」

両手を上げて、お父さんがさけんだ。

「やった……」

あたしは、その場にへたりこんだ。

お父さんが出した手に、自分の手を合わせる。パチンッといい音がした。そのうちあたしたちは、どちらからともなく笑いだした。

もう、うれしくてうれしくてしかたない。⑥なのに、いつのまにかあたしの顔はゆがんでいて、ポロポロと涙《なみだ》が出ていた。

「あすかがあきらめへんかったから、鈴の方から近づいてきてくれたんや。えらかったな。ようがんばったな」

お父さんが、Ｔシャツのすそであたしの顔をゴシゴシとふいた。

「いいよぉ」

そういってはらいのけたら、すそについた鼻水が、びよーんとのびた。

それを見て、またふたりで笑った。


（イノウエミホコ『ジャンプ！　ジャンプ！　ジャンプ!!』より）

「ほー。で、考えてもわからへんから、落ちこんでるんやろ？」

めずらしくするどい指摘《してき》に、思わず言葉につまった。

お父さんは「ほれ」といいながら庭※を指さすと、

「なやみぶっとばす勢いで、思いっきりジャンプしたれ！」

そういって、ガッツポーズをした。

「もうちょっとやなー、ほんまに」

鈴《すず》のついた木のすぐそばで、腕《うで》を組みながらお父さんがいった。

あたしは腰《こし》に手をあてて、鈴を見ながら息を整えていた。

こうやって何回もジャンプしてると、頭がからっぽになっていい。そう思ったとたん。

――③。

高崎さんの言葉が、パッと頭をよぎった。

にげてない、そういうことじゃない！

あたしは頭をブンブン横にふった。

頭の上で、シャリンと小さく鈴がなった。さっきより、風が出てきたみたいだ。その時、ふと思ったんだ。

いま鈴にふれられたら、ジャンプシュートができる！

あたしは、鈴にむかって走りだした。

たのむから。今日だけでもいいから、さわらせてよ！

もうこれ以上ないってくらい、思いっきりジャンプした。

ぶんっと音がして、手が空を切った。

体中の力が抜《ぬ》けて、あたしはその場にすわりこんだ。

「もう一回、やってみ」

中腰になったお父さんが、あたしの顔をのぞきこんだ。

「やだ。結局……、あたしなんか、ダメってことだよ」

そもそも運動が苦手なあたしに、ジャンプシュートができるわけない。

「どこが？」

高崎さんがそういって、ふふんっと笑った。

「バッシュ買う気もなくなってたくせに。人に意見する前に、まずは自分だよ」

「わかってるよ、そんなの！」

気づいたら、高崎さんの横をかけぬけていた。

買ったばっかりのバッシュが、箱の中でカタカタと鳴った。

その音を聞くのがいやで、あたしは箱がつぶれるほどかかえこんで、家まで猛《もう》ダッシュした。


「どうしたの、あんまり食べてないわね」

お母さんがそういって、あたしのお皿を見た。

夕ごはんは大好物のクリームシチュー。いつもならおかわりするんだけど、今日は半分食べたところでスプーンを置いた。

「練習でつかれたの？」
※みやびが横からのぞきこむ。
「……ミニバスが楽しくない」

「バッシュ買っても、気分が乗らないの？」

お母さんの言葉に、あたしは小さくうなずいた。

「おっ。何かなやんでるわけや。青春やなー」

「ふざけないでよっ」

あたしはヘラヘラ笑ってるお父さんを、思いっきりにらんだ。

「そない怒《おこ》んなや。ほれ、そーいう時こそ、思い出すねん」

「……何を」

「ミニバスが楽しいって思ったんは、何でやったかな？　おーっ、そうや、ジャンプシュートや！」

お父さんが「シュッ」といいながら、シュートフォームのまねをした。

「もーっ、何も知らないくせにほっといて！　いま考えてんだからっ、いろいろと！」

問六　この文章に書かれている内容と合っているものを次の中から一つ選び、番号で答えなさい。

1　スポーツは、ルールの必要性を理解し守る覚悟がある者だけがやってもいいと決められている。
2　スポーツの第一の目的は楽しむことであり、そのために技術をみがき強くなることが求められる。
3　スポーツをするには、合意された困難な条件を認めてそれにチャレンジするという覚悟が必要である。
4　スポーツのおもしろさは、練習を積み相手に勝つことで弱い自分が強くなっていくことにある。

問七　══線「弱い自分に勝つ」ということについてあなたはどう思いますか。自分自身の経験に当てはめて書きなさい。なお、スポーツに関することでなくても構いません。

三　次の文章は、小学六年生のあすかが、友だちとバスケットシューズ（バッシュ）を買いに行った帰りに、同じミニバスケットクラブの高崎《たかさき》さんと言い合いになった場面とその日の夜のできごとを描《えが》いたものです。あすかは転校してきた学校で、見事なジャンプシュートを決める高崎さんを見てミニバスを始めたものの、なかなか上達せずやる気を失いかけていました。また、レベルの低いクラブのみんなと打ち解けようとしない高崎さんのことも気がかりでした。これを読んで、後の問いに答えなさい。

「ミニバスって、ひとりじゃできないじゃん！　ちがうの⁉」

高崎さんがパッとふりかえった。

「じゃあ、あんたは？」

「……何が」

あたしはつばを［①］飲みこんだ。

「むりっていわれてジャンプシュートやめるくらいなら、はじめからやりたいとかいわなきゃいい。にげてるのは、あんたの方だよ」

「にげてない！」
②思わずカッとなって、自分でもびっくりするぐらいの大声が出た。

問二　――線②「スポーツが、⑴得意、⑵よくする、⑶好きだ、の三つはスポーツマンの条件ではありません」とありますが、そのように言える理由として最も適切なものを次の中から一つ選び、番号で答えなさい。

1　「得意」や「よくする」、「好きだ」ということよりも、正々堂々と戦う気持ちが大切であるから。
2　「得意」や「よくする」、「好きだ」ということのほかに、ルールの具体的な条項を守れることが必要であるから。
3　「得意」や「よくする」、「好きだ」といった本人の問題ではなく、周りから見て良い人でなくてはならないから。
4　「得意」や「よくする」、「好きだ」などということよりも、もっと本質的な精神に関わることであるから。

問三　［③］・［⑤］に入る言葉として最も適切なものを次の中から一つずつ選び、それぞれ番号で答えなさい。

1　しかし　　2　なぜなら　　3　たとえば　　4　あるいは　　5　つまり

問四　――線④「『いじめ』は『尊重』の反対にあるものであり、スポーツにとっては倒すべき敵です」とありますが、筆者はなぜいじめをスポーツの敵と考えているのですか。次の文の［　　］に入る言葉を、「相手」「尊重」という言葉を用いて、二十字以上三十字以内で書きなさい。（、や。なども一字に数えます。）

スポーツは自分と異なる相手を理解しその価値を認める「尊重」が大切であるが、［　　］だから。

問五　――線⑥「それ」とありますが、どのような内容を指していますか。次の文の［　　］に入る言葉として最も適切なものを、本文中から十字で書きぬきなさい。

［　　］ようなルールを守り通して勝つのがスポーツの喜びだということ。

ういうことか」を理解してください。

ルールでは、ボールを手で運んだ方が楽なのに「足だけを使え」（サッカー）とし、「前には投げるな」（ラグビー）となっています。こういった面倒《めんどう》なルールさえなければ、もっと楽に点がとれるはずですが、そこには勝利のためにはどうしても越《こ》えなくてはならない「困難な状況《じょうきょう》」「余分な条件」が記されています。それがルールなのです。スポーツに参加するということは、こうした合意された〝わざわざ用意された面倒で困難な条件〟を了解《りょうかい》したうえで、あえてチャレンジするという「覚悟」を問われるのです。この覚悟こそがスポーツマンシップの中核《ちゅうかく》に存在しているのです。

（中略）

スポーツには二種類の「勝利」があることを知っていますか？

一つは言うまでもなく、競う相手に対するものです。相手の攻撃《こうげき》に耐《た》え、相手の守備に頑張《がんば》って攻撃をしかけます。これをせずには、勝利することは望めません。

もう一つの勝利とは、弱い自分に勝つ、[⑤]克己《こっき》です。プレーヤーは、「勝利を得るためには、ルールを守りたくない」という誘《ゆう》惑《わく》に絶えず直面しています。何しろルールには「勝つためには面倒なこと」がいっぱい書いてあるからです。しかし、その誘惑に負けるのは自分が弱いからです。たとえゲームで勝利を得たとしても、それが反則によるものであれば、スポーツにおける勝者とはなりません。己《おのれ》に勝つ（克《か》つ）ことは、スポーツマンの必要条件なのです。

繰《く》り返しますが、スポーツのルールには「勝つことが困難になる」ようなことが書いてありますが、それを守り通すという困難に打ち勝つことが、本当の意味でスポーツに勝つ喜びなのです。⑥それを了解したうえで、プレーに参加します。その了解と覚悟こそがスポーツマンシップのスタート地点なのです。

この二つの勝利は、両方とも普段《ふだん》のトレーニングなしには達成できません。練習のときに意識しなければ試合でできるはずがありません。スポーツに参加することは、様々な困難に出会うことなのです。その困難を克服《こくふく》するからスポーツはおもしろいのです。

（広瀬一郎「スポーツマンシップとは？」〈高峰修編著『スポーツ教養入門』所収〉より。一部表記を変更《へんこう》している。）

問一　[①]に入る言葉として最も適切なものを、ここより前の本文中から三字で書きぬきなさい。

を誓《ちか》います」となります。これが正解。

皆《みな》さんのなかで「自分はスポーツマンだ」と思う人はいますか？

Ｙｅｓの人は、「なぜ自分がスポーツマンだと考えているのでしょうか？」

「スポーツをよくするから」「スポーツが好きだから」「スポーツが得意だから」。それらは、はっきり言って不正解！　全てスポーツに関する理解の浅さから、あるいは「誤解」から出てくる答えです。②スポーツが、⑴得意、⑵よくする、⑶好きだ、の三つはスポーツマンの条件ではありません。ここまで読んだ人は、その理由が何となく分かっているはずです。

欧米《おうべい》では、スポーツマンは尊重されますが、スポーツが好きなことは、それだけで尊重に値《あたい》することなのでしょうか？　確かに、日本でも何となく「スポーツマンは良い奴《やつ》だ」と思われています。しかし、残念ながら、その判断には明確な理由がありません。そこで、まずスポーツとは何かを理解し、そしてスポーツマンの本質について理解してもらうことにしましょう。

スポーツを定義すると、「身体を使って、勝敗を競《きそ》う、ゲーム形式の運動」です。その第一の目的は、「楽しむ」ことです。勝敗を競うことは、楽しむためには重要です。そして、プレーするうえで「ルール」と「相手」と「審判《しんぱん》」を尊重することがスポーツの原則です。［　③　］、この三つこそが「スポーツを構成する一番基本的な要素」だからです。スポーツをする人は、この三つについて、それぞれの価値を理解しておかなければなりません。そうでないと、どんなに足が速くても、ヘディングがうまくても、バッティングが上手でも、それだけではスポーツと呼ぶに値しないのです。

「尊重」とは、自分とは異なる他の人を理解し、その価値を認めることです。ですから、ある程度の心の余裕《よゆう》がなければできません。そして「尊重」することには、一定の訓練（トレーニング）が必要です。「尊重」を理解しない者はスポーツマンの名に値しません。

例えば「いじめ」の問題。「私と違《ちが》うこと」が「いじめ」の最初に存在します。ですから④「いじめ」は「尊重」の反対にあるものであり、スポーツにとっては倒《たお》すべき敵です。「いじめ」に加担する人にはスポーツをする資格がありません。

スポーツにおける尊重というのは、「ゲーム」を尊重するということです。具体的には「ルール」「相手」「審判」という、スポーツが成立するには絶対に必要な存在が尊重する対象になります。これらは、時には自分とは対立する立場の存在にもなりますが、それにもかかわらず、その存在や価値を認める、つまり尊重することが絶対に必要です。スポーツを通して、まず「尊重するというのは、ど

2023年度 国士舘中学校

【国語】〈第一回試験〉（四五分）〈満点：一〇〇点〉

一 次の――線の漢字の読みをひらがなに、カタカナは漢字に直しなさい。ていねいに、はっきりと書くこと。

1 車に燃料を入れる。
2 国と国が同盟を結ぶ。
3 アサガオに支柱を立てる。
4 深いねむりから覚める。
5 湖がまるで鏡のようだ。
6 教室のかべに作品をテンジする。
7 ケイロウの日に祖父母の家へ行く。
8 足のキンニクをきたえる。
9 川に落ちた子ねこをスクう。
10 小麦をひいてコナにする。

二 次の文章を読んで、後の問いに答えなさい。なお、この文章の前で、筆者は「スポーツマンシップにのっとり」という選手宣誓《せんせい》にこめられた意味について問いかけています。

スポーツをする以上、「ルール」に書いてある具体的な条項《じょうこう》を守ることは当然ですが、それだけではスポーツマンと名乗ることはできません。「ルール」が何故《なぜ》必要かという原則を理解して、その原則を守る覚悟《かくご》を持たないならば、本当はスポーツをしてはいけないのです。してもいいけど、それはあまり意味がありませんね。ルールは楽しむためにあるのですから、ルールを守って楽しくないならスポーツをやる意味はありません。スポーツに参加するかどうかは、あくまで当人の自由意思ですが、参加して楽しもうとするなら、それなりの覚悟が必要だということです。

こうした原則を守る覚悟のことをスポーツマンシップと呼びます。この視点に立って選手宣誓を言い換《か》えますと、「我々は、スポーツの本質を理解し、そのうえでスポーツを［①］ために、スポーツの原則を守る覚悟を持ち、ルールに従って、正々堂々と戦うこと

2023年度

国士舘中学校 ▶解説と解答

算　数　＜第２回試験＞（45分）＜満点：100点＞

解　答

[1] ①　17　②　$\frac{2}{9}$　③　0.15　④　$\frac{1}{8}$　⑤　6.28　[2] ⑥　24　⑦　$\frac{16}{36}$　⑧　50倍　⑨　4000円　⑩　分速72m　⑪　900円　⑫　13問　⑬　12分後　⑭　２枚　⑮　120円　⑯　118人　⑰　78度　⑱　33.98cm　⑲　$6\frac{2}{3}$cm　⑳　128cm^3

解　説

[1] 四則計算，計算のくふう

①　$44-9\div10\times30=44-\frac{9}{10}\times30=44-27=17$

②　$\left(\frac{7}{8}-\frac{7}{12}\right)\times\frac{16}{21}=\left(\frac{21}{24}-\frac{14}{24}\right)\times\frac{16}{21}=\frac{7}{24}\times\frac{16}{21}=\frac{2}{9}$

③　$0.42\div3.5\times1.25=0.12\times1.25=0.15$

④　$\frac{5}{12}-\frac{5}{18}\times1.05=\frac{5}{12}-\frac{5}{18}\times\frac{105}{100}=\frac{5}{12}-\frac{5}{18}\times\frac{21}{20}=\frac{5}{12}-\frac{7}{24}=\frac{10}{24}-\frac{7}{24}=\frac{3}{24}=\frac{1}{8}$

⑤　$1.57\times26-3.14\times11=1.57\times2\times13-3.14\times11=3.14\times13-3.14\times11=3.14\times(13-11)=3.14\times2=6.28$

[2] 約数，分数の性質，単位の計算，割合，速さ，比の性質，つるかめ算，旅人算，調べ，消去算，過不足算，角度，図形の移動，長さ，面積，水の深さと体積

⑥　右の図アの計算より，48，72，96の最大公約数は，$2\times2\times2\times3=24$と求められる。

図ア

2	48	72	96
2	24	36	48
2	12	18	24
3	6	9	12
	2	3	4

⑦　約分した後の分母と分子の和は，$9+4=13$なので，もとの分数の分母と分子を，$52\div13=4$でわって約分したことがわかる。よって，もとの分数は，$\frac{4\times4}{9\times4}=\frac{16}{36}$である。

⑧　$1\text{m}^2=100\text{cm}\times100\text{cm}=10000\text{cm}^2$だから，$2\text{m}^2=20000\text{cm}^2$である。よって，$20000\div400=50$より，$2\text{m}^2$は$400\text{cm}^2$の50倍とわかる。

⑨　定価の15％引きで買うと，定価より600円安くなったので，定価の15％が600円にあたる。よって，定価を□円とすると，□×0.15＝600(円)と表すことができるから，□＝600÷0.15＝4000(円)と求められる。

⑩　往復の平均の速さは，(往復の道のり)÷(往復にかかる時間)で求められる。また，家から学校までの道のりが何mであっても，往復の平均の速さは変わらない。そこで，家から学校までの道のりを，90と60の最小公倍数より，180mとすると，行きにかかる時間は，180÷90＝２(分)，帰りにかかる時間は，180÷60＝３(分)となる。よって，往復にかかる時間は，２＋３＝５(分)となり，往復の道のりは，180×２＝360(m)だから，往復の平均の速さは分速，360÷５＝72(m)と求められる。

⑪　はじめ，姉は妹よりも，2700－1500＝1200(円)多く持っている。また，２人は母から同じ金額をもらったので，もらった後も，姉は妹より1200円多く持っている。このとき，姉と妹が持っている金額の比は３：２だから，この比の，３－２＝１にあたる金額が1200円となる。よって，母からもらった後に姉が持っている金額は，1200×３＝3600(円)なので，２人は母から，3600－2700＝900(円)ずつもらったとわかる。

⑫　もし，20問全部正解したとすると，点数は，４×20＝80(点)になり，実際よりも，80－38＝42(点)多くなる。正解の数が１問減り，不正解の数が１問増えると，４点がもらえなくなり，さらに２点引かれるので，点数は，４＋２＝６(点)減ることになる。よって，実際は，42÷６＝７(問)が不正解だったとわかるから，正解したのは，20－７＝13(問)となる。

⑬　２人が出会うのは，２人合わせて１周歩いたときである。１周の道のりは，1920m＝1.92kmで，２人は１時間に合わせて，4.6＋５＝9.6(km)歩くので，歩き始めてから，1.92÷9.6＝0.2(時間後)に出会う。これは，60×0.2＝12(分)より，12分後となる。

⑭　10円玉，50円玉，100円玉からちょうど10枚を使って270円にするとき，70円をつくるために，10円玉を７枚使うか，50円玉１枚と10円玉２枚を使う必要があるので，10円玉の枚数は２枚か７枚になる。まず，10円玉が２枚だとすると，100円玉と50円玉を合わせて，10－２＝８(枚)使うことになる。しかし，50円玉だけを８枚使っても，50×８＝400(円)となり，270円をこえてしまうから，10円玉は２枚ではない。次に，10円玉が７枚だとすると，100円玉と50円玉を合わせて，10－７＝３(枚)使って，その合計を，270－10×７＝200(円)にすればよい。よって，100円玉を１枚，50円玉を２枚にすれば，合わせて３枚で200円になるから，50円玉の枚数は２枚とわかる。

⑮　りんご４個とみかん２個の代金と，りんご２個とみかん５個の代金が等しいので，右の図イのようになる。図イの太線部分に注目すると，りんご，４－２＝２(個)の代金と，みかん，５－２＝３(個)の代金は等しいとわかる。これらをそれぞれ２倍すると，りんご４個の代金とみかん６個の代金は等しくなるから，りんご３個とみかん６個の代金は，りんご３個とりんご４個の代金と等しくなる。したがって，りんご，３＋４＝７(個)で840円だから，りんご１個の値段は，840÷７＝120(円)と求められる。

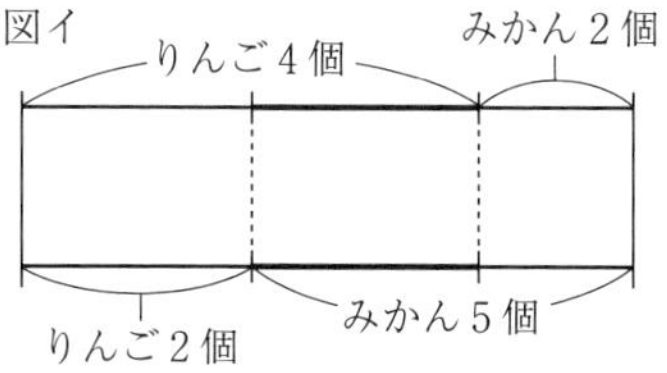

⑯　９人ずつすわると，１人だけがすわる長いすができたので，９人ずつすわるとき，最後の長いすにあと，９－１＝８(人)すわれる。よって，すべての長いすに８人ずつすわるときと，９人ずつすわるときで，すわれる人数の差は，６＋８＝14(人)とわかる。これは長いす１脚《きゃく》あたり，９－８＝１(人)の差が，長いすの数だけ集まったものだから，長いすの数は，14÷１＝14(脚)と求められる。よって，６年生全員の人数は，８×14＋６＝118(人)である。

⑰　下の図ウで，折り返しているから，同じ印の大きさはそれぞれ等しい。よって，○の角１つの大きさは，(180－42)÷２＝138÷２＝69(度)となる。また，三角形ABCは正三角形なので，角Cの大きさは60度である。よって，三角形EFCで，×の角１つの大きさは，180－(69＋60)＝51(度)だから，㋐の角の大きさは，180－51×２＝180－102＝78(度)とわかる。

⑱　円が１周するとき，円の中心Oがえがく線は下の図エの太線部分になる。この長さは，半径が２cmで，中心角が90度のおうぎ形の弧《こ》３つと，半径が，６＋２＝８(cm)で，中心角が90度のおう

ぎ形の弧1つと，6 cmの直線2本の長さの和となる。よって，太線部分の長さは，$2\times2\times3.14\times\frac{90}{360}\times3+8\times2\times3.14\times\frac{90}{360}+6\times2=3\times3.14+4\times3.14+12=(3+4)\times3.14+12=7\times3.14+12=21.98+12=33.98$(cm)と求められる。

図ウ

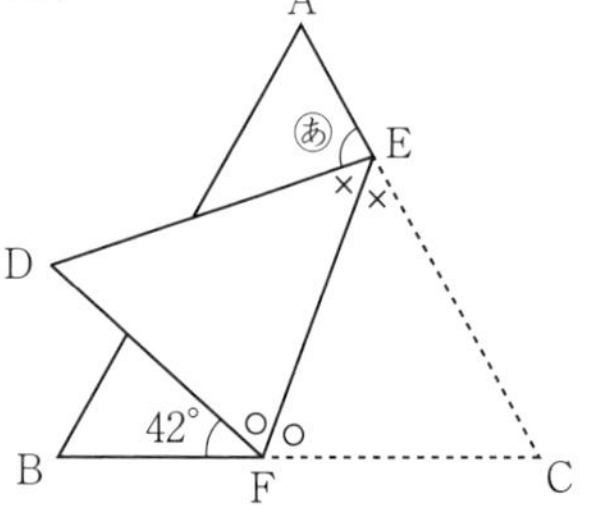

図エ

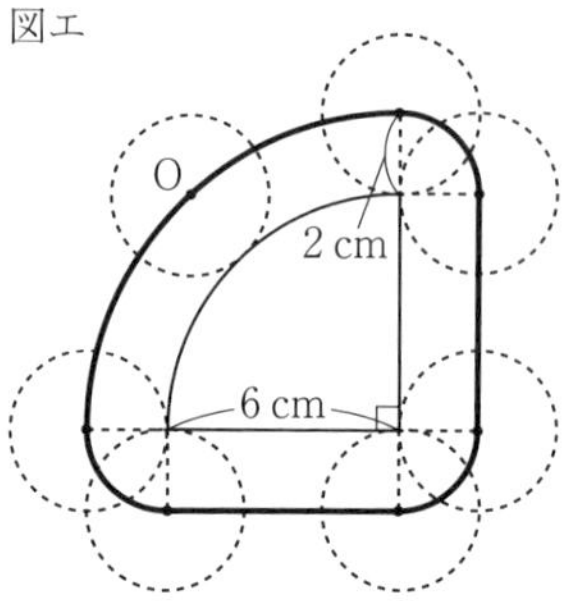

図オ

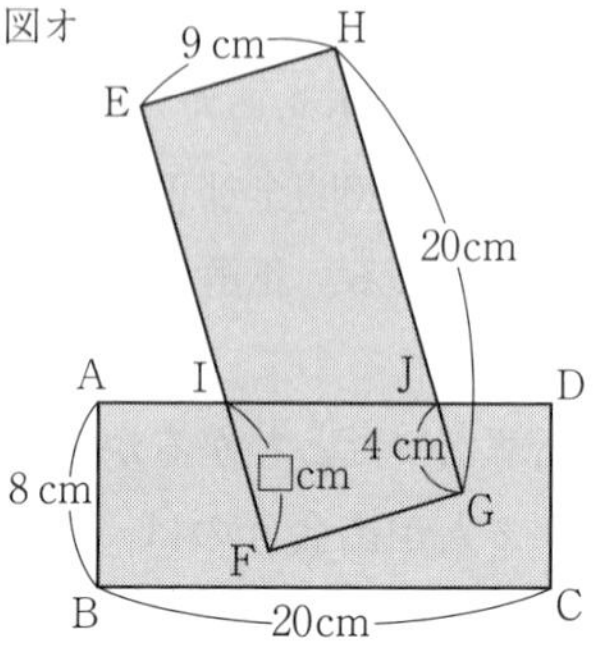

⑲　上の図オで，かげをつけた部分の面積が$292\mathrm{cm}^2$で，長方形ABCDの面積は，$8\times20=160(\mathrm{cm}^2)$だから，台形EIJHの面積は，$292-160=132(\mathrm{cm}^2)$である。また，長方形EFGHの面積は，$20\times9=180(\mathrm{cm}^2)$だから，台形IFGJの面積は，$180-132=48(\mathrm{cm}^2)$となる。よって，FIの長さを□cmとすると，$(□+4)\times9\div2=48(\mathrm{cm}^2)$と表せるので，$□+4=48\times2\div9=\frac{32}{3}$より，$□=\frac{32}{3}-4=\frac{20}{3}=6\frac{2}{3}$(cm)とわかる。

⑳　問題文中の図1の状態で入っていた水の体積は，$8\times8\times10=640(\mathrm{cm}^3)$である。また，右の図カの状態で，床と水面は平行だから，㋐の角度は45度になる。すると，三角形ABCは直角二等辺三角形になるので，ABの長さはACと同じ8 cmとなる。よって，図カのかげをつけた部分の面積は，$8\times12-8\times8\div2=96-32=64(\mathrm{cm}^2)$だから，図カの状態で入っている水の体積は，$64\times8=512(\mathrm{cm}^3)$とわかる。したがって，容器からあふれた水の体積は，$640-512=128(\mathrm{cm}^3)$と求められる。

図カ

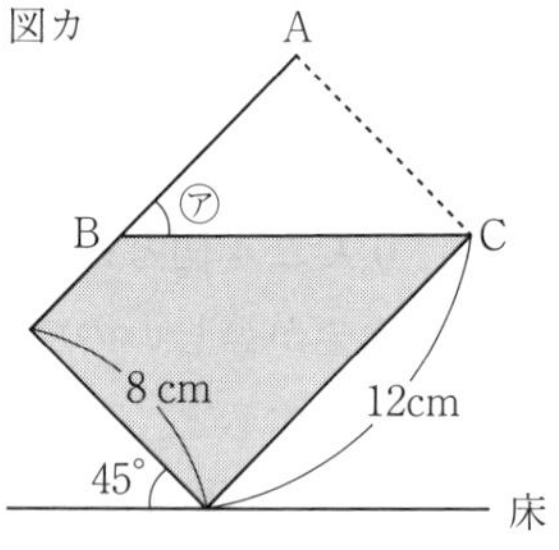

国　語　＜第1回試験＞（45分）＜満点：100点＞

解　答

一　**1**　ねんりょう　**2**　どうめい　**3**　しちゅう　**4**　さ(める)　**5**　かがみ　**6**～**10**　下記を参照のこと。　二　**問1**　楽しむ　**問2**　4　**問3**　③　2　⑤　5　**問4**　(例)　いじめはそれと反対に相手を尊重しないことから起こるもの　**問5**　勝つことが困難になる　**問6**　3　**問7**　(例)　ぼくは小学五年生のとき，野球をやっていました。内野を守っていましたが，なかなか上達せず，一年間でやめてしまいました。弱い自分に勝てなかったのだと思います。今ではそれを後悔しているので，中学に入ったら弱い自分に勝てるように努力したいと思っています。　三　**問1**　①　4　⑤　1　**問2**　2　**問3**　にげてるのは，あんたの方だよ　**問4**　(例)　ずっと練習につきあってはげましてくれているお父さん　**問5**　4　**問6**　3　**問7**　2　四　**問1**　レモン色の　**問2**　背中をまるめ

ず　**問３**　傷つき，心がくじけそうになる　**五**　nadeshiko(nadesiko)　**六**　**問１**　**主語**…４　**述語**…７　**問２**　①　十四(画)　②　十一(画)　**問３**　火

●漢字の書き取り

一　**6**　展示　**7**　敬老　**8**　筋肉　**9**　救(う)　**10**　粉

解　説

一　漢字の読みと書き取り

1　燃やすことで熱や動力などを得る材料。　**2**　国家や個人などが共通の目的を達成するために同じ行動をとるように約束すること。　**3**　物を支えるために用いる柱。　**4**　音読みは「カク」で，「発覚」などの熟語がある。訓読みにはほかに「おぼ(える)」がある。　**5**　音読みは「キョウ」で，「鏡台」などの熟語がある。　**6**　美術品などを並べて一般《いっぱん》に見せること。　**7**　老人を敬うこと。　**8**　収縮することによって運動に必要な力を発生させる器官。　**9**　音読みは「キュウ」で，「救助」などの熟語がある。　**10**　音読みは「フン」で，「粉末」などの熟語がある。訓読みにはほかに「こ」がある。

二　出典は高峰修《たかみねおさむ》編著の『スポーツ教養入門』所収の「スポーツマンシップとは？(広瀬一郎《ひろせいちろう》著)」による。

スポーツマンの条件やスポーツをすることの意義などについて説明されている。

問１　スポーツをするときのルールは「楽しむため」にあり，そのルールを守る覚悟《かくご》のことをスポーツマンシップという。だから，「選手宣誓《せんせい》」を言いかえると，スポーツを「楽しむ」ために「スポーツの原則を守る覚悟」を持ち，「ルールに従って，正々堂々と戦うこと」を誓《ちか》うということになる。

問２　筆者は，「スポーツを構成する一番基本的な要素」として，「ルール」と「相手」と「審判《しんぱん》」をあげ，この三つを尊重することが「スポーツの原則」だと述べている。つまり，「得意」「よくする」「好きだ」ということよりも，「ルール」と「相手」と「審判」を尊重するという精神的なことが「スポーツマンの条件」として大切だというのである。

問３　③「ルール」と「相手」と「審判」を尊重することが「スポーツの原則」だといえるのは，その三つが「スポーツを構成する一番基本的な要素」だからだ，という文脈になる。よって，前のことがらの理由を述べるときに用いる「なぜなら」が入る。　⑤「弱い自分に勝つ」ということを言いかえると「克己《こっき》」となる。よって，前に述べた内容を言いかえるときに用いる「つまり」が入る。

問４　相手を「尊重」するためには「自分とは異なる他の人を理解し，その価値を認めること」が必要となるが，「いじめ」は「私と違《ちが》うこと」という意識によって起こるので，「尊重」の反対にあるといえる。

問５　「勝つことが困難になる」ようなルールを「守り通すという困難に打ち勝つこと」が，「本当の意味」での「スポーツに勝つ喜び」なのだということを了解《りょうかい》したうえで，プレーに参加することが「スポーツマンシップのスタート地点」となる。

問６　スポーツには，「競《きそ》う相手に対するもの」と「弱い自分に勝つ」という二種類の「勝利」があり，このうち「弱い自分に勝つ」ためには，ルールを守り通すという困難に打ち勝つという「覚悟」が必要になると筆者は述べている。よって，３の内容が合う。

問７　本文では，ルールを守りぬくということが「弱い自分に勝つ」ことだと述べられている。スポーツにおける経験や，何か一つのことに打ちこんだ経験などを思い出し，「弱い自分に勝つ」ということの難しさ，自分に勝てたときの喜びなどについて書くとよいだろう。

三　出典はイノウエミホコの『ジャンプ！ジャンプ！ジャンプ!!』による。あすかは，ミニバスケットのジャンプシュートがなかなか上達せず，やる気を失いかけていたが，お父さんにはげまされながら，シュートがうまくいくようにジャンプの練習をする。

問１　①「じゃあ，あんたは？」と高崎《たかさき》さんに言われたあすかが，驚《おどろ》いてつばを飲みこんだ場面なので，何かを飲み下してのどが鳴るさまを表す「ごくんと」が入る。　⑤　走り出す前に，あすかが息を深く吸いこんだと考えられるので，「すうっと」が入る。

問２　「図星をさされて」は，“気持ちを言いあてられて”という意味。ジャンプシュートがなかなか上達せずに，やる気を失いかけていたあすかは，「にげてるのは，あんたの方だよ」と，高崎さんに自分の思いを言いあてられて動揺《どうよう》し，気持ちが高ぶったのである。

問３　すぐ後に「にげてない，そういうことじゃない！」とあり，それを打ち消すかのようにあすかが「頭をブンブン横にふった」とある。よって，「高崎さんの言葉」の中にある「にげてるのは，あんたの方だよ」という言葉が，あすかの「頭をよぎった」のだと考えられる。

問４　あすかは，「そもそも運動が苦手なあたしに，ジャンプシュートができるわけない」と後ろ向きの気持ちになっていたが，「お父さん」が「ずっと同じ場所」にしゃがんで，はげましてくれているので，もう一度ジャンプしてみようという気持ちになり，助走をつけるために後ろに下がったのである。

問５　あすかは，高くジャンプできないとあきらめかけていたが，鈴《すず》に手が届いたので，「全部のことがどうでもよくなった」という投げやりな気持ちがうすれてきて，ほっとしたのだと考えられる。

問６　「お父さん」は，悩《なや》んでいるあすかを見て「青春やなー」などと言ってふざけているようにも見えるが，あすかの気持ちを理解し，「もう一回，やってみ」などと言ってはげまし続けた。そして，あすかが鈴に触《ふ》れられたときは「ようがんばったな」と言ってほめているので，３の内容が合う。

問７　あすかが鈴に触れたときの「シャンシャンシャンッ」という擬音《ぎおん》語や，鼻水が伸《の》びるさまを表す「びよーんと」という擬態語など，場面に合わせた語が効果的に用いられているので，２が合う。

四　出典は海沼松世《かいぬままつよ》の『少年詩の魅力《みりょく》』所収の詩「冬の満月(高木《たかぎ》あきこ作)」による。詩の「冬の満月」の内容や味わい方について説明されている。

問１　鑑賞文の「身体の中に受け入れる」が，詩の中の「からだの中へながれこんでくる」に相当することに着目すると，「満月のエネルギー」が，詩では「レモン色のかがやき」と表現されているとわかる。

問２　「満月のエネルギーを身体の中に受け入れ」た「わたし」が，どのような状態で「まっすぐに立っている」のかを詩の中から読み取る。

問３　人間は，「傷つき，心がくじけそう」になったとき，満月のエネルギーを身体の中に受け入れると，「まっすぐ立って生きていける」ようになる。つまり，満月は，人間が弱ったときに力を与《あた》えてくれる存在である。

五 **ローマ字の表記**

ローマ字では，「ア，イ，ウ，エ，オ」をａ，ｉ，ｕ，ｅ，ｏと表記し，カ行以下はどの行の音かを表す子音と，どの段の音かを表す母音の組み合わせで表記する。「なでしこ」における子音は，な行がｎ，だ行がｄ，さ行がｓ，か行がｋなので，「な」は「na」，「で」は「de」，「し」は「si」，「こ」は「ko」となる。なお，「し」は，「shi」と表記されることもある。

六 **主語と述語，漢字の画数，慣用句の完成**

問１　主語は「だれが」や「何が」を表す文節で，述語は主語に対して「どうする」「どんなだ」「何だ」にあたる文節である。よって「箱が」が主語で，「プレゼントです」が述語となる。

問２　①「緑」は，糸へんの部分が六画で，つくりの部分が八画の漢字。　②「強」は，弓へんの部分が三画で，つくりの部分が八画の漢字。

問３　「火を見るより明らかだ」は，疑いようがないくらいはっきりしているさま。「火に油を注ぐ」は，勢いが盛んなものに対してさらに勢いを加えること。悪い状態のものをさらに悪化させてしまうという意味で用いられることが多い。「火の消えたよう」は，動きが止まって静かになるさま。

Dr.福井の 入試に勝つ！脳とからだのウルトラ科学

歩いて勉強した方がいい？

みんなは座って勉強しているよね。だけど，暗記するときには歩きながら覚えるといいんだ。なぜかというと，歩いているときのほうが座っているときに比べて，心臓が速く動いて（脈はくが上がって）脳への血のめぐりがよくなるし，歩いている感覚が背骨の中を通って脳をつつくので，頭が働きやすくなるからだ（ちなみに，運動による記憶力アップについては，京都大学の久保田名誉教授の研究が有名）。

具体的なやり方は，以下のとおり。まず，机の上にテキストを広げ，１ページぐらいをざっと読む。そして，部屋の中をゆっくり歩き回りながら，さっき読んだ内容を思い出す。重要な語句は，声に出して言ってみよう。その後，机にもどってテキストをもう一度読み直し，大切な部分を覚え忘れてないかをチェック。もし忘れている部分があったら，また部屋の中を歩き回りながら覚え直す。こうしてひと通り覚えることができたら，次のページへ進む。あとはそのくり返しだ。

さらに，この“歩き回り勉強法”にひとくふう加えてみよう。それは，なかなか覚えられないことがら（地名・人名・漢字など）をメモ用紙に書いてかべに貼っておくこと。ドンドン貼っていくと，やがて部屋中がメモでいっぱいになるハズ。これらはキミの弱点集というわけだが，これを歩き回りながら覚えていくようにしてみよう！　このくふうは，ふだんのときにも自然と目に入ってくるので，知らず知らずのうちに覚えることができてしまうという利点もある。

歴史の略年表や算数の公式などを大きな紙に書いて貼っておくのも有効だ。

Dr.福井（福井《ふくい》一成《かずしげ》）…医学博士。開成中・高から東大・文Ⅱに入学後，再受験して翌年東大・理Ⅲに合格。同大医学部卒。さまざまな勉強法や脳科学に関する著書多数。

2023年度　国士舘中学校

【算　数】〈第３回試験〉（45分）〈満点：100点〉

1　□にあてはまる数を入れなさい。

・　$(12+13\times6)\div15=$ [　①　]

・　$1\frac{9}{14}\div6\frac{4}{7}-\frac{1}{6}=$ [　②　]

・　$80000\div1600\times4000\div500=$ [　③　]

・　$1.56\div\frac{13}{15}-0.24\times\frac{5}{9}=$ [　④　]

・　$0.12\times46+0.24\times77=$ [　⑤　]

2　□にあてはまる数を入れなさい。

・　9と12の公倍数のうち、150にいちばん近い数は [　⑥　] です。

・　$\frac{7}{6}$時間－34分＝ [　⑦　] 分

・　3％の食塩水と7％の食塩水を3：1の割合で混ぜ合わせると [　⑧　] ％の食塩水ができます。

・　えんぴつ1本の値段はボールペン1本の値段の$\frac{5}{9}$倍で、えんぴつとボールペン1本ずつの代金の合計は280円であるとき、ボールペン1本の値段は [　⑨　] 円です。（消費税は、考えない。）

・　たすと22になり、かけると112になる２つの整数があります。この２つの整数のうち、小さい方の整数は［　⑩　］です。

・　ある品物を仕入れ値の30％の利益を見込んで定価をつけましたが、売れなかったので、定価の15％引きで売ったら315円の利益がありました。この品物の仕入れ値は［　⑪　］円です。
（消費税は、考えない。）

・　２時と３時の間で、時計の長針と短針のつくる角度が90°になるのは、２時［　⑫　］分です。

・　ＡさんとＢさんが60ｍ走で競走したところ、Ａさんがゴールしたときには Ｂさんはゴールの手前10ｍのところを走っていました。このとき、Ａさんがスタート地点より［　⑬　］ｍ手前からスタートすれば、ＡさんとＢさんが同時にゴールします。

・　Ａさんが持っている金額はＢさんが持っている金額の$\frac{8}{11}$で、Ｃさんが持っている金額の80％です。また、ＢさんとＣさんが持っている金額の差は300円です。このとき、Ａさんが持っている金額は［　⑭　］円です。

・　Ａさんは、国語、算数、理科、社会の４教科のテストを受けました。社会の得点は、国語、算数、理科の３教科の得点の平均点よりも８点低く、４教科の得点の平均点は75点でした。このとき、社会の得点は［　⑮　］点です。

・　下の図のようにして整数を表すとき、㋐の整数は［　⑯　］です。

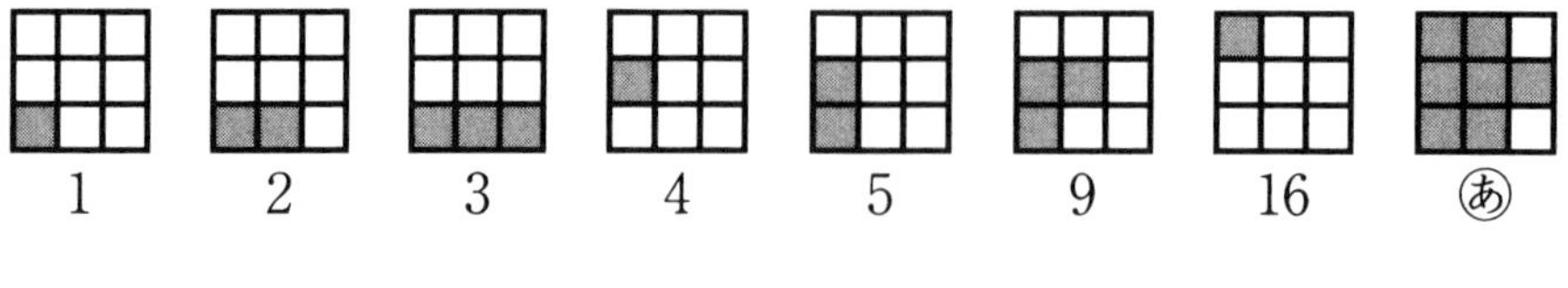

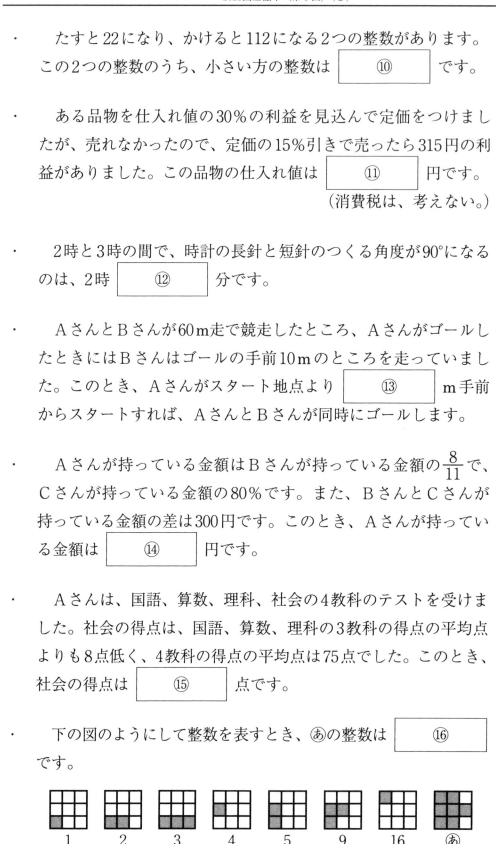

・　右の図で、㋐の角の大きさは ⑰ 度です。

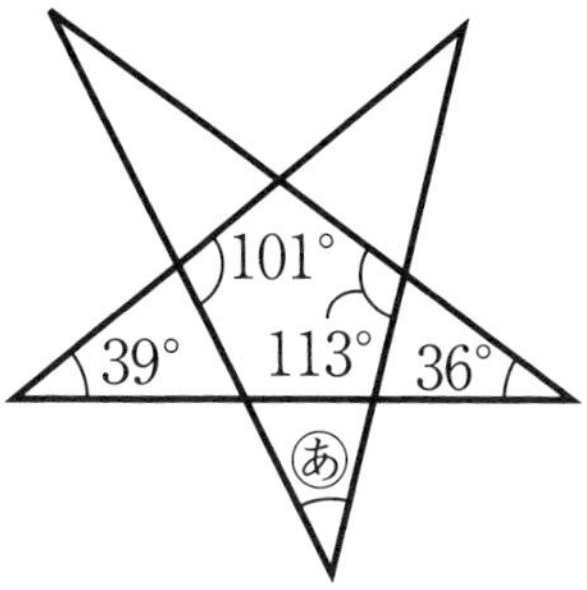

・　右の図のように、1辺が3cmの立方体を積み重ねたとき、この立体の体積は ⑱ cm^3です。

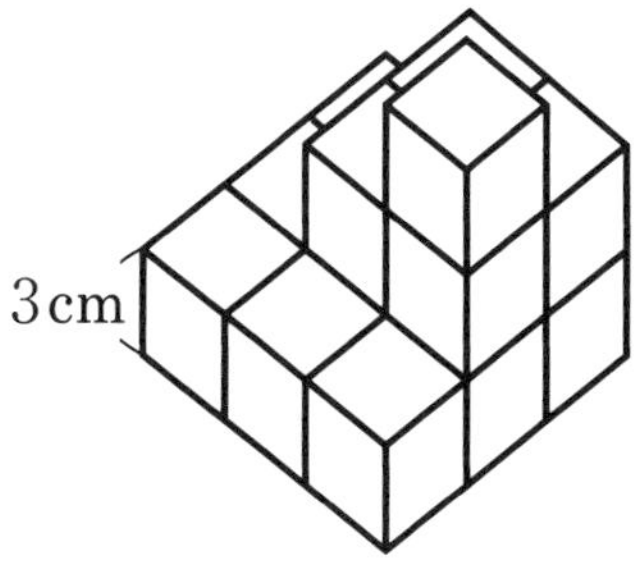

・　右の図のように、街灯のかげの長さを測ったところ、地面に映ったかげの長さは7mで、かべに映ったかげの長さは2mでした。また、同じ時間に立てた60cmの棒《ぼう》の地面に映ったかげの長さは1m50cmでした。この街灯の高さは ⑲ mです。

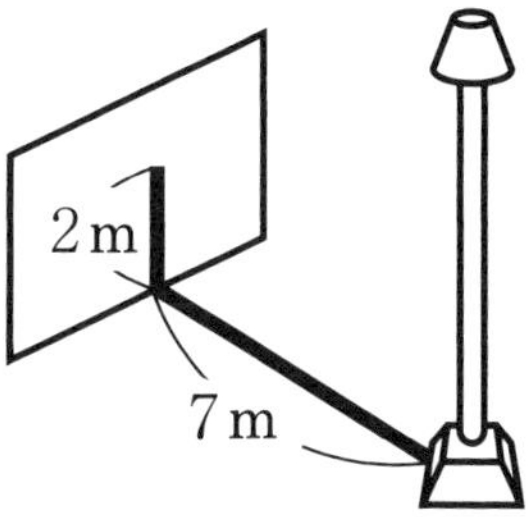

・　右の図のように、長方形ＡＢＣＤがあります。点Ｐは頂点Ａを出発し、毎秒2cmの速さで辺ＡＤ上を1往復して頂点Ａで止まります。また、点Ｑは頂点Ｂを点Ｐと同時に出発し、毎秒1cmの速さで頂点Ｃまで動いて止まります。このとき、点Ｐと点Ｑがそれぞれ頂点Ａと頂点Ｂを出発してから17秒後の四角形ＡＱＣＰの面積は ⑳ cm^2になります。

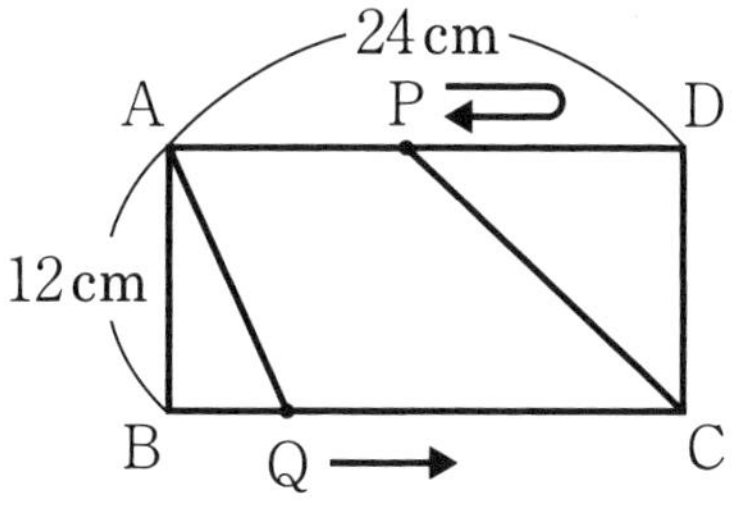

六　次の問いに答えなさい。

問一　次の文から文全体の主語と述語にあたる部分を一つずつ選び、番号で答えなさい。

1この　2石造りの　3洋館は　4百年前に　5建てられた　6銀行です。

問二　次の漢字の部首名をそれぞれひらがなで答えなさい。

①　積　　②　箇

問三　次の四字熟語が、あとの意味になるように、□に入る漢字一字をそれぞれ書きなさい。

□心□心

言葉にしなくても思いや考えが通じ合うこと。

五

次の――線部の言葉をローマ字に直して、すべて小文字で書きなさい。

日本の秋をいろどる花

ひがんばな

９月下旬《げじゅん》のお彼岸《ひがん》のころに、

長いおしべをもった、

ほのおのような形の花をさかせる。

問一　――線①「いい知恵」の内容を説明した次の文の□に入る言葉として最も適切なものを、本文中から五字で書きぬきなさい。

雨不足で干上がった田に水を満たすため、おもしろいからくり人形を置いて、大勢の人々に田まで□こさせること。

問二　――線②「これも親王の□のたまものだ」とありますが、「たまもの」は、「恩恵《おんけい》や祝福として与《あた》えられたもの。結果として得られたよい物事。」という意味です。□に入る言葉として最も適切なものを次の中から一つ選び、番号で答えなさい。

1　日ごろの行い
2　人望のあつさ
3　仏を信じる心
4　細工じょうず

問三　この説話は、人々がからくり人形をおもしろがる気持ちをうまく利用して目的を達成したお話です。これと同様の心理を利用したエピソードとして最も適切なものを次の中から一つ選び、番号で答えなさい。

1　エアコンに室内の温度を感知するセンサーを付け、冷房《れいぼう》や暖房の風向きが自動で調整されて室温が均一になるようにした。
2　レストランでかわいらしいロボットに料理を運ばせ、皿の上げ下ろしは客自身にしてもらうことで、人手不足を解消した。
3　人工知能に世界中から集めた小説や物語を学習させ、人々がおもしろいと感じるような物語を自動で生成できるようにした。
4　旗をふって交通整理を行うロボットを屋外の工事現場に導入して、人が暑さや寒さ、風雨になやまされることがなくなった。

四　次の文章は、『今昔《こんじゃく》物語』の中の一つの話を現代語訳したものです。これを読んで、後の問いに答えなさい。

今は昔、高陽親王《かやのみこ》（八七一年没《ぼつ》。八十七歳《さい》）とおっしゃる方がいました。桓武《かんむ》天皇の御子《みこ》です。この方は、たいそう細工物《さいくもの》（手のこんだ家具や調度をつくること）がおじょうずでした。

京に、京極寺《きょうごくじ》という寺がありますが、この親王が建立《こんりゅう》なさったものです。その寺の前の、河原にある田は、その寺の所領※でした。

ある年のことです。その年は、少しも雨がふらず、多くの田が、干上《ひあ》がってしまいました。まして、賀茂川《かもがわ》の水を引いてつくったこの田は、川の水が枯《か》れてしまったのですから、からからになって、苗《なえ》も赤茶けて、今にも枯れて死にそうになりました。

そのようすを見た高陽親王は、なにか①いい知恵《ちえ》はないかと、思案しました。そして、身長四尺（一尺は約三十センチ）ばかりの子どもが、両手に器をささげもって、立っているからくり人形をつくり、この田の中に立てました。だれかが、人形の持っている器に、水をいっぱいにいれると、その水を自分の顔にかける、というしかけです。

これを見た人が、水をくんで、人形の持っている器にいれると、人形は、それをうけては自分の顔にかけます。人びとはおもしろがって、水をくんできては、器に水をそそぎました。だんだん評判になり、次つぎと都じゅうの人びとが、大勢、集まってきて、器に水をいれては、おもしろがって大さわぎをしました。

そうするうちに、水が、田んぼにいっぱいになりました。そこで、高陽親王は、人形を片づけさせました。

また、田がかわいてくると、人形をとりだして、田の中に立てさせます。また、前のように大勢の人びとが集まって水をいれるので、たちまち、田に水が満ちあふれます。

こうして、京極寺の田は、少しも干害《かんがい》をうけずに、みのりゆたかな秋をむかえることができました。

なんと、うまいしかけでしょう。②これも親王の□のたまものだ、と人びとはほめそやした、と語り伝えられた、ということです。

（『今昔物語』巻二十四第二話より。一部表記を修正している。）

※　所領……所有している土地。

問三　――線④「何かが弾けた」とありますが、「何か」とはどのようなものですか。次の文の□に入る言葉として最も適切なものを、本文中から六字で書きぬきなさい。

朱里に対してこれまで言えずにいた□。

問四　――線⑤「□を打ったような」とありますが、これは、人々がしんと静かになる様子を表す慣用的な表現です。□に入る最も適切な漢字一字を書きなさい。

問五　――線⑥「しおりの、そして百井くんと松村さんの視線」とありますが、このときの三人の視線はどのようなものだと思われますか。次の文の□a・bに入る言葉として最も適切なものを、本文中からａは三字、ｂは二字で書きぬきなさい。

少し前までは仲の良かった朱里を［ａ］ような言い方をした「私」を［ｂ］し、成り行きを見守る緊張《きんちょう》した視線。

問六　――線⑦「泣きたかった。だけど、泣かない、と思った」とありますが、このときの「私」の気持ちを説明した次の文の□に入る言葉を、本文中の言葉を用いて、十五字以上二十五字以内で書きなさい。（、や。なども一字に数えます。）

朱里と完全に友だちでなくなってしまったことは悲しいが、初めて□と思う気持ち。

問七　――線⑧「教室に差し込む夕陽が、かすかに目にしみた」とありますが、このときの「私」の気持ちとして最も適切なものを次の中から一つ選び、番号で答えなさい。

1　感情的になり友だちの朱里にひどいことを言ってしまった自分は、なんて心がせまいのだろうと思っている。
2　朱里にもしおりにもどっちつかずの態度を取り続けている自分は、なんていいかげんなのだろうと思っている。
3　しおりがかばってくれると思って言いたいことを言ってばかりの自分を反省し、行動を改めようと思っている。
4　周囲の反応を気にして自分の気持ちに正直にふるまえない自分をかえりみて、変わっていけたらと思っている。

「やろうよ、それ」

四人で頭をくっつけるようにして、空に、たくさんの花びらを描いた。そうして少しずつ暮れていく教室の中で、私たちは、今までいちばん、お互《たが》いのことをしゃべったと思う。

（中略）

花びらの舞う空の中を、悠々《ゆうゆう》と泳いでいく大きなクジラ。

どこにでも行けそうな自由さが、その絵からは伝わってくる。

私もいつか、そんなふうに、なれるだろうか——。

そう胸の内でつぶやいたら、⑧教室に差し込《こ》む夕陽《ゆうひ》が、かすかに目にしみた。

（水野瑠見『十四歳日和《さいびより》』より）

※　一蹴……相手の意見をはねつけること。

問一　［①］・［②］に入る言葉として最も適切なものを次の中から一つずつ選び、それぞれ番号で答えなさい。

1　ぎょっと　　2　からっと　　3　ふわっと　　4　すうっと　　5　さらっと

問二　——線③「あ、でも、上から塗り直せば……」とありますが、こう言ったときの百井くんの気持ちとして最も適切なものを次の中から一つ選び、番号で答えなさい。

1　松村さんに対してひどい言い方をする朱里を強く責める気持ち。
2　応援旗をだいなしにせずに済む良い方法を思いついたと喜ぶ気持ち。
3　場の空気をやわらげたいが朱里のきげんを気にしておびえる気持ち。
4　小さな失敗だから特に問題はないと気楽に考えて朱里をなだめる気持ち。

だって、私は今、朱里に本当の気持ちを言った。そのことに、後悔《こうかい》はなかったから。

ゆっくりと深呼吸してふり向くと、しおりと最初に目が合った。心配そうなそのまなざしに、大丈夫だよ、というふうに、私はうなずいてみせる。

「佐古さん……ごめんなさい。私のせいで」

目を赤くした松村さんに、私はううん、と首をふった。それは、本当の気持ちだった。私と朱里が衝突《しょうとつ》したのは、絶対に、松村さんのせいじゃない。

「……だけど、どうしようか。これ」

と百井くんがつぶやいて、私たちは改めて、赤く散らばったシミを見下ろした。

淡《あわ》い色が混じり合った幻想的《げんそうてき》な空の中に、点々と散った鮮やかな赤。たしかに、そこだけ見れば、違和感《いわかん》はある。だけど、なんて鮮やかなんだろう。

そう思った時、ぴんと心にひらめくものがあった。そうだ、初めてしおりと出会った日、私たちの間を吹《ふ》き抜《ぬ》けていった風と、ひらめく花びらと――。

「……花」

ぽつんとこぼした私のつぶやきに、三人が、いっせいに顔を上げる。

「花？」

首をかしげるしおりに、私は大きくうなずいた。

「そう。隠《かく》すんじゃなくて、デザインの一部にするのってどうかな。空に花びらが舞《ま》ってるようなイメージで全体に描《か》きたして。そしたら、遠目からでも華《はな》やかに見えるし……」

そこまで言った時、みんなの視線が私に集まっているのを感じて、はっとした。遅《おく》ればせながら恥《は》ずかしくなって、かっと頬《ほお》がほてる。どうしよう。もしかして、おかしいことを言ってしまっただろうか――。

けれど、その時。

「いいと思う。すごく」

え、とまばたきをする私の前で、しおりがまっすぐ私にほほえみかけて言った。

「③あ、でも、上から塗り直せば……」

おずおずと、百井くんが言いかける。

けれどそれを朱里は、「や、そこだけ塗り直しても、かえって目立つでしょ」とあっさり※一蹴《いっしゅう》した。その一言に、松村さんはさらに耳を真っ赤にして、「ごめんなさい……」とうつむいてしまう。しおりが手を当てた松村さんの肩《かた》は、すでに、泣きだす寸前のように小さく震《ふる》えている。

――なんで？　朱里……。

思わず隣《となり》をふりあおぐと、朱里はもう他人事《ひとごと》みたいにつまらなそうにそっぽを向いていた。

その瞬間、私の中で、④何かが弾《はじ》けた。

「朱里」

口を開くと、思ったよりも低い声が出て自分でも驚《おどろ》いた。

朱里が、おっくうそうに首をもたげて私を見る。その視線にひるみそうになったけれど、私は、構わずに口を開く。

「……なんで、そういう言い方するの。それに、ずっとサボってたじゃん、朱里。こんな時だけ責めるのって、おかしいよ」

言った。言ってしまった。

⑤□を打ったような静けさの中で、カツン、と時計の針が動く音がした。⑥しおりの、そして百井くんと松村さんの視線をひりひりと肌《はだ》に感じる。怖《こわ》い。怖くてたまらない。

「……何ソレ。なんであたしが、悪者みたいになってんの？」

抑揚《よくよう》のない声で言って、朱里がカバンをつかむ。そしてポニーテールを揺《ゆ》らして、私をまっすぐに見た。少し前まで「葉！」と笑いかけてくれていた、勝ち気な猫《ねこ》みたいな瞳《ひとみ》。でも今そこにあるのは、以前のような親しみじゃなかった。

「日向《ひなた》」と「日陰《ひかげ》」の境界線。それを朱里がたった今、私の前に、完全に引いたことが、はっきりと分かった。

「……もういい。帰る」

そう吐《は》き捨てると、ふり向きもせず、朱里は足早に歩いていってしまった。その背中を視線だけで追いかけながら、私は、そっと目をふせる。

⑦泣きたかった。

だけど、泣かない、と思った。

三　次の文章は、中学生の「私」（佐古葉子《さこようこ》）、松村《まつむら》さん、瀬川《せがわ》しおり、百井《ももい》くん、朱里《あかり》が、体育祭の応援《おうえん》旗制作の係になり、朱里はさぼりがちであるが、なんとか制作を進めているという場面を描《えが》いたものです。「私」は中学入学以来、それまで仲の良かったしおりと距離《きょり》を置くようになり、朱里ら目立つ子たちのグループと行動をともにしていましたが、応援旗制作を始めてから、朱里とぎくしゃくするようになっていました。これを読んで、後の問いに答えなさい。

午後四時。外は、まだずいぶん明るくて、グラウンドからは野球部の掛《か》け声が、中庭からはトランペットの音色が響《ひび》いている。作業を開始してまだ十分しか経《た》っていないこともあって、その時教室にはまだ、朱里も含《ふく》めた応援旗係全員が顔をそろえていた。

そんな時、それは起こった。

「あ」

ぽつ、と目の前で鮮《あざ》やかな赤色の絵の具がしぶきのように散ったのと、松村さんが短い悲鳴を上げたのは、どっちが先だったんだろう。

――嘘《うそ》。

気づいた時には、背景の空の上に、赤い絵の具が点々と散っていた。拭《ふ》きとる間もなく、絵の具は［①］吸いこまれるようにシミになっていく。目の前には、赤く染まった筆をパレットに置いて、青ざめた顔をした松村さんの姿があった。

「ごめん！　ごめんなさい……」

一瞬《いっしゅん》、しん、と静まり返った教室の中で、だれよりも先に声を上げたのは、松村さん本人だった。今にも泣きだしそうな顔で、「どうしようどうしよう」とうろたえている。

実際、これはまずいかも、というのは、私自身も思ってしまったことだった。

上から塗《ぬ》り直したって、背景の色が薄《うす》いぶん、どうしても派手な赤色のほうが浮《う》き出てしまう。ごまかそうとしても、かえって悪目立ちしてしまいそうだ。だけど今は、涙目《なみだめ》になっている松村さんを責める気にはなれなかった。

大丈夫《だいじょうぶ》だよ、なんとかなるよ――。

そうフォローの言葉を口にしようとした。けれど、その時だった。

「えー、超《ちょう》目立つじゃん。どうすんの？　これ」

ロコツな物言いに［②］顔を上げると、さっきまで手持ちぶさたにしていた朱里が、すぐそばに立っていた。きれいに整った眉《まゆ》をひそめて、応援旗を見下ろしている。

問一　——線①「そんな思い」とはどのような内容を指していますか。次の文の［　　］に入る言葉として最も適切なものを、本文中から四字で書きぬきなさい。

どうせやってもだめなのだから、やらないで［　　］てしまおうという思い。

問二　——線②「彼女の体操に向かう姿勢そのもの」とありますが、それはどのようなものですか。ここより前の本文中から十六字で書きぬきなさい。

問三　［③］・［④］に入る言葉として最も適切なものを次の中から一つずつ選び、それぞれ番号で答えなさい。

1　そこで　　2　たとえば　　3　または　　4　しかし　　5　また

問四　［⑤］に入る言葉として最も適切なものを次の中から一つ選び、番号で答えなさい。

1　臨機応変　　2　七転八起　　3　心機一転　　4　因果応報

問五　［⑥］に入る言葉として最も適切なものを次の中から一つ選び、番号で答えなさい。

1　やるかやらないか　　2　才能があるかないか
3　どのようにやるべきか　　4　いつやるべきか

問六　——線⑦「足踏みしていた村上茉愛が、世界のトップへの階段をふたたび力強く登り始めた」とありますが、その理由を「実力」「体験」「考え方」という言葉を用いて、二十字以上三十字以内で書きなさい。（、や。なども一字に数えます。）

問七　＝＝線部「失敗をおそれてあきらめてしまっては、何も生まれない」とありますが、この言葉についてあなたはどのように考えますか。自分自身の経験に当てはめて書きなさい。

入学から約1か月後の全日本個人総合選手権で、茉愛は4種目を戦った。

結果はさんざんなものだった。得意のはずのゆかでも、前の種目で腰《こし》を痛めてしまったことが影響してシリバスに失敗。そこでぷっつりと集中が切れ、最後はほとんど試合を投げ出すようにして演技を終えた。

監督が、茉愛の姿勢について初めて言葉にしたのは、この日の試合後のことだ。

「考え方を改めなさい」

惨敗《ざんぱい》の悔《くや》しさにまみれながらも、茉愛はこのとき、監督の言葉を素直《すなお》に受け止めることができなかった。腰を痛めて演技がままならなかったのに、なぜ考え方を叱《しか》られなければいけないのか。

なかば腹を立てながら家路についた。監督のこの言葉はその後、茉愛の脳内を回り続け、茉愛はその意味を考え続けた。

やがて、茉愛の心に少しずつ変化がおとずれた。

NHK《エヌエイチケー》杯《はい》（世界選手権代表選考会）でも結果を出せずに落選し、どん底に落ちたことでふっ切れた気持ちもあった。
⑤、減量に真剣《しんけん》に取り組み、苦手種目の平均台や段違い平行棒に立ち向かううちに、気づいたことがあった。どんな技でもあきらめず、ていねいに取り組むことで先が見える。失敗をおそれてあきらめてしまっては、何も生まれない。
腰が痛いからと、演技を中途半端《ちゅうとはんぱ》に終わらせてしまった自分の姿がよみがえった。

全力でやらなかった体操で結果がついてこないのは当たり前だ。

これまで、できないからといって練習から逃《に》げてきた種目に今、自分は苦しめられている。

大切なのは、できるかできないかではない。
⑥、だ。
⑦足踏《あしぶ》みしていた村上茉愛が、世界トップへの階段をふたたび力強く登り始めた。

（「H難度の成長物語　村上茉愛」〈大野益弘監修・美甘玲美・宮嶋幸子執筆『つらいときこそ笑顔で』所収〉より）

※　モチベーション……やる気。意欲《いよく》。
※　おごり……いい気になること。思い上がり。

「がんばっても、どうせメダルがとれないなら……」

①そんな思いが、すべてに悪影響《あくえいきょう》をおよぼしていた。

２０１５年４月。

茉愛は慣れ親しんだ体操クラブをやめ、日本体育大学に入学した。

高校までのジュニア時代とちがい、大学からのシニアでは、平均台、段違《だんちが》い平行棒《へいこうぼう》、ゆか、跳馬《ちょうば》の４種目すべてで高い得点を出すことが求められる。

やりたい種目を好きなだけ練習できていた体操クラブとはまるでちがう。

練習の密度もちがう。茉愛は、すぐにへとへとになってしまった。

いやになったら、疲《つか》れたら、やめる。

茉愛の悪いクセが出た。

すかさず、監督《かんとく》の声が飛んだ。

「今の技、なんでやらないであきらめたの⁉」

肩《かた》で息をする茉愛に、監督の声が続く。

「あなたに足りないのは練習量。４種目すべての技に細かく気を配れるようにならなければ、個人総合で上位に入るのはむずかしいよ」

１９９２年バルセロナオリンピックに出場した経験を持つ日体大体操競技部の監督、瀬尾京子《せおきょうこ》は、入学直後から茉愛の問題点を見抜《みぬ》いていた。

練習量、そして、②彼女の体操に向かう姿勢そのものについてだ。

［③］このとき、監督が具体的に茉愛を指導することはなかった。

これまで苦労知らずの体操人生でやしなわれてしまった「おごり※」を正すためには、人からさとされるのではなく、茉愛が今の実力を自分の体験で思い知ることが必要だと考えたからだ。

茉愛は、必死に練習についていった。ただ、重くなった彼女の体にとって、練習は過酷《かこく》だった。［④］、小さなころからくり返し「シリバス」のはげしい着地に耐《た》えてきた体は悲鳴を上げ始めていた。

2023年度 国士舘中学校

【国語】〈第四回試験〉（四五分）〈満点：一〇〇点〉

一 次の――線の漢字の読みをひらがなに、カタカナは漢字に直しなさい。ていねいに、はっきりと書くこと。

1 天気の良い日は屋外で遊ぶ。
2 一人一人の負担を減らす。
3 電気系統の故障で機械が動かない。
4 果物でビタミンを補う。
5 ぬらしたタオルで額を冷やす。
6 キュウゲキに円安が進む。
7 チンタイ住宅に住む。
8 リレーで走るジュンジョを決める。
9 ガラスのコップがワれる。
10 ヒルになると気温が上がる。

二 次の文章は、体操《たいそう》選手の村上《むらかみ》茉愛《まい》さんについて書かれた文章の一部です。村上選手は、小学六年生でゆか競技のH難度の技《わざ》「シリバス」を成功させるなど、苦労知らずの体操人生を歩んでいましたが、高校二年生の時の世界選手権でメダルが取れず、やる気を失いました。これを読んで、後の問いに答えなさい。

高校3年生になっても、茉愛の体操に対する※モチベーションは下がったままだった。

このころ、茉愛の体は子どもから大人へと大きな変化をとげている真っ最中。

体はしだいに重くなり、体重増加にともなってケガもしやすくなった。

体操のレベルを維持《いじ》するためには減量が必要だったが、もとより食べることが大好きな茉愛がハンバーガーやスイーツをがまんすることはなかった。

２０１４年の世界選手権には出場したものの、予選落ち。

2023年度

国士舘中学校

▶解説と解答

算　数　＜第３回試験＞（45分）＜満点：100点＞

解　答

[1] ①　6　②　$\frac{1}{12}$　③　400　④　$1\frac{2}{3}$　⑤　24　[2] ⑥　144　⑦　36分　⑧　４％　⑨　180円　⑩　8　⑪　3000円　⑫　２時$27\frac{3}{11}$分　⑬　12m　⑭　2400円　⑮　69点　⑯　46　⑰　41度　⑱　378cm^3　⑲　4.8m　⑳　126cm^2

解　説

[1] 四則計算，計算のくふう

①　$(12+13\times6)\div15=(12+78)\div15=90\div15=6$

②　$1\frac{9}{14}\div6\frac{4}{7}-\frac{1}{6}=\frac{23}{14}\div\frac{46}{7}-\frac{1}{6}=\frac{23}{14}\times\frac{7}{46}-\frac{1}{6}=\frac{1}{4}-\frac{1}{6}=\frac{3}{12}-\frac{2}{12}=\frac{1}{12}$

③　$80000\div1600\times4000\div500=(80000\div1600)\times(4000\div500)=50\times8=400$

④　$1.56\div\frac{13}{15}-0.24\times\frac{5}{9}=\frac{156}{100}\times\frac{15}{13}-\frac{24}{100}\times\frac{5}{9}=\frac{9}{5}-\frac{2}{15}=\frac{27}{15}-\frac{2}{15}=\frac{25}{15}=\frac{5}{3}=1\frac{2}{3}$

⑤　$0.12\times46+0.24\times77=0.12\times2\times23+0.24\times77=0.24\times23+0.24\times77=0.24\times(23+77)=0.24\times100=24$

[2] 倍数，単位の計算，濃度《のうど》，相当算，調べ，売買損益，時計算，速さと比，平均，*N*進数，角度，体積，相似，長さ，点の移動，面積

⑥　右の図１より，９と12の最小公倍数は，$3\times3\times4=36$なので，９と12の公倍数は36の倍数である。よって，36の倍数は，36，72，108，144，180，…となるから，150にいちばん近い数は144とわかる。

図１

3) 9　12
　　3　 4

⑦　１時間＝60分より，$\frac{7}{6}$時間は，$60\times\frac{7}{6}=70$（分）だから，$\frac{7}{6}$時間－34分＝70分－34分＝36分

⑧　３％の食塩水を300ｇ，７％の食塩水を100ｇ混ぜると考える。３％の食塩水300ｇには食塩が，$300\times0.03=9$（ｇ）ふくまれ，７％の食塩水100ｇには食塩が，$100\times0.07=7$（ｇ）ふくまれるから，混ぜてできた食塩水，$300+100=400$（ｇ）には食塩が，$9+7=16$（ｇ）ふくまれる。よって，その濃度は，$16\div400=0.04$より，４％とわかる。

⑨　ボールペンとえんぴつの値段の比は，$1:\frac{5}{9}=9:5$である。そこで，ボールペン１本の値段を９，えんぴつ１本の値段を５とすると，えんぴつとボールペン１本ずつの代金の合計は，$5+9=14$になる。これが280円にあたるから，ボールペン１本の値段は，$280\times\frac{9}{14}=180$（円）と求められる。

⑩　かけると112になる２つの整数の組み合わせを調べると，（1，112），（2，56），（4，28），（7，16），（8，14）となる。このうち，たすと22になるのは（8，14）だから，小さい方の整数は８である。

⑪　仕入れ値を１とすると，30％の利益を見込《みこ》んで定価をつけたので，定価は，$1+0.3=1.3$と表

せる。また，定価の15％引きは定価の，１－0.15＝0.85(倍)だから，売った値段は，1.3×0.85＝1.105となる。すると利益は，1.105－１＝0.105となり，これが315円にあたるので，比の１にあたる値段，つまり仕入れ値は，315÷0.105＝3000(円)と求められる。

⑫　長針は１時間(60分)で360度進むので，１分間に，360÷60＝６(度)進む。短針は12時間で360度進むので，１時間に，360÷12＝30(度)進み，１分間に，30÷60＝0.5(度)進む。よって，長針は短針よりも１分間に，６－0.5＝5.5(度)多く進む。右の図２のように，２時のとき，長針は短針の，30×２＝60(度)後ろにあるので，２時から長針が短針よりも，60＋90＝150(度)多く進むと，長針と短針のつくる角度は90度になる。したがって，その時刻は２時から，150÷5.5＝$\frac{300}{11}$＝27$\frac{3}{11}$(分後)なので，２時27$\frac{3}{11}$分とわかる。

図２

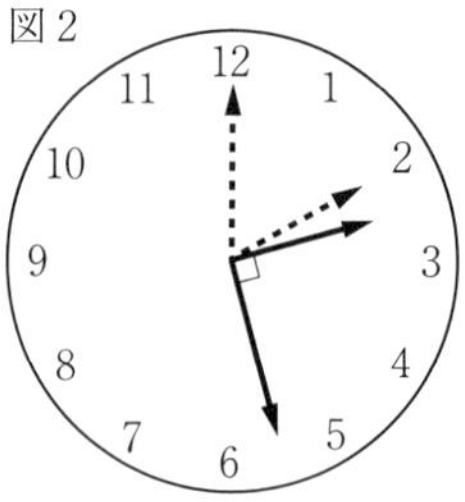

⑬　Ａさんがゴールしたとき，Ｂさんは，60－10＝50(m)走っていたので，Ａさんが60m走る間にＢさんは50m走ることになる。よって，ＡさんとＢさんが同じ時間に走る距離《きょり》の比は，60：50＝６：５だから，Ｂさんが60m走る間にＡさんは，60×$\frac{6}{5}$＝72(m)走る。したがって，Ａさんが，72－60＝12(m)手前からスタートすれば，２人は同時にゴールする。

⑭　ＡさんとＢさんの金額の比は，$\frac{8}{11}$：１＝８：11である。また，ＡさんとＣさんの金額の比は，80：100＝８：10となる。すると，Ａさん，Ｂさん，Ｃさんの金額の比は，８：11：10になり，ＢさんとＣさんの金額の比の差は，11－10＝１とわかる。よって，比の１が300円にあたるから，Ａさんの金額は，300×８＝2400(円)と求められる。

⑮　(合計点)＝(平均点)×(教科の数)より，４教科の合計点は，75×４＝300(点)である。もし，社会の得点が実際よりも８点高かったとすると，社会の得点がほかの３教科の平均点と同じになる。このとき，４教科の合計点は，300＋８＝308(点)だから，このときの４教科の平均点，つまり，実際の３教科の平均点は，308÷４＝77(点)とわかる。よって，実際の社会の得点は，77－８＝69(点)と求められる。

⑯　下の段は１が何個あるか，真ん中の段は４が何個あるか，上の段は，４×４＝16が何個あるかを表している。よって，（あ）は16が２個，４が３個，１が２個あるから，16×２＋４×３＋１×２＝32＋12＋２＝46となる。

⑰　右の図３で，三角形ACEに注目すると，（い）の角の大きさは，180－(39＋36)＝105(度)となる。よって，四角形ABDFに注目すると，（あ）の角の大きさは，360－(105＋101＋113)＝41(度)と求められる。

図３

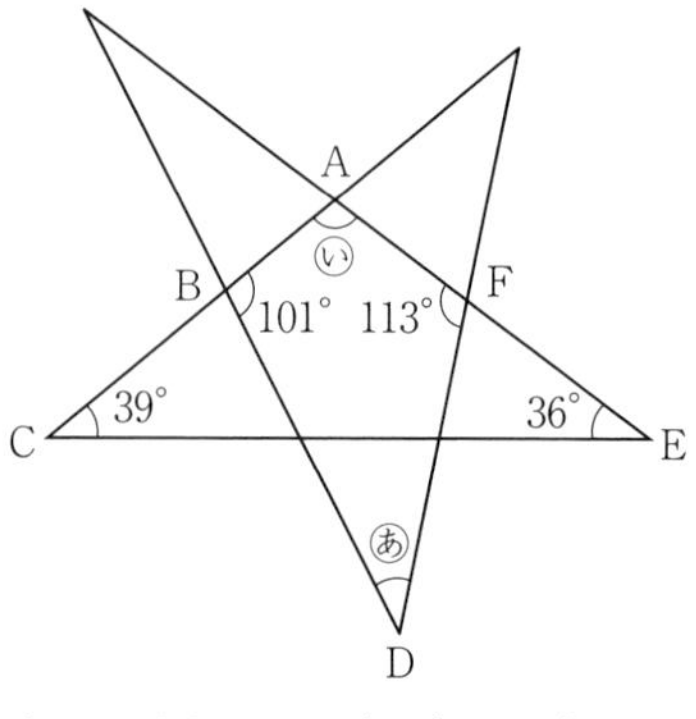

⑱　立方体は下の段に，３×３＝９(個)，真ん中の段に，２×２＝４(個)，上の段に１個積まれているから，全部で，９＋４＋１＝14(個)積まれている。立方体１個の体積は，３×３×３＝27(cm^3)なので，この立体の体積は，27×14＝378(cm^3)と求められる。

⑲　棒と街灯のかげのようすはそれぞれ下の図４，図５のようになる。図４の三角形ABCと図５

の三角形DEFは相似になり，相似比は，１m50cm：７m＝1.5m：７m＝３：14となる。よって，AC：DF＝３：14より，DFの長さは，60×$\frac{14}{3}$＝280(cm)，つまり，2.8mだから，街灯の高さは，２＋2.8＝4.8(m)と求められる。

図４

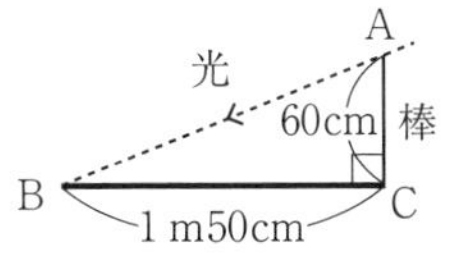

図５

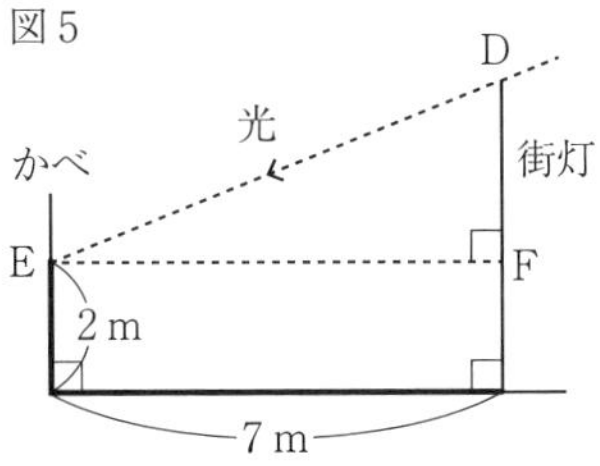

図６

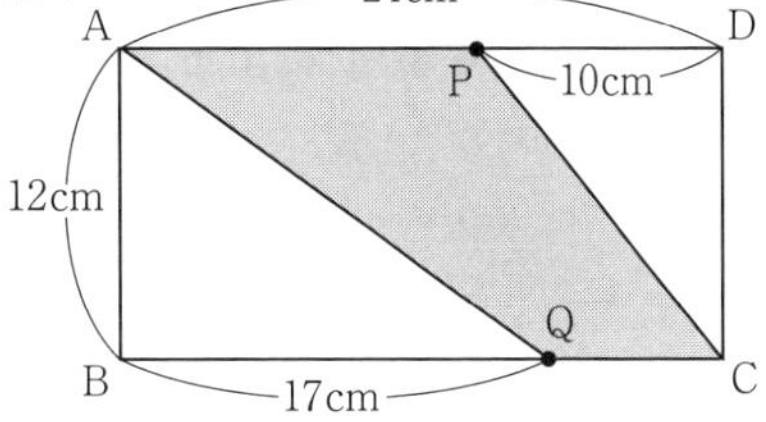

⑳　点Ｐは17秒間で，２×17＝34(cm)動くから，17秒後は上の図６のように，頂点Ｄから，34－24＝10(cm)のところにある。また，点Ｑは17秒間で，１×17＝17(cm)動くので，17秒後は頂点Ｂから17cmのところにある。よって，17秒後のAPの長さは，24－10＝14(cm)，QCの長さは，24－17＝７(cm)だから，台形AQCPの面積は，(14＋７)×12÷２＝126(cm^2)と求められる。

国　語　＜第４回試験＞（45分）＜満点：100点＞

解　答

一　**1**　おくがい　**2**　ふたん　**3**　けいとう　**4**　おぎな(う)　**5**　ひたい　**6～10**　下記を参照のこと。　二　**問1**　あきらめ　**問2**　いやになったら，疲れたら，やめる　**問3**　③　4　④　5　**問4**　3　**問5**　1　**問6**　（例）　失敗した体験から自分の実力を思い知り，考え方を改めたから。　**問7**　（例）　わたしは，ピアノの発表会のことを思い出しました。発表会に向けて，難しい曲を練習していたのですが，なかなか上達せずに，本番で失敗するのではないかとこわくなり，やめたくなりました。でも，母の「自分を信じてやってみなさい」という言葉にはげまされ，それからたくさんの練習をこなし，本番で立派に弾くことができました。この経験によって，わたしは，あきらめないで続けることの大切さを知りました。　三　**問1**　①　4　②　1　**問2**　3　**問3**　本当の気持ち　**問4**　水　**問5**　**a**　責める　**b**　心配　**問6**　（例）　朱里に本当の気持ちを言えたのだから後悔はない　**問7**　4　四　**問1**　水をくんで　**問2**　4　**問3**　2　五　higanbana　六　**問1**　**主語**…3　**述語**…6　**問2**　①　のぎへん　②　たけかんむり　**問3**　以(心)伝(心)

●漢字の書き取り

一　**6**　急激　**7**　賃貸　**8**　順序　**9**　割(れる)　**10**　昼

解　説

一　漢字の読みと書き取り

1　建物の外。　**2**　引き受ける義務や責任。　**3**　一定の順序を追って並んでいるつながり。　**4**　音読みは「ホ」で，「補欠」などの熟語がある。　**5**　音読みは「ガク」で，「金額」などの熟語がある。　**6**　動きや変化が急で激しいさま。　**7**　賃料を取って物を貸すこと。　**8**

ある基準によって定められた並び方。　**9**　音読みは「カツ」で，「分割」などの熟語がある。訓読みにはほかに「さ(く)」「わり」がある。　**10**　音読みは「チュウ」で，「昼食」などの熟語がある。

二　**出典は大野《おおの》益弘《ますひろ》監修《かんしゅう》の『つらいときこそ笑顔《えがお》で』所収の「Ｈ難度の成長物語　村上茉愛《むらかみまい》(美甘玲《みかもれ》美《み》・宮嶋幸子《みやじまさちこ》著)」による。**やる気を失っていた体操選手の村上茉愛が，大学の体操部で，自分の弱いところや大切なことなどに気づいた経緯《けいい》が書かれている。

問１　日本体育大学の監督は，茉愛の「悪いクセ」を見ぬいて，「今の技，なんでやらないであきらめたの」と厳しく注意した。やってもだめだと思ったら，すぐにあきらめてしまおうという，高校時代からの茉愛の「思い」は，すべてのことに「悪影響《えいきょう》をおよぼして」いたのである。

問２　「入学直後から茉愛の問題点」を見ぬいていた監督は，まず「練習量」について注意し，さらに「いやになったら，疲《つか》れたら，やめる」という茉愛の「体操に向かう姿勢そのもの」についても「今の技，なんでやらないであきらめたの」という言葉によって厳しく注意している。

問３　③　監督は茉愛の「体操に向かう姿勢そのもの」などについて注意したが，「具体的に茉愛を指導すること」はなかった，という文脈になる。よって，前のことがらを受けて，それに反する内容を述べるときに用いる「しかし」が入る。　④　茉愛は必死で練習についていったが，「重くなった彼女《かのじょ》の体にとって，練習は過酷《かこく》だった」し，小さなころから「シリバス」の「はげしい着地に耐《た》えてきた体は悲鳴を上げ始め」ていた，という文脈になる。よって，ことがらを並べ立てるときに用いる「また」が入る。

問４　茉愛は，「考え方を改めなさい」という監督の言葉を「素直《すなお》に受け止めることができなかった」が，「その意味を考え続け」ているうちに，「心が少しずつ変化」し，NHK杯で落選して「どん底に落ちた」ことで，気持ちが吹《ふ》っ切れて，「減量」や「苦手種目」に取り組むようになった。よって，“ある事をきっかけとして新たな気持ちで事に臨む”という意味の「心機一転」が入る。

問５　それまでの茉愛は，「できない」と思ったら「やらない」であきらめていたが，「あきらめてしまっては，何も生まれない」ということに気づいたので，大切なのは，「やるかやらないか」だと思っているのである。

問６　茉愛は，「練習から逃《に》げて」きた自分の実力不足を知り，さらに全力で取り組むことの大切さを思い知った。茉愛が，世界のトップへ向かって再び努力し始めたのは，自分の体験から実力の無さを思い知り，あきらめずに努力しなければならないというように考え方を改めたからだと考えられる。

問７　まず，負けたことによって投げやりになってしまったこと，あるいは失敗してもくじけずにがんばったことなど，自分の経験を思い返してみる。その経験をふまえたうえで，「負けや失敗をおそれないこと」という言葉について，自分の意見や思いを書くとよい。

三　**出典は水野瑠見《みずのるみ》の『十四歳日和《さいびより》』による。**体育祭の応援《おうえん》旗の制作をしているとき，あることがきっかけとなり，それまで仲のよかった「私」と朱里は言い合いをする。

問１　①　直後に「吸いこまれるようにシミになっていく」とあるので，なめらかに変化が進んでいく様子を表す「すうっと」が入る。　②　「フォローの言葉を口にしよう」とした「私」が，朱里の「ロコツな物言い」にはっとして顔を上げた場面なので，驚《おどろ》いて動揺《どうよう》する気持ちを表す「ぎょっと」が入る。

問２　直後に「おずおずと」とあることに着目して考える。百井くんは，「でも，上から塗《ぬ》り直せば」という言葉で，「涙《なみだ》目《め》」になっている松村さんを気づかってはいるものの，松村さんをあからさまに責めている朱里の気分を損《そこ》なわないようにしている気持ちが読み取れるので，３の内容が合う。

問３　瞬間《しゅんかん》的な感情から朱里を責めてしまった「私」は，朱里の「視線にひるみそう」になったり，「怖《こわ》くてたまらない」と思ったりした。しかし，それまでは言えなかった「本当の気持ち」を言えたので，「後悔《こうかい》」はしていなかったのである。

問４　「水を打ったような」は，その場にいた多くの人が静まり返るさま。

問５　**ａ，ｂ**　「私」が，それまでは仲のよかった朱里を厳しい言葉で責めたので，しおりと百井くんと松村さんは「私」のことを心配し，どうなることかと緊張《きんちょう》した気持ちで状況《じょうきょう》を見守っているのである。

問６　「私」は，「日向《ひなた》」と「日陰《ひかげ》」の境界線を朱里に引かれてしまったことを感じ，去っていく朱里を見て「泣きたい」と思った。しかし，今までは言えなかった自分の「本当の気持ち」を言えたことで「後悔」はしていなかったので，「泣かない」という気持ちになれたのである。

問７　「私」は，朱里との間に心の「境界線」ができたことを感じたが，自分の「本当の気持ち」を言えたので，後悔はしていなかった。そして，四人で「お互《たが》いのこと」を話しながら描いた「悠々《ゆうゆう》と泳いでいく大きなクジラ」を見て，「どこにでも行けそうな自由さ」を感じ，「私もいつか，そんなふうに，なれるだろうか」と思った。「私」は，自分の気持ちを率直《そっちょく》に言えるようになり，そしてその思いのままに行動できるようになりたいと思っていると考えられるので，４の内容が合う。

四　**出典は『今昔《こんじゃく》物語集』巻二十四第二話による。**手のこんだものを作ることがじょうずだった高《か》陽《やの》親《み》王《こ》に関する説話である。

問１　「細工物」がじょうずだった高陽親王は，田に水を満たすため，おもしろい仕掛《しか》けをほどこした「からくり人形」を作って，田の中に立て，たくさんの人々に，「水をくんで」こさせることを思いついた。

問２　高陽親王が「細工物」がじょうずだったおかげで，「京極寺の田は，少しも干害を受けずに，みのりゆたかな秋をむかえること」ができた。

問３　人々は，水を入れるたびに人形自身が「自分の顔」に水をかける「からくり人形」に興味を引かれて，続々と水を持ってやってきた。よって，かわいらしいロボットに人々の興味を持たせることで，人手不足を解消するという目的を達成したと書かれている２が合う。

五　**ローマ字の表記**

ローマ字では，「あいうえお」をａ，ｉ，ｕ，ｅ，ｏと表記し，カ行以下はどの行の音かを表す子音と，どの段の音かを表す母音の組み合わせで表記する。「ひがんばな」における子音は，は行がｈ，が行はｇ，ば行がｂ，な行はｎなので，「ひ」は「hi」，「が」は「ga」，「ん」は「ｎ」，「ば」は「ba」，「な」は「na」となる。

六　**主語と述語，漢字の知識，四字熟語の完成**

問１　主語は「だれが」や「何が」を表す文節で，述語は主語に対して「どうする」「どんなだ」「何だ」にあたる文節である。よって「洋館は」が主語で，「銀行です」が述語となる。

問２　①「積」は，部首は「禾」の部分で，のぎへん。　②「簡」の部首は，「⺮」の部分で，たけかんむり。

問３　「以心伝心」は，言葉や文字を使わなくても互《たが》いの思いが通じ合うこと。

Memo

Memo

2022年度　国士舘中学校

〔電　話〕　03(5481)3135
〔所在地〕　〒154－8553　東京都世田谷区若林4－32－1
〔交　通〕　東急世田谷線―松陰神社前駅より徒歩６分
小田急線―梅ヶ丘駅より徒歩13分

【算　数】〈第１回試験〉（45分）〈満点：100点〉

1　□にあてはまる数を入れなさい。

・　$\frac{9}{8}\times\left(\frac{5}{6}-\frac{7}{10}\right)=$ 【①】

・　$23-3\times14\div6=$ 【②】

・　$0.81\div4.5=$ 【③】

・　$2.5\div\left(\frac{2}{3}-0.25\right)=$ 【④】

・　$0.97\times5.4+4.6\times0.97=$ 【⑤】

2　□にあてはまる数を入れなさい。

・　7でわっても8でわっても5あまる整数のうち、2けたの整数であるものは【⑥】です。

・　分母が10の真分数のうち、約分できない分数の和は【⑦】になります。

・　0.9Lは15mLの【⑧】倍です。

・　時速68kmで走るバスが45分間走ると、【⑨】km進みます。

・　兄は770円、弟は490円持っていました。どちらも ⑩ 円使ったら、兄と弟の残りの金額の比が３：１になりました。

・　50ｍ走において、Ａ、Ｂ、Ｃ、Ｄ、Ｅの５人の記録の平均は8.80秒で、Ｅの記録は8.20秒です。このとき、Ａ、Ｂ、Ｃ、Ｄの４人の記録の平均は ⑪ 秒です。

・　ある店で、プリンとケーキを３個ずつ買ったら代金は960円でした。次の日にこの店で、プリンを２個とケーキを５個買ったら、ケーキは定価の２割引きだったので代金が1020円でした。プリン１個の定価は ⑫ 円です。（消費税は、考えない。）

・　50円玉と100円玉が合わせて28枚あって、合計金額は2200円です。50円玉は ⑬ 枚あります。

・　ＡさんとＢさんが競走しました。ＢさんはＡさんより速いので、ＢさんはＡさんの60ｍうしろからＡさんと同時に走り始めたところ、Ｂさんが24ｍ走ったとき、ＡさんはＢさんの56ｍ先を走っていました。ＢさんがＡさんに追いついたのは、Ｂさんが ⑭ ｍ走ったときです。

・　1、1、2、2、3、3の６枚のカードがあります。この中から３枚のカードを取り出して３けたの整数をつくります。できる整数のうち、大きい方から数えて10番目の整数は ⑮ です。

・　画用紙と色紙を子どもに配ります。色紙の枚数は画用紙の枚数の３倍です。画用紙を１人に３枚ずつ配るには８枚たりませんが、色紙を１人に７枚ずつ配ると８枚あまります。このとき、子どもは ⑯ 人います。

・　右の図で、ＡＣ、ＡＤ、ＢＤの長さは等しくなっています。(あ)の角の大きさは　⑰　度です。

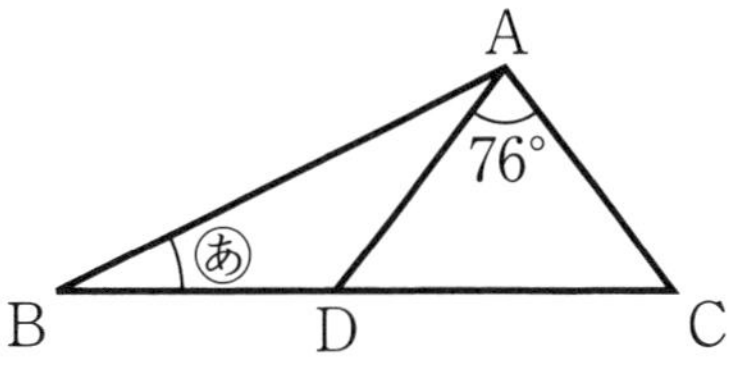

・　下の図のように、直径8cmの半円が直線上をすべることなく1回転します。このとき、中心Oがえがく線の長さは　⑱　cmです。（円周率は3.14とする。）

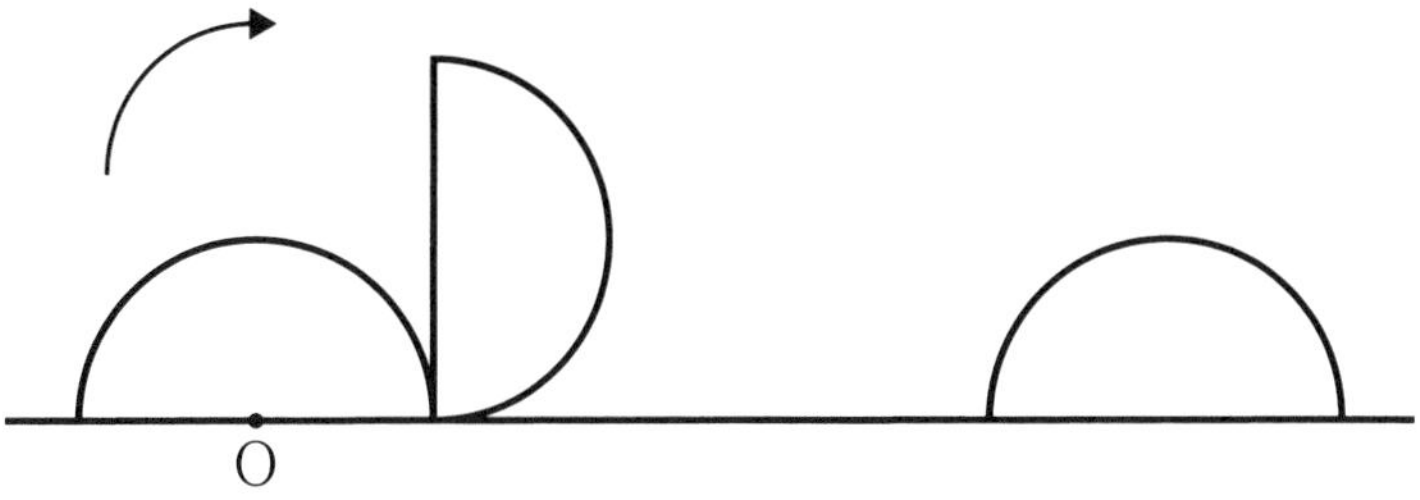

・　右の図の平行四辺形ＡＢＣＤで、ＢＥとＣＥの長さの比は2：3です。ＦＧの長さはＢＦの長さの　⑲　倍です。

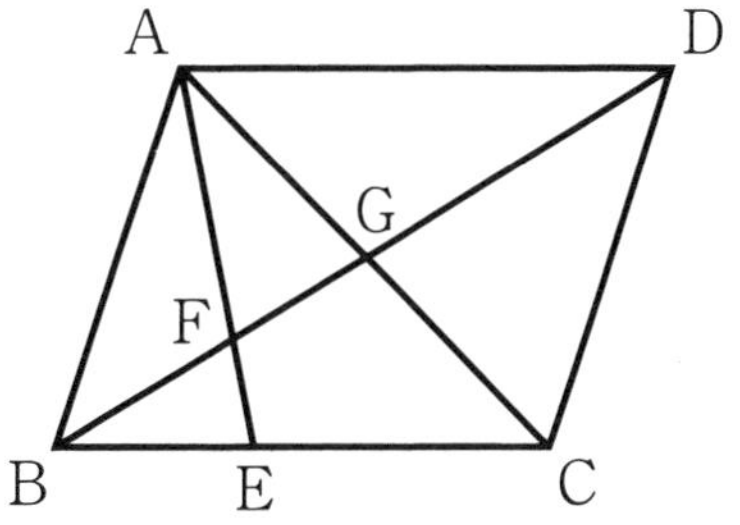

・　Ａさんは、家から9kmはなれた図書館まで自転車で走りました。とちゅうにある公園で15分間休み、公園から図書館までの走る速さは家から公園までの走る速さの0.8倍でした。右の図は、そのときの走った時間と道のりの関係を表したものです。Ａさんが家から公園まで走ったときの速さは、時速　⑳　kmです。

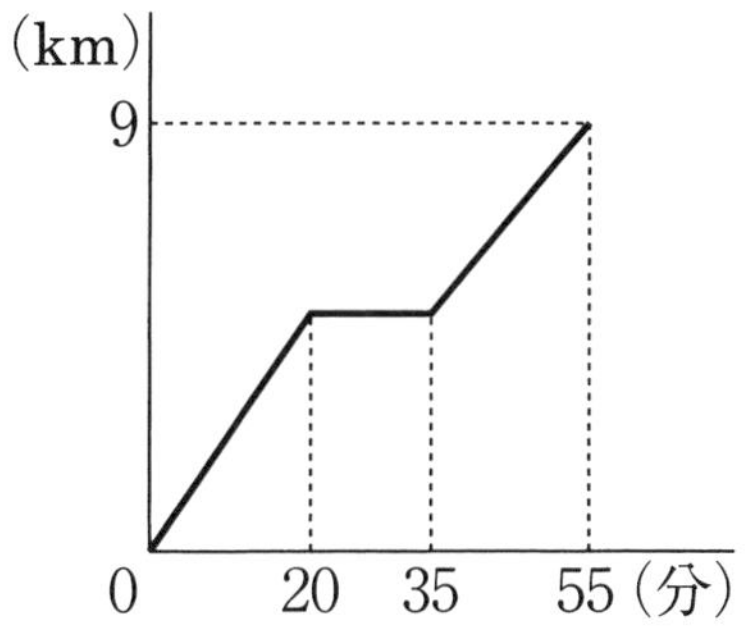

六　次の問いに答えなさい。

問一　次の文から文全体の主語と述語にあたる部分を一つずつ選び、番号で答えなさい。

1黒い　2雲が　3広がって　4ゆっくりと　5空を　6おおう。

問二　次の――線の語のうち、送りがなが**適切でない**ものを一つ選び、番号で答えなさい。

1　二つの商品をよく比べる。
2　何度も計算して確める。
3　母はスーパーに勤めている。
4　小さな家がのきを連ねる。

問三　「下手の横好き」と反対の意味のことわざとして最も適切なものを次の中から一つ選び、番号で答えなさい。

1　学問に王道なし
2　急がば回れ
3　負けるが勝ち
4　好きこそものの上手なれ

問二　——線②「大事な夢」とありますが、アスパラガスにとっての「大事な夢」とは、鑑賞文の筆者はどのようなことだと考えていますか。「〜こと」に続く形で、鑑賞文の中から十四字で書きぬきなさい。

問三　この短歌から感じられる作者の思いをまとめた次の文の［　　］に入る言葉を、鑑賞文の中から二字で書きぬきなさい。

同じ大地に生きるものとして、アスパラガスのように、［　　］としなやかさをもって前向きに生きていきたいという思い。

五

次の——線部の言葉をローマ字に直して、すべて小文字で書きなさい。

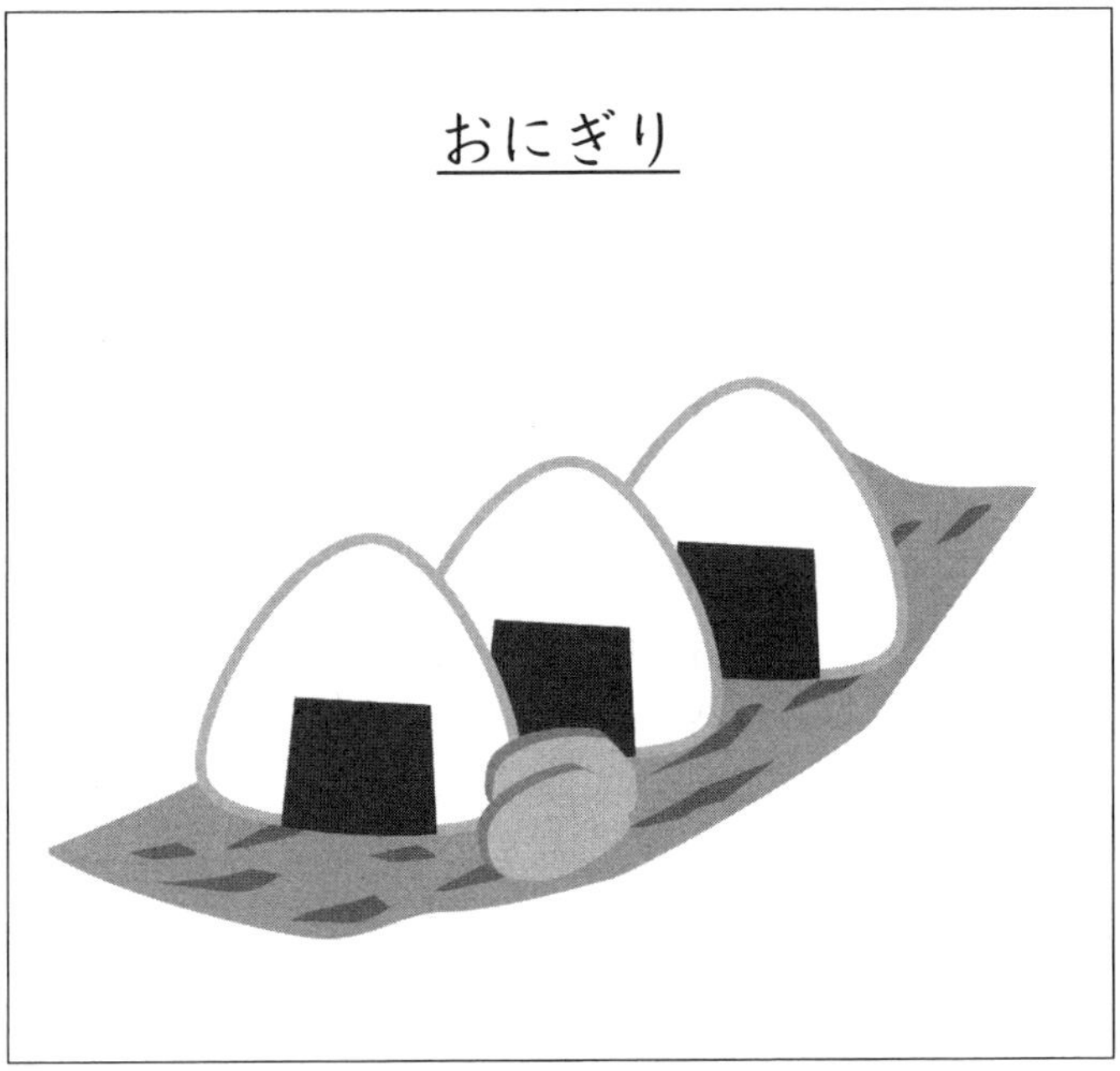

問四　[④]にはびっくりしたときの様子を表す慣用的な言葉が入ります。最も適切なものを次の中から一つ選び、番号で答えなさい。

1　目をつぶる　　2　目を細める　　3　目をうたがう　　4　目を丸くする

問五　――線⑤「あんなこと」とありますが、その内容を「優勝」、「実績」という言葉を用いて十五字以上二十五字以内で書きなさい。
（、や。なども一字に数えます。）

問六　「おれ」は海人のことをふだんはどのように感じていましたか。本文中から十一字で書きぬきなさい。

問七　この文章から読み取れる「おれ」の気持ちの変化を次のようにまとめました。[　　]に入る言葉を、本文中から十二字で書きぬきなさい。

水泳をやめるつもりだったが、泳ぐことの気持ちよさに気づき、もう一度[　　]という強い気持ちにつき動かされている。

四

次の短歌と鑑賞《かんしょう》文を読んで、後の問いに答えなさい。

①摘《つ》まれても摘まれてもなほ《お》地に太くアスパラぐんぐん伸《の》び上《あが》りたり　　杉山治子（静岡県歌人協会『年刊歌集』第25集より）

栄養ドリンクの成分にもなっているアスパラガス。どんなに摘まれても、摘まれても、負けずに大空をめざして伸び上っていく。一度や二度の失敗で、決して②大事な夢をあきらめない強さ。しなやかさ。アスパラガス同様、私たち人間も同じ大地に育まれ、生かされている。

問一　――線①「摘まれても摘まれても」とありますが、アスパラガスのこのような状態を、鑑賞文の筆者は人間にあてはめてどのように表していますか。鑑賞文の中から八字で書きぬきなさい。

やっぱり、おれが……。おれ自身が……。

胸を落ち着かせるようにトントンとたたき、コーチの前に立つと、体の奥から声をしぼり出した。

「あの……おれも……ここで水泳がしたいです」

（高田由紀子《たかだゆきこ》『スイマー』より）

問一 ——線①「海人は険しい顔をした。コーチも顔つきが変わった」とありますが、このときの海人やコーチの気持ちとして最も適切なものを次の中から一つ選び、番号で答えなさい。

1 この視察に施設の存続がかかっているかもしれないときんちょうする気持ち。
2 市長たちがわざわざ視察にきてくれたのなら施設は存続できると安心する気持ち。
3 存続が決まっていたのにこの視察で変わるかもしれないと不安になる気持ち。
4 この場で翔に市長たちをどうにかして説得してもらわねばならないと決意を固める気持ち。

問二 ——線②「おお、元気だねえ。明日、その大事な話し合いをするからね」とありますが、この部分を朗読するとしたら、どのように読むとよいですか。最も適切なものを次の中から一つ選び、番号で答えなさい。

1 深くなやんでいるように深刻な調子で読む。
2 口先だけでなだめるように軽い調子で読む。
3 勢いにおされてうろたえるように読む。
4 なまいきな言葉にむっとしたように読む。

問三 [③]・[⑥]に入る言葉として最も適切なものを次の中から一つずつ選び、それぞれ番号で答えなさい。

1 すっきりと　2 きっぱりと　3 へなへなと　4 さっぱりと　5 するすると

「そうか……じゃあ、今年は期待できるね」

市長はおれの肩にも手をおくと、コーチにおじぎをして、また更衣室《こういしつ》の方へ去っていった。

「なんだよ、ほとんど何も見ねーで帰ってったじゃん！」

龍之介がプールからやじを飛ばした。

「向井くん、よく言った！」

市長たちが見えなくなると、コーチがしわしわの顔をさらにくしゃっとさせた。

「ほーんと、向井くんが⑤あんなこと言うなんてびっくりした～！」

信司が［⑥］座《すわ》り込《こ》む。

「おっ、おたがいさまだろ」

今ごろ、ひざがガクガクし始めた。でも、まだ体が熱い。

思わず県大会優勝なんて言ってしまった。

なーんであんなこと言っちゃったんだ、おれ？

最近、頭より体が先に動くのはどうしてなんだ。

「向井くん……あれって……ドリームブルースイミングに入ってくれるってこと？」

海人が期待に満ちた目でおれに聞いてきた。

信司も「そういうことだよね？」と、おれを見上げた。

「あ、あれはだな」

せっかくもっと速くなれそうなのに、泳ぐ場所がなくなるんじゃ話にならないって思っただけだし。

っていうか、佐渡の中にここしか温水プールがないのがおかしいんだよ、そもそも。

それが使えなくなるかもしれないなんて……もっと、おかしい。どー考えても、おかしい。

だから、つい口がすべったっつーか。

心の中でいろんな言い訳が駆《か》けめぐった。

そんなおれを、海人と信司がまっすぐな目で見つめている。

いや……違《ちが》うな。

「②おお、元気だねえ。明日、その大事な話し合いをするからね」

市長はポン、と海人の肩に手をおいた。

すると信司もおれの横から一歩前に出て叫んだ。

「あ、あ、赤字だからって、こ、ここをつぶさないでくださいっ！」

ええっ、信司まで⁉

「わかったよ。きみたちも練習場所がなくなったら困るもんな。温泉を楽しみにしている人もいるし、きちんと話し合うからね」

市長が大きくうなずいた。

小さい子どもに言い聞かせるような口調に、カチンときた。

練習場所がなくなったら……困る？

困るどころじゃないだろ、終わりだよ。

せっかく、さっき、いい感触《かんしょく》をつかみかけたのに。

また泳ぎたいって、ここならできるかもって、思ったばかりなのに……！

熱くなった体が、勝手に信司より前に出た。

そしておれは市長のすぐそばに立つと、［　③　］言った。

「おれは……県大会に出て優勝めざします。絶対にみんなで実績を残します！」

「ええっ？」

信司が叫ぶ。

海人が［　④　］。

でも、一番驚《おどろ》いたのはおれだった。

……やっべー、おれ、今、なんつった？

「県大会で優勝？　そんなに速い生徒がいたのかね？」

市長は横に立っている教育長に顔を向けた。

おれは市長を強い目で見つめた。

「……おれは東京から転校してきたんです」

――もっと速くなりたい。

この先のことなんてわかんねーけど、もう一度、真っ白な気もちで泳ぎたい。

ねたんだり、うらんだり、ドロドロしたもののない世界で泳ぎたい。

自分の体がどこまで水をのり越《こ》えていけるのか、純粋《じゅんすい》にそれだけを試《ため》したい。

もしかしたら……ここなら、それができるのかも……？

あっという間に壁にタッチして顔を上げると、受付にいたおばさんと、ワイシャツを着たおじさん二人が入ってくるのが見えた。

ん？　なんでおじさんは服を着たままなんだ？

プールサイドに上がり、こそっと海人に聞く。

「……だれ？」

「背が高い方が佐渡市の市長で、メガネが教育長」

「し、しちょう？　なんで？」

「明日、この施設《しせつ》の存続について市議会で話し合うらしいから、視察に来たんじゃないかな」

①海人は険しい顔をした。

コーチも顔つきが変わった。

（中略）

「それにしても、利用客がいないな」

市長はファイルで顔をあおぎ、ネクタイをゆるめた。

確かに、おれたちが練習を始める前にいたおばちゃん二人が帰ってしまい、今は貸し切り状態だった。

海人がいきなり市長に向かって頭を下げた。

「お願いです!!　ぼくたち、競泳を続けたいんです。もし、この施設がなくなったら、今年、小学校のプールは使えないし、中学校はもともとプールがないから泳げなくなるんです！」

うわっ。すごっ。

顔を上げた海人の目はするどく、くちびるをかみしめている。

おいおい。いつも優等生っぽい感じなのに、水泳のことになると別人じゃん。

問五　⑤に入る言葉として最も適切なものを次の中から一つ選び、番号で答えなさい。

1　一体感　　2　充実《じゅうじつ》感　　3　開放感　　4　孤独《こどく》感

問六　この文章に書かれている内容と合っているものを次の中から一つ選び、番号で答えなさい。

1　同じ経験を通して、目標や目的のために協力しあうのが本当の友だちというものだ。
2　幅広い年齢層のいろいろな人がいる場はおもしろいが、気をつかうので大変でもある。
3　武道の稽古や、地元のお祭りやサマーキャンプへの参加は、友だちをつくりやすい。
4　固定した友だちだけで満足せず、仲間を増やして視野を広げるようになってほしい。

問七　「仲間」をつくる方法としてこの文章に述べられている例以外のことを考えて書きなさい。また、それに自分が参加するとしたら、どのように行動したらよいか考えて書きなさい。

三

次の文章は、東京で有名なスイミングスクールに通っていた小学六年生の向井《むかい》翔《しょう》が、家族で佐渡《さど》へ引っこしてきて、同級生の海《かい》人《と》、龍之介《りゅうのすけ》、信司《しんじ》に市営プール存続のため水泳にさそわれ、しぶしぶ出かけた場面を描《えが》いたものです。東京のスクールでいやなことがあり、水泳をやめるつもりだった翔は、海人たちのスイミングスクールのコーチの言葉で、水泳の楽しさを思い出しました。これを読んで、後の問いに答えなさい。

おれはまた壁《かべ》をけって、クロールを始めた。
肩《かた》を意識して、すべるように水の中を進む。
やっぱ……気もちいい！
体の奥《おく》が叫《さけ》んでいるのがわかる。

なぜキャンプがいいかというと、一緒に食事をつくって一緒に食べ、一緒に寝《ね》る。寝食《しんしょく》を共にすると、[⑤]を味わいやすいからです。

友だちを誘《さそ》うとその友だちと話してしまう。ひとりで参加するんです。

「単独者」として行動すると、むしろ多くの出会いがあります。

学校以外の場で、何かを一緒にやるという企画《きかく》があったら、どんどん参加してみましょう。

いろいろなコミュニティ※を体験し、いろいろな仲間を知ることで、視野が確実に広がります。

「学校の、クラスのなかの、固定した数人だけの友だちだけに固まっているなんて、世界が小さい、小さい！」

そんなふうに思えるようになってほしいのです。

（齋藤孝《さいとうたかし》『友だちってなんだろう？』より）

※　閉塞感……閉じてふさがっている感じ。　※　鮮烈な……非常にあざやかな。　※　コミュニティ……共同体。

問一　――線①「その閉じた環境」とありますが、具体的にはどこを指していますか。本文中から五字で書きぬきなさい。

問二　――線②「そうすると」とありますが、その指している内容をまとめた次の文の[　　]に入る言葉を、二十字以上三十字以内で書きなさい。（、や。なども一字に数えます。）

[　　]と気づくことができると。

問三　――線③「年の離れた人や、同世代でも学校以外のよその人とかかわることのできる場をもってみる」とありますが、そのような場に参加するときにはどのようにするとよいと筆者は述べていますか。本文中から八字で書きぬきなさい。

問四　[④]に入る言葉として最も適切なものを次の中から一つ選び、番号で答えなさい。

1　つまり　　2　あるいは　　3　でも　　4　だから

（中略）

10代ぐらいの年ごろは、住んでいる世界が学校と家庭だけになりがちです。

ふだんかかわる人といえば、友だち、先生、家族ぐらいでしょ。

友だちも、クラスのなかのごく一部の関係だけ。親しくつきあっているのは、同性ばかりという人も多いと思います。

①その閉じた環境《かんきょう》が、人間関係にも※閉塞感《へいそくかん》を生みやすいのです。

ふだん自分のまわりにいる人たちとは異質なタイプの人たちとかかわってみると、「人って本当にさまざまだなあ」と気づくことができる。

②そうすると、人との接し方にも変化が出てきます。

キーワードは「経験の共有」です。

一緒《いっしょ》に何かをやってみて、仲間になってみる。

③年の離《はな》れた人や、同世代でも学校以外のよその人とかかわることのできる場をもってみる。

たとえば、剣道《けんどう》とか柔道《じゅうどう》、合気道といった武道の稽古《けいこ》。

ぼくも空手や太極拳《たいきょくけん》など武道を習っていたことがありますが、年齢《ねんれい》の幅《はば》が広く、いろいろな人と接する機会があります。

そこで、ワザのことについていろいろ教えてもらうことができる。

同じ道場に所属する門下生同士は、年齢がどれだけ離れていようと、仲間です。

幅広い年齢層の、いろいろな人がいる場ほどおもしろいです。

地元のお祭りで、御神輿《おみこし》をかつぐとか、太鼓《たいこ》を叩《たた》くとか、何か参加させてもらえる機会なんかもお勧《すす》めです。

いろいろなタイプの大人と交流したり、同級生以外の同世代の人たちと触《ふ》れ合う機会になります。

ぼくの教えている学生は、地方出身で知り合いがあまり東京にいなかったのですが、御神輿をかついで仲間が増えたと言っていました。

御神輿をかついだときの肩《かた》の痛さとか、足を踏《ふ》まれてもみくちゃにされるとか、太鼓の練習で肩から腕《うで》がぱんぱんになるとか、自分のからだを通して※鮮烈《せんれつ》な体験をしたことって、すごく心に残るんです。

そのときは、「しんどい」と弱音を吐《は》きそうになるかもしれないけれど、仲間と一緒に何かをやった感はハンパじゃないですよ。

④、サマーキャンプに参加してみる。

二〇二二年度 国士舘中学校

【国語】〈第二回試験〉（四五分）〈満点：一〇〇点〉

一

次の――線の漢字の読みをひらがなに、カタカナは漢字に直しなさい。ていねいに、はっきりと書くこと。

1 レンジで飲み物を加熱する。
2 今後の方針を議論する。
3 最も大切なのは健康だ。
4 夜間の外出を認める。
5 外に出て日光を浴びる。
6 大人数での会食をキンシする。
7 キョウダイでオリンピックに出場する。
8 プレゼントをきれいにホウソウする。
9 ペットを親せきにアズける。
10 サムいときは服をもう一枚着なさい。

二

次の文章を読んで、後の問いに答えなさい。

友だちとつながりつづけるために、みんないろいろ苦労していますよね。

ぼくは、友だちよりも仲間をつくったほうがいいんじゃないかと思うんです。

きみたちが大人になって、社会で生き抜《ぬ》いていくために必要なのは、友だちをたくさんつくる力ではありません。

仲間をもち、協力しあう力、それによって現実をよくしていく力です。

だから、「仲間ってどういうものなのか」「どうしたら仲間ができるのか」といったことを、しっかり体験しておいたほうがいい。

同じ経験を通して、目標、目的のために協力しあっている――この条件を充《み》たしたら、それはもう仲間です。

友だちがあまりいなくても、仲間がいたらさびしくありません。

2022年度 国士舘中学校 ▶解説と解答

算　数　＜第１回試験＞（45分）＜満点：100点＞

解　答

$\boxed{1}$ ① $\frac{3}{20}$　② 16　③ 0.18　④ 6　⑤ 9.7　$\boxed{2}$ ⑥ 61　⑦ 2　⑧ 60倍　⑨ 51km　⑩ 350円　⑪ 8.95秒　⑫ 130円　⑬ 12枚　⑭ 360m　⑮ 232　⑯ 16人　⑰ 26度　⑱ 25.12cm　⑲ $\frac{3}{4}$倍　⑳ 時速15km

解　説

$\boxed{1}$ 四則計算，計算のくふう

① $\frac{9}{8}\times\left(\frac{5}{6}-\frac{7}{10}\right)=\frac{9}{8}\times\left(\frac{25}{30}-\frac{21}{30}\right)=\frac{9}{8}\times\frac{2}{15}=\frac{3}{20}$

② $23-3\times14\div6=23-7=16$

③ 右の筆算より，$0.81\div4.5=0.18$

```
         0.1 8
4.5 ) 0.8.1
         4 5
       ─────
         3 6 0
         3 6 0
       ─────
             0
```

④ $2.5\div\left(\frac{2}{3}-0.25\right)=2.5\div\left(\frac{2}{3}-\frac{1}{4}\right)=2.5\div\left(\frac{8}{12}-\frac{3}{12}\right)=2.5\div\frac{5}{12}=\frac{5}{2}\div\frac{5}{12}=\frac{5}{2}\times\frac{12}{5}=6$

⑤ $0.97\times5.4+4.6\times0.97=0.97\times(5.4+4.6)=0.97\times10=9.7$

$\boxed{2}$ 約数と倍数，分数の性質，単位の計算，速さ，倍数算，平均，消去算，つるかめ算，旅人算，場合の数，過不足算，角度，図形の移動，相似，速さと比

⑥　７でわっても８でわってもわり切れる整数は，７と８の公倍数，つまり，７と８の最小公倍数である56の倍数だから，７でわっても８でわっても５あまる整数は，56の倍数より５大きい数となる。56の倍数は小さい順に，56，112，…で，これに５を加えると，61，117，…となるから，これらの中で２けたの整数であるものは61である。

⑦　分母が10の真分数の中で，約分できない分数は，$\frac{1}{10}$，$\frac{3}{10}$，$\frac{7}{10}$，$\frac{9}{10}$の４個で，これらの和は，$\frac{1}{10}+\frac{3}{10}+\frac{7}{10}+\frac{9}{10}=\frac{20}{10}=2$となる。

⑧　１L＝1000mLより，0.9L＝(0.9×1000)mL＝900mLなので，0.9Lは15mLの，900÷15＝60(倍)である。

⑨　１時間＝60分より，45分＝(45÷60)時間＝$\frac{3}{4}$時間だから，時速68kmのバスが45分間走ると，$68\times\frac{3}{4}=51$(km)進む。

⑩　兄と弟の残りの金額をそれぞれ$\boxed{3}$円，$\boxed{1}$円とする。２人とも同じ金額を使ったから，持っている金額の差は変わらず，770－490＝280(円)で，この金額と，$\boxed{3}-\boxed{1}=\boxed{2}$が等しいとわかる。すると，$\boxed{1}$＝280÷２＝140(円)なので，使った金額は，490－140＝350(円)と求められる。

⑪　A，B，C，D，E５人の記録の平均が8.8秒だから，５人の記録の合計は，8.8×５＝44(秒)である。ここからEの記録を除いたA，B，C，D４人の記録の合計は，44－8.2＝35.8(秒)だから，４人の記録の平均は，35.8÷４＝8.95(秒)となる。

⑫　プリン１個の定価を$\boxed{1}$円，ケーキ１個の定価を①円とする。プリンとケーキを３個ずつ買ったら代金が960円になったことから，右の図１のアのようになる。また，プリン２個と２割引きのケーキ５個を買ったら代金が1020円だったことから，$\boxed{1}$×２＋①×(１－0.2)×５＝1020，つまり，$\boxed{2}$＋④＝1020となる(イ)。アの式を４倍してウの式を，イの式を３倍してエの式をつくり，ウとエの差から，オのようになる。よって，$\boxed{1}$＝780÷６＝130となり，プリン１個の定価は130円とわかる。

図１

$\boxed{3}$＋③＝ 960…ア
$\boxed{2}$＋④＝1020…イ
$\boxed{12}$＋⑫＝3840…ウ
$\boxed{6}$＋⑫＝3060…エ
$\boxed{6}$　　＝ 780…オ

⑬　28枚すべてが100円玉だとすると，合計金額は，100×28＝2800(円)のはずだが，実際には2200円なので，2800－2200＝600(円)の差がある。100円玉１枚を，50円玉１枚と置きかえるごとに，合計金額が，100－50＝50(円)ずつ少なくなるから，50円玉は，600÷50＝12(枚)ある。

⑭　はじめ，ＢさんとＡさんの距離《きょり》の差は60mだった。Ｂさんが24m走ったとき，ＢさんとＡさんの距離の差は56mになったので，60－56＝４(m)だけ差が縮まったことになる。つまり，Ｂさんが24m走るごとに，２人の距離の差は４mずつ縮まるから，はじめの60mの距離の差がなくなって，ＢさんがＡさんに追いついたとき，Ｂさんは，$24\times\frac{60}{4}=360$(m)だけ走ったことになる。

⑮　問題文中の６枚のカードを並べてできる３けたの整数を，大きい方から順に並べると，右の図２のように，24個の整数ができる。図２より，大きい方から数えて10番目の整数は232である。

図２

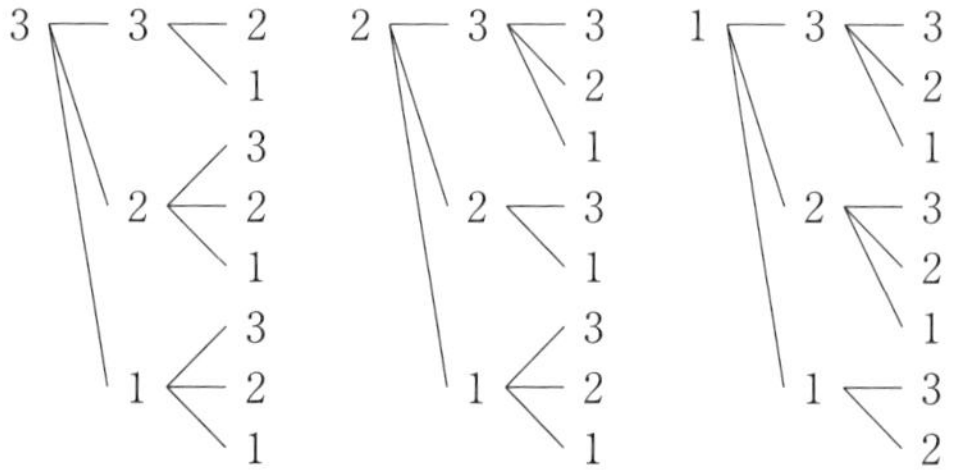

⑯　画用紙に関する枚数をすべて３倍して考えると，画用紙の枚数は色紙と同じになり，画用紙を子ども１人に，３×３＝９(枚)ずつ配るには，８×３＝24(枚)だけたりないことになる。このとき，子ども１人に９枚ずつ配るのと，７枚ずつ配るので，必要な枚数に，１人当たり，９－７＝２(枚)，全体では，24＋８＝32(枚)の差ができることになる。よって，子どもは，32÷２＝16(人)いる。

⑰　下の図３で，三角形ABDは，AD＝BDの二等辺三角形だから，ⓐの角とⓘの角の大きさは等しい。また，三角形ADCも，AD＝ACの二等辺三角形だから，ⓤの角とⓔの角の大きさは等しく，ⓤ＝ⓔ＝(180－76)÷２＝52(度)である。さらに，ⓤの角は，三角形ABDの外角の１つで，その大きさは，ⓐの角とⓘの角の大きさの和に等しいので，ⓐの角の大きさは，52÷２＝26(度)となる。

図３

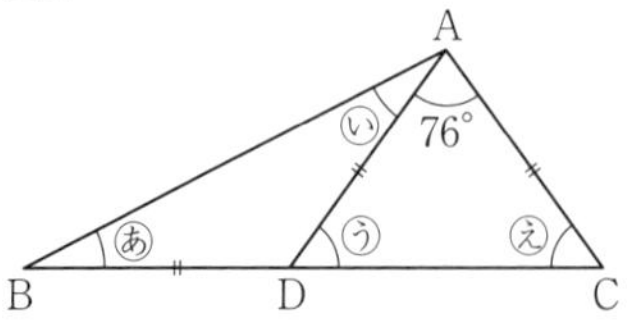

図４

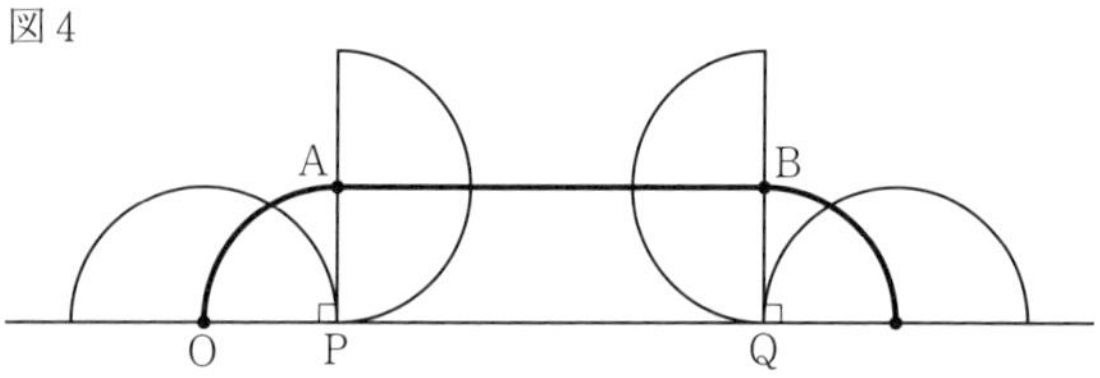

⑱　問題文中の半円が転がって，中心Ｏがえがく線は，上の図４の太線のようになる。この太線は，半径，８÷２＝４(cm)で中心角90度のおうぎ形の弧《こ》２つと，直線ABからなる。また，AB(＝PQ)は半円の弧の長さと等しい。よって，中心Ｏのえがく線の長さは，$4\times2\times3.14\times\frac{1}{4}\times2+8\times3.14\times\frac{1}{2}=(4+4)\times3.14=8\times3.14=25.12$(cm)とわかる。

⑲　三角形BFEと三角形DFAは相似で，BF：DF＝BE：DA＝２：(２＋３)＝２：５である。また，BDとACは平行四辺形の対角線だから，それぞれ真ん中の点で交わるので，BG：GD＝１：１である。よって，BDの長さを14とすると，BG＝GD＝14÷２＝７，BF＝14×$\frac{2}{2+5}$＝４より，FG＝BG−BF＝７−４＝３となる。したがって，FGの長さは，BFの長さの，３÷４＝$\frac{3}{4}$(倍)である。

⑳　Ａさんが家からとちゅうにある公園まで走った速さを分速［1］mとすると，公園から図書館まで走った速さは分速［0.8］mである。問題文中のグラフより，Ａさんが家から公園まで行くのに20分，公園から図書館まで行くのに，55−35＝20(分)かかったことがわかる。このとき，進んだ距離の合計を，［1］×20＋［0.8］×20＝［20］＋［16］＝［36］と表すことができる。これが，９km＝9000mにあたるから，［1］＝9000÷36＝250より，家から公園までの距離は，250×20÷1000＝５(km)となる。よって，Ａさんが家から公園まで走ったときの速さは，時速，５÷$\frac{20}{60}$＝15(km)と求められる。

国語　＜第２回試験＞（45分）＜満点：100点＞

解答

［一］　**1**　かねつ　**2**　ぎろん　**3**　けんこう　**4**　みと(める)　**5**　あ(びる)　**6〜10**　下記を参照のこと。　［二］　**問1**　学校と家庭　**問2**　（例）　ふだんとは異質のタイプの人たちとかかわり，さまざまな人がいる　**問3**　ひとりで参加する　**問4**　2　**問5**　1　**問6**　4　**問7**　（例）　ぼくは，仲間をつくる方法としてボランティア活動に参加したいです。ボランティアは一つの目標に向かって行動するものであり，いろいろな年代の人やほかの地域に住む人と知り合えると思ったからです。そして，一人で参加し，少しでも多くの人と言葉をかわし，視野を広げたいと思います。　［三］　**問1**　1　**問2**　2　**問3**　③　2　⑥　3　**問4**　4　**問5**　（例）　県大会に出て優勝をめざし実績を残すこと。　**問6**　いつも優等生っぽい感じ　**問7**　真っ白な気もちで泳ぎたい　［四］　**問1**　一度や二度の失敗　**問2**　大空をめざして伸び上っていく(こと)　**問3**　強さ　［五］　onigiri　［六］　**問1**　主語…2　述語…6　**問2**　2　**問3**　4

●漢字の書き取り

［一］　**6**　禁止　**7**　兄弟　**8**　包装　**9**　預(ける)　**10**　寒(い)

解説

［一］　漢字の読みと書き取り

1　物に熱を加えること。　**2**　意見を論じ合うこと。　**3**　体に悪いところがなく，元気な状態であること。　**4**　音読みは「ニン」で，「承認」などの熟語がある。　**5**　音読みは「ヨク」で，「浴場」などの熟語がある。　**6**　ある行為《こうい》をしないように命じて止めること。　**7**　兄と弟。　**8**　物を包むこと。　**9**　音読みは「ヨ」で，「預金」などの熟語がある。　**10**　音読みは「カン」で，「寒冷」などの熟語がある。

［二］　**出典は齋藤《さいとう》 孝《たかし》 の『友だちってなんだろう？』による。**「仲間ってどういうものなのか」「どうしたら仲間ができるのか」ということなどについて，具体的な例をあげながら説明している。

問１　「10代ぐらいの年ごろ」は，住んでいる世界が「学校と家庭だけになりがち」なので，かかわる人も「友だち，先生，家族ぐらい」であり，さらにその中でも親しくつきあっているのは限られた人だけとなってしまうので，人間関係に「閉塞《へいそく》感」が生まれやすくなる。

問２　「ふだん自分のまわりにいる人たちとは異質なタイプの人たち」に接して，「人って本当にさまざまだなあ」と気づくようになると，「人との接し方にも変化」が出てくるようになる。

問３　「武道の稽古《けいこ》」「地元のお祭り」「サマーキャンプ」などに参加して，年の離《はな》れた人や学校以外の人とかかわる場を持つときに，「友だちを誘《さそ》うとその友だちと話してしまう」ので，「ひとりで参加する」のがよい。

問４　「ふだん自分のまわりにいる人たちとは異質なタイプの人たち」とかかわる機会としては「武道の稽古」や「地元のお祭り」もよいし，もしくは「サマーキャンプ」に参加するのもよい，という文脈になる。よって，同類のことがらを並べ立て，いろいろな場合があることを表す「あるいは」が入る。

問５　サマーキャンプで，参加した仲間たちと「一緒《いっしょ》に食事をつくって一緒に食べ，一緒に寝《ね》る」といった経験をすると，集団が一つにまとまった感じ，つまり「一体感」を味わうことができると考えられる。

問６　筆者は，「固定した数人だけの友だちだけに固まっているなんて，世界が小さい，小さい！」と思えるようになってほしいと述べている。「いろいろな仲間」を知り，「経験の共有」を体験することで，視野を広げることが大切だと主張しているので，４の内容が合う。

問７　「武道の稽古」や「地元のお祭り」や「サマーキャンプ」以外に，年代の異なる人たちや自分の通っている学校以外の人たちとかかわりを持つことができ，さらに「経験の共有」ができることにどういうものがあるかを考える。そして，筆者が主張しているように，仲間を増やし，視野を広げるためにはどのような行動が必要なのかを考えて述べる。

三　**出典は高田由紀子《たかだゆきこ》の『スイマー』による。**東京の有名なスイミングスクールでいやなことがあり，水泳をやめるつもりだった翔《しょう》は，引っ越《こ》してきた佐渡《さど》の市営プールで泳ぐことの楽しさを思い出し，再び水泳への情熱を取りもどしていく。

問１　海人《かいと》とコーチは，市長と教育長が「施設《しせつ》の存続について話し合う」ための「視察」に来たと察した。存続するかどうかはこの二人によって決められるかもしれないと思って緊張《きんちょう》したので，海人とコーチの顔つきは変わったのである。

問２　少し後に，市長の話し方について「小さい子どもに言い聞かせるような口調」とあることに着目する。市長は，口では「大事な話し合いをするからね」とか「きちんと話し合うからね」などと言ってはいるが，子どもの言うことだからと軽く考え，あしらうような口調で話していると想像できる。

問３　③　「絶対にみんなで実績を残します！」という発言から翔のかたい決意が感じられるので，はっきりと言い切っているようすを表す「きっぱりと」が入る。　⑥　信司《しんじ》は，翔が「優勝めざします」などという高い目標を市長に言ってしまい，びっくりして，ずっと緊張していたと考えられる。市長が帰って気持ちが一気にゆるんだのだから，力がぬけて弱々しく見えるようすを表す「へなへなと」が合う。

問４　翔が「優勝」や「実績」という具体的な高い目標を口に出したために，信司とともに海人も驚《おどろ》いたと考えられるので，びっくりして目を見張るようすを表す「目を丸くする」が入る。

問５　市長に言った翔の発言の内容をまとめる。翔は，「県大会に出て優勝めざし」，「絶対にみんなで実績を残」すと市長に言い切ったので，信司はびっくりして思わず，「ええっ？」とさけんでしまったのである。

問６　市長に対して頭を下げ，「くちびるをかみしめ」ながら，するどい目でプールの存続を訴《うった》える海人のようすを見た翔は，「別人じゃん」と思っている。いつもは「優等生っぽい感じ」で，大人しく見える海人が，市長に向かって必死なようすで訴えているので，翔は意外に思ったのである。

問７　東京のスイミングスクールでいやなことを経験した翔は，水泳をやめるつもりだったので，誘われるままにしぶしぶプールに出かけていったが，泳いでいるうちに，「ねたんだり，うらんだり，ドロドロしたもののない世界」で，「もう一度，真っ白な気もちで泳ぎたい」と思うようになった。

四　**出典は静岡県歌人協会編の『年刊歌集』第25集所収の杉山治子の短歌による。**アスパラガスの「強さ」について書かれている。

問１　最後の文に「私たち人間も」とあることに着目する。「一度や二度の失敗」でも「大事な夢をあきらめない」人間の姿が，「どんなに摘《つ》まれても，摘まれても」大空をめざして成長していくアスパラガスの姿にたとえられている。

問２　人間は，一度や二度の失敗で「大事な夢」をあきらめない。アスパラガスにとっては，何度摘まれても，「大空をめざして伸《の》び上って」いくことが「大事な夢」にあたる。

問３　アスパラガスは，摘まれても摘まれても，「負けずに大空をめざして伸び上って」いく「強さ」と「しなやかさ」を持っている。

五　**ローマ字の表記**

ローマ字では，あ行と各段の母音を表すａ，ｉ，ｕ，ｅ，ｏと，各行の子音とを組み合わせて表記する。母音はそれぞれ，あ段がａ，い段がｉ，う段がｕ，え段がｅ，お段がｏとなり，各行の子音は，か行がｋ，さ行がｓ，た行がｔ，な行がｎ，は行がｈ，ま行がm，や行がｙ，ら行がr，わ行がｗとなる。また，濁音のある行は，が行が「ｇ」，ざ行が「ｚ」，だ行が「ｄ」，ば行が「ｂ」となる。よって「お」は「ｏ」，「に」は「ni」，「ぎ」は「gi」，「り」は「ri」となる。

六　**主語と述語，漢字の知識，ことわざの知識**

問１　主語は「だれが」や「何が」を表す文節で，述語は主語に対して「どうする」「どんなだ」「何だ」にあたる文節である。よって「雲が」が主語で，「おおう」が述語となる。

問２　「比べる」は「くら(べる)」，「勤めて」は「つと(めて)」，「連ねる」は「つら(ねる)」とする。「確」の訓読みは，「たし(かめる)」となる。

問３　「下手の横好き」は，“下手なくせに熱心である”という意味。「好きこそものの上手なれ」は，“どんなことであっても好きなことは熱心になれるので上達するものだ”という意味。「学問に王道なし」は，“学問を修めるのに簡単な方法はない”という意味。「急がば回れ」は，“早く着くためには危険な近道よりも安全な回り道をした方がよい”という意味。「負けるが勝ち」は，“つまらない争いは避《さ》けて相手に勝ちを一時的にゆずった方が最終的な勝利につながる”という意味。

Dr.福井の
入試に勝つ！ 脳とからだのウルトラ科学

睡眠時間や休み時間も勉強!?

みんなは寝不足になっていないかな？　もしそうなら大変だ。睡眠時間が少ないと，体にも悪いし，脳にも悪い。なぜなら，眠っている間に，脳は海馬《かいば》という部分に記憶をくっつけているんだから。つまり，自分が眠っている間も頭は勉強しているわけだ。それに，成長ホルモン（体内に出される背をのばす薬みたいなもの）も眠っている間に出されている。昔から言われている「寝る子は育つ」は，医学的にも正しいことなんだ。

寝不足だと，勉強の成果も上がらないし，体も大きくなりにくく，いいことがない。だから，睡眠時間はちゃんと確保するように心がけよう。ただし，だからといって寝すぎるのもダメ。アメリカの学者タウブによると，10時間以上も眠ると，逆に能力や集中力がダウンしたという研究報告があるんだ。

睡眠時間と同じくらい大切なのが，休み時間だ。適度に休憩するのが勉強をはかどらせるコツといえる。何時間もぶっ続けで勉強するよりも，50分勉強して10分休むことをくり返すようにしたほうがよい。休み時間は，散歩や体操などをして体を動かそう。かたまった体をほぐして，つかれた脳を休ませるためだ。マンガを読んだりテレビを見たりするのは，頭を休めたことにならないから要注意！

頭の疲れに関連して，勉強の順序にもふれておこう。算数の応用問題や理科の計算問題，国語の読解問題などを勉強するときには，脳のおもに前頭葉という部分を使う。それに対して，国語の知識問題（漢字や語句など）や社会などの勉強では，おもに海馬《かいば》という部分を使う。したがって，それらを交互に勉強すると，１日中勉強しても疲れにくい。

Dr.福井（福《ふく》井《い》一成《かずしげ》）…医学博士。開成中・高から東大・文Ⅱに入学後，再受験して翌年東大・理Ⅲに合格。同大医学部卒。さまざまな勉強法や脳科学に関する著書多数。

2022年度　国士舘中学校

〔電　話〕　03(5481)3135
〔所在地〕　〒154－8553　東京都世田谷区若林4－32－1
〔交　通〕　東急世田谷線―松陰神社前駅より徒歩６分
小田急線―梅ヶ丘駅より徒歩13分

【算　数】〈第３回試験〉（45分）〈満点：100点〉

1　□にあてはまる数を入れなさい。

・　$72 \div (120 - 37 \times 3) =$ ［　①　］

・　$3 - 0.9 - 0.98 - 0.997 =$ ［　②　］

・　$0.48 \times \frac{9}{16} \div 0.3 =$ ［　③　］

・　$\frac{5}{6} - \frac{3}{10} - \frac{7}{15} =$ ［　④　］

・　$15000 \div 600000 \times 800 =$ ［　⑤　］

2　□にあてはまる数を入れなさい。

・　3つの数0.55、$\frac{4}{7}$、$\frac{7}{13}$のうち、いちばん大きい数は、［　⑥　］です。

・　12と26の最小公倍数は［　⑦　］です。

・　時速80kmの自動車が9分間走ると、［　⑧　］km進みます。

・　［ ⑨ ］mLのジュースにこの３割のジュースを加え、さらに280mL飲んだところ、はじめにあったジュースの９割だけ残りました。

・　$\frac{1}{7}$を小数で表したときの小数第45位の数は［ ⑩ ］です。

・　ふくろの中に白石と黒石が合わせて300個入っています。そのうちの80％が白石です。白石の個数を全体の60％にするには、袋の中から白石を［ ⑪ ］個取り出せばよいです。

・　和が88になる２つの整数があります。大きい方の数を小さい方の数でわると、商が４であまりは３です。このとき、大きい方の数は［ ⑫ ］です。

・　おかしＡとＢがあり、ＡとＢの個数の比は３：２でした。どちらのおかしも［ ⑬ ］個食べたら、ＡとＢの残りの個数の比が３：１になり、残りのおかしの合計は16個になりました。

・　36人のクラスで国語のテストをしたら、全体の平均点は77点で、男子の平均点は72点、女子の平均点は81点でした。このとき、男子の人数は［ ⑭ ］人です。

・　Ａ駅とＢ駅の間を２台の電車が走っています。電車は時速60kmで走り、Ａ駅、Ｂ駅とも10分ごとに電車が発車し、電車はＡ駅、Ｂ駅に着くとそこで５分止まります。このとき、Ａ駅とＢ駅の間の道のりは［ ⑮ ］kmです。

・ 100円玉が1枚、50円玉が2枚、10円玉が2枚あります。これらを使って、おつりがないようにはらうことができる金額は、0円をのぞくと全部で ⑯ 通りあります。

・ 時計の針が10時14分であることを示しています。このとき、長針と短針のつくる角のうち、小さい方の角の大きさは ⑰ 度です。

・ 右の図のように、まわりの長さが等しい正三角形と正六角形があります。この正六角形の面積は正三角形の面積の ⑱ 倍です。

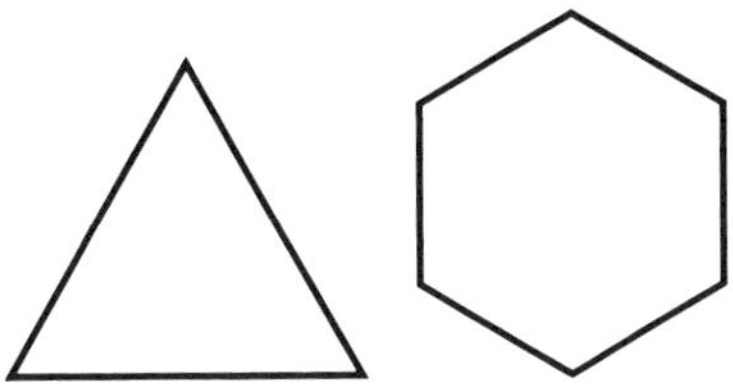

・ 右の図の長方形ＡＢＣＤで、点Ｅは辺ＡＢの真ん中の点、点Ｆは辺ＢＣの真ん中の点です。四角形ＣＤＧＦの面積は ⑲ cm^2です。

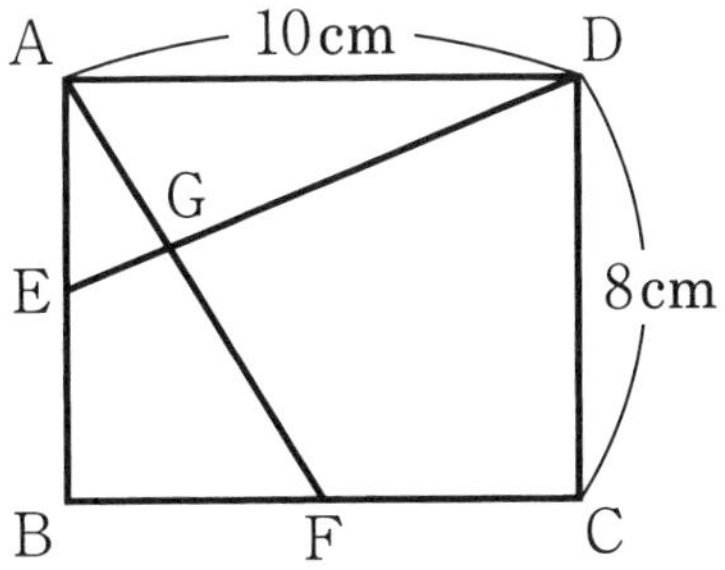

・ 水が入っている直方体の水そうがあります。この中に右の図のような直方体をしずめました。はじめに、(あ)の面が水そうの底につくようにしずめたら、水の深さは8cmになり、直方体の一部が水面の上に出ました。次に、(い)の面が水そうの底につくようにしずめたら、水の深さは10cmになり、直方体全部が水の中に入りました。この水そうの底の面積は ⑳ cm^2です。

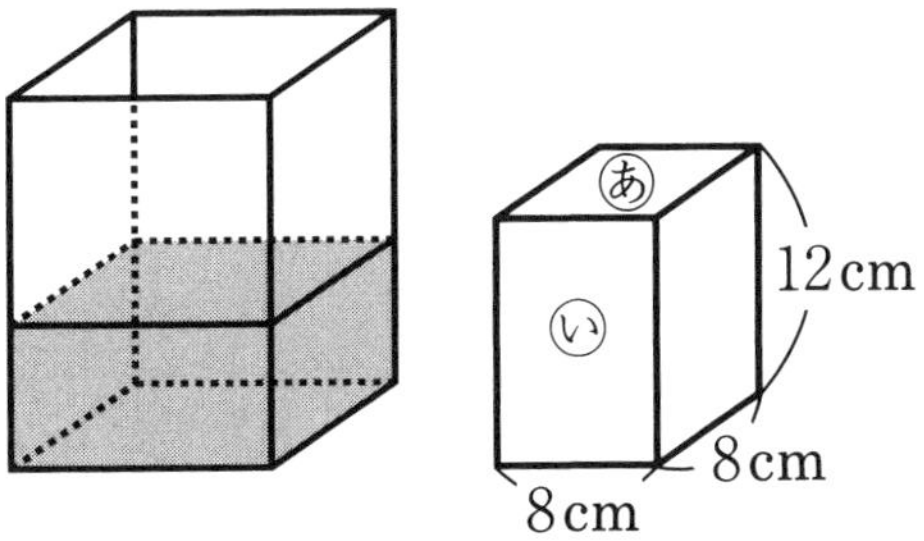

六　次の問いに答えなさい。

問一　次の文から、主語と述語を書きぬきなさい。

1私の　2兄なら　3どんなに　4速い　5球も　6受けられる。

問二　次の熟語の読みは後のどの組み合わせになっていますか。最も適切なものを一つ選び、番号で答えなさい。

消印

1　音と音　　2　音と訓　　3　訓と訓　　4　訓と音

問三　次が対義語の組み合わせになるように、□に入る漢字一字を書きなさい。

寒冷―□暖

五

次の――線部の言葉をローマ字に直して、すべて小文字で書きなさい。

たこやき

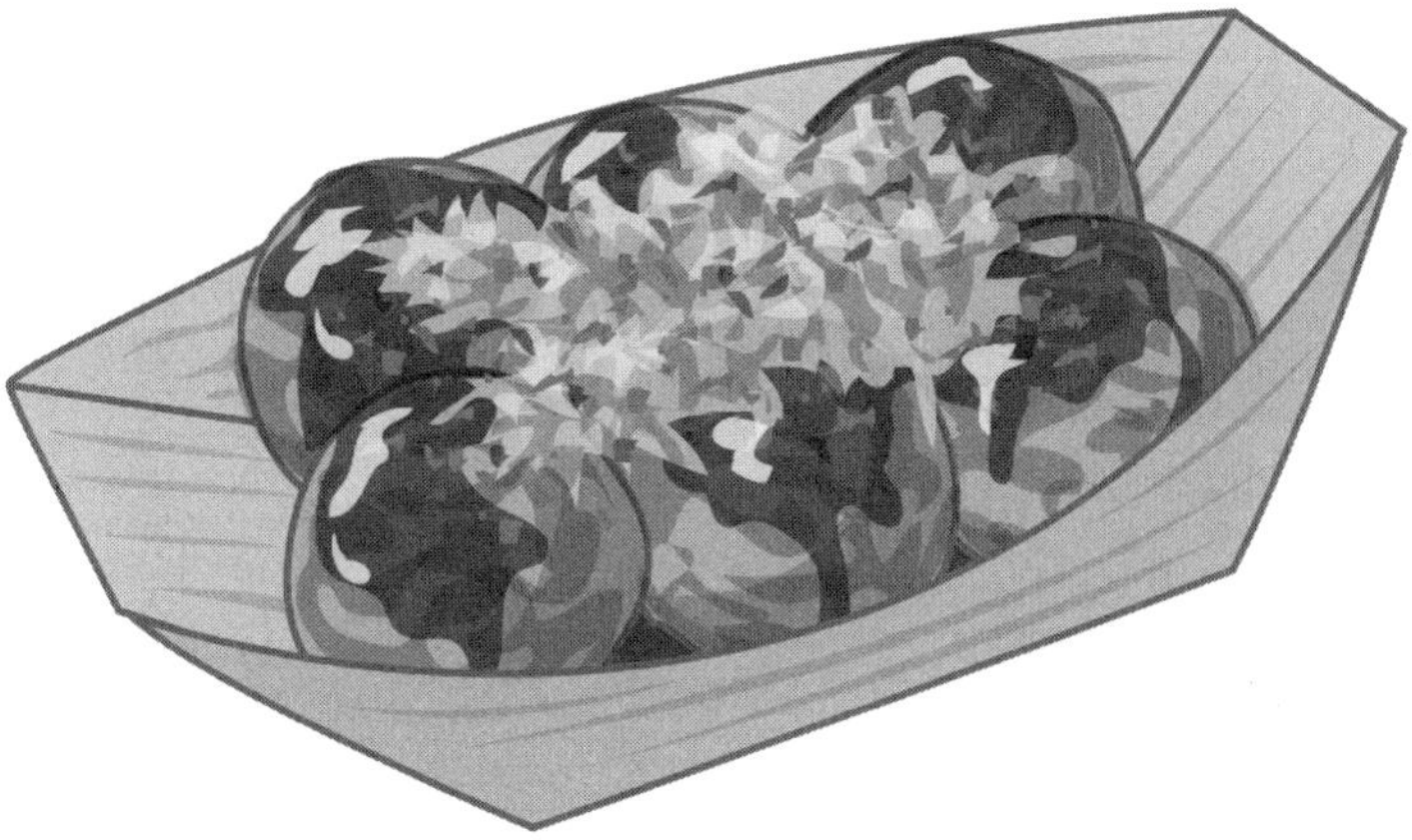

問一　——線①「ゆるがせにする」とは、どういう意味ですか。それを説明した次の文の［　　］に入る言葉として最も適切なものを、本文中から五字で書きぬきなさい。

［　　］に射るという意味。

問二　——線②「この教え」の内容をまとめたものとして最も適切なものを次の中から一つ選び、番号で答えなさい。

1　師匠が見てくれるときには、練習ではなく本番だと思って真剣《しんけん》に取り組むべきだ。

2　他の人が見ているかどうかに関係なく、常にまじめに練習しなければならない。

3　一つ一つの道具を大切にし、きちんと整備して使うようにしなければならない。

4　別の機会があると思うことなく、そのときそのときに全力を注ぐべきだ。

問三　［③］に入る言葉として最も適切なものを、本文中から四字で書きぬきなさい。

問六　トレーニングの初めのころ、「ぼく」が、トレーニングの効果が出ないことで不安になっていく様子をたとえを用いて表した部分を本文中から一文で探し、初めの五字を書きぬきなさい。

問七　この文章から読み取れるミキねえちゃんの人物像として最も適切なものを次の中から一つ選び、番号で答えなさい。

1　自分のことをかえりみず、弱い人を守ろうとするやさしい人物。
2　自分の信念を絶対に曲げず、周りもまきこむめいわくな人物。
3　言葉や行動は多少あらっぽいが、行動的でたよりがいがある人物。
4　人のまちがいを力ずくでも直そうとする、正義感の強い人物。

四

次の文章は、古文を現代語訳したものです。これを読んで、後の問いに答えなさい。

ある人が、弓の練習に、二本の矢を手にもって的にむかった。弓の師匠《ししょう》がいうことに、
「初歩の者は二本の矢をもってはならない。二本もつと、あとの一本をあてにして、最初に射る矢を、①ゆるがせにする気持ちがはたらいてしまうからである。射るごとに、ただ当たりはずれを考えることなく、この一本の矢で勝負をきめてしまおうと思え。」
という。

師匠の前で、その一本をいいかげんに射ようとは思わないはずだが、なまけ心というものは、自分では気づかなくても、師匠にはよくわかっているのだ。②この教えは、なにごとにも通じるはずである。

学問をする人は、夕方には明日の朝があるだろうと思い、朝になると夕方があるからと、そのときになったら、一所懸命《いっしょけんめい》やればいいと思ってしまうものだ。だから、そうした人は、一瞬《いっしゅん》一瞬のうちに、［③］が生じることを知らないのである。

ともかく、なすべきことを、すぐさま実行するということはむずかしいものである。

（兼好法師《けんこうほうし》『徒然草《つれづれぐさ》』第九十二段より）

問一　――線①「ぼくは、まんぞくに返事をすることさえできなかった」とありますが、それはどうしてですか。十五字以上二十五字以内で書きなさい。（、や。なども一字に数えます。）

問二　――線②「なんだかほっとした気持ちになった」とありますが、どうしてこのような気持ちになったのですか。最も適切なものを次の中から一つ選び、番号で答えなさい。

1　先生と雨がふったら休みと決めていたので、今朝はゆっくりねられると思ったから。
2　この雨ではどうせトレーニングはできないので、休む口実ができたと思ったから。
3　姉も先生も、今日は自分につきあわされずにゆっくり休めるだろうと思ったから。
4　とりあえず今日は、もうトレーニングをやめると言わなくてすむと思ったから。

問三　――線③「でも、そう言いながら……つぎつぎとうかんできた」とありますが、このときの「ぼく」の気持ちを説明した次の文の□に入る言葉として最も適切なものを、本文中から十字で書きぬきなさい。

口では強そうなことを言っても、今までも□とあきらめてしまっていたさまざまなことを思い出し、弱気になっている。

問四　――線④「言ったこと」とありますが、その内容を文章中から十七字で書きぬきなさい。

問五　――線⑤「わかった」とありますが、このときの「ぼく」の気持ちとして最も適切なものを次の中から一つ選び、番号で答えなさい。

1　この雨の中先生がいるはずはないので、おやつはもらったも同然とうきうきする気持ち。
2　自分のおやつをかけるほど先生を信用しているミキねえちゃんにあきれる気持ち。
3　ミキねえちゃんの言葉になっとくし、先生を信用していなかった自分を反省する気持ち。
4　ミキねえちゃんのはくりょくに負けて、そこまで言うならしかたがないという気持ち。

ミキねえちゃんに、むりやりおこされたぼくは、ほおをふくらませたまま着がえた。

家を出たときには、六時をすぎていた。


「あ……」


山下先生がいた。

どしゃぶりの雨の中、先生は、かさをさして、ぼくらをまっていてくれた。

「ほらね」

ミキねえちゃんが、ぼくのせなかをドンとたたいた。

「ネバーギブアップ！」

先生が、「おはよう」より先に、親指を立てて言った。

「先生、ジュンがね……」

「ネバーギブアップ！」

ミキねえちゃんが言いかけたのをさえぎって、ぼくは、大きな声でこたえた。


その日から、ぼくは、ミキねえちゃんが言った「気合い」を入れてトレーニングを続けた。

もちろん、雨がふる日も風が強い日も、一日も休まずに。

山下先生が教えてくれた、ぼくの中にある「続ける力」を信じて。

父さんと約束した、「ネバーギブアップ！」の精神で。


（くすのきしげのり『ネバーギブアップ！』より）

※　ネバーギブアップ……ぜったいにあきらめない、という意味。
※　鉄腕……山下先生が言う、腕《うで》を鉄のようにかたくするうでずもうの基本となるわざのこと。

（すごい雨だ。これじゃあ、きょうは、きっとトレーニングは休みだよな）

どしゃぶりの雨のようすに、ぼくは、自分でかってにそう決めて、もう少しねることにした。

ベッドにもどってふとんをかぶると、②なんだかほっとした気持ちになった。

そのときだ。

「ちょっと、なにしてるの！」

きびしい声と同時に、ぼくのふとんがはがされた。

「ミキねえちゃん、外を見ただろ。きょうは、雨だから、きっとトレーニングは、休みだと思うんだけど」

「なに、かってに決めてんのよ」

「でも、どしゃぶりだよ」

「ねえ、先生と、『雨がふったら休み』って決めてたっけ。先生は、『雨がふろうとヤリがふろうと続けます』って言ってたじゃない」

「じゃあ、ミキねえちゃんが公園に行って、先生が来てるかどうか見てきてよ」

「もう知らない。『ネバーギブアップ！』じゃ、なかったの。ぜったいにあきらめないんじゃなかったの。『続ける力』は、どこいったの。こんな調子じゃ、百年たっても、うでずもうは強くならないに決まってるわよ。ジュンの弱虫、なき虫、ダメ男。だからあんたは、いつまでたっても『へなちょこ』なのよ」

そう言って、ミキねえちゃんがふとんにぶつけた空きカン、そう、先生がつぶしてみせてくれた空きカンが、ベッドのわきにころがった。

「ぼくは、へなちょこじゃない！　こんなどしゃぶりじゃあ、トレーニングはできないだろうって思っただけだ」

③でも、そう言いながら、ぼくの頭には、とび箱や水泳のクロール、さかあがりやなわとびの二重とびといった、いまだにできないままのことが、つぎつぎとうかんできた。

「じゃあ行ってみましょうよ。先生は、④言ったことはちゃんと守るんだから」

「それって、ぜったいなの」

「そう、ぜったい。山下先生なら。わたし知ってるもん。もし、公園に行って、先生がいなかったら、これから一週間、わたしのおやつをあげてもいい。そのかわり先生がいたら、これから、気合いを入れてトレーニングするのよ。いい、約束よ」

「⑤わかった」

へとへとになって帰ってきたぼくを見て、母さんが、あきれたように言った。

けっきょくその日、ぼくは、朝ごはんも食べられずに登校した。


ジリリリ……。

次の日の朝、やっと目ざまし時計におこされたぼくは、ミキねえちゃんにせかされながら、トキワ公園に行った。

ぼくらが公園につくと、山下先生は、きのうと同じようにまっていてくれた。

そして、きのうと同じようにトレーニングがはじまった。


その次の日も。

その次の日も。

先生は、まっていてくれた。

準備運動とランニングをして、うでずもうにひつようなパワーとテクニックとタイミングのためのトレーニングをする。

ぼくらは、これをくりかえした。

とくに、ワザについては、きほんとなる「※鉄腕《てつわん》」を、てっていてきに練習した。

でも、ぼくは、ランニングでは、先生とミキねえちゃんのスピードについていくことができなかったし、パワーをつけるトレーニングでは、腹筋運動も、うで立てふせも、けんすいも、回数はふえなかった。

（いくらやってもだめだ。ミキねえちゃんのようにはできないや。先生は、「ぜったいに強くなれる」って言ったけど、先生は、いつもぼくのがんばっているようすをほめてくれるけど、……ぼくは、ほんとうに強くなれるんだろうか）

ぼくの心の中には、そんな思いが、少しずつ黒い雲のように広がっていた。


五日目は、雨だった。

目ざまし時計になんとかおこされたぼくは、雨の音にまどを開けようとした。

「うひゃ、これはすごいや」

ぼくは、開けかけたまどをあわててしめた。

問六　この文章に書かれている内容と合っているものを次の中から一つ選び、番号で答えなさい。

1　豪栄道さんは、小学四年生のときと五年生のとき、二年続けてわんぱく横綱になった。
2　豪栄道さんは、わんぱく横綱になったとき、あっさり優勝できたことがうれしかった。
3　豪栄道さんは、始めたころは何度もやめたいと思いながら、イヤイヤすもうをしていた。
4　豪栄道さんは、もともとたえる気持ちをもっていたので、イヤなことでもやめなかった。

問七　＝＝線部「負けや失敗をおそれないこと」という豪栄道さんの言葉をあなたはどう思いますか。自分の経験をふまえて書きなさい。

三　次の文章は、四年三組で一番うでずもうが弱いジュンが、父親にはげまされて、クラスで行われることになったうでずもう大会に向けて、五年生の姉といっしょに担任の山下《やました》先生と朝のトレーニングを始めた場面を描《えが》いたものです。これを読んで、後の問いに答えなさい。

「よし、きょうは、これくらいにしておこう。あしたもがんばろうな。※ネバーギブアップ！」

そう言って、先生は親指を立てた。

「はい！」

「はあ」

先生と同じように親指を立ててこたえた、元気なミキねえちゃんにくらべて、①ぼくは、まんぞくに返事をすることさえできなかった。

「このぶんじゃ、あしたは無理じゃないの」

問一　――線①「強い選手という印象もなく別に警戒していませんでした」とありますが、その理由を説明した次の文の□に入る言葉として最も適切なものを、本文中から十字で書きぬきなさい。

初めて対戦したとき□相手だったから。

問二　――線②「そのこと」とはどのようなことを指していますか。「自分」「強く」という言葉を用いて、二十字以上三十字以内で書きなさい。（、や。なども一字に数えます。）

問三　［③］に入る言葉として最も適切なものを次の中から一つ選び、番号で答えなさい。

1　または　　2　しかし　　3　つまり　　4　さらに

問四　――線④「ぼくは集中力をキープすることがむずかしい状態でした」とありますが、その理由を説明した次の文の□に入る言葉として最も適切なものを、本文中から十一字で書きぬきなさい。

□と思っていたので、引き分けで取り直しという判定に納得できなかったから。

問五　――線⑤「失敗しても［a］して［b］こと」とありますが、□a・bに入る言葉として最も適切なものを、aは三字、bは四字で本文中から書きぬきなさい。

勝つことで日本一と呼ばれるようになります。

4年生で負けたくやしさを胸にがんばった1年間。

自分よりも体の大きな選手たちをたおしてわんぱく横綱になったぼくは、そんなつらかったけいこのことは忘れていました。

もしかすると、このときの優勝がいままですもうをつづけてきたなかで一番、よろこぶことができた優勝だったかもしれません。それほど、あのときの感激はいまも忘れることができません。

このとき優勝できたのは、どうしてだったのか。いまふりかえると、それは「がまん」することでつかんだ優勝だったと思います。

1年生で母に無理やり大会に出場させられて、イヤイヤながらはじめたすもうでした。

両親に何回、何十回、もしかしたら何百回「やめたい」と言ったかわかりません。

小学生のときは遊ぶことが一番ですから、楽しいことをがまんするのは、とてもつらくて苦しいことでした。

みなさんのなかにも、親に言われてイヤイヤ勉強や習い事、スポーツをしている人がいると思います。好きなことをがまんしてほかのことをするのは、つらいことでしょう。

それでも、大切なことは「つづけること」だと思います。

そういうイヤなことをがまんしていっしょうけんめいにつづけることで、たえる気持ちが自然に身につくようになると思います。

大人になれば、自分の好きなことばかりはできません。

そんなときも、逃《に》げださずに「がまん」することが大切です。そうやってつづけていれば、苦しい時期があっても、いつかいいことがあるとぼくは思っています。そうして、あたらしい道がひらけることもあるでしょう。

もうひとつは「負けや失敗をおそれないこと」です。

ぼくは負けても投げやりにならず、そのくやしさを逆にバネにしてきました。

⑤失敗しても［ a ］して［ b ］こと。

そうやってすもうをつづけていたぼくは、いつからかすもうに熱中するようになっていました。

だから5年生で日本一になることができたのだと思います。

（豪栄道豪太郎『すもう道まっしぐら！』より）

※　立ち合い……初めの姿勢から立ち上がって取り組む時のこと。

※　くさって……やる気をなくして。

かんたんに勝てていた相手がこれほど強くなっていることにおどろきました。

でも、1年間がんばってきたのは自分だけではないのです。

きびしいけいこにたえて、みんな昨年より強くなって全国大会にのぞんでいるのでした。

②そのことに気づいたぼくは、2回戦からは、なお一層、気持ちをこめて戦いました。

こうして、なんとか流れに乗って、いよいよ決勝戦。

決勝の相手は愛知県の高山和典《たかやまかずのり》君でした。高山君はプロにはなりませんでしたが、後に同じ埼玉栄《さいたまさかえ》高校でチームメイトになった実力者です。

勝っても負けてもこれが最後、運命の立ち合い。

ぼくはすぐに土俵際まで押しこまれてしまいました。

［③］、ぐっとこらえて、逆転の上手《うわて》投げを打ち、高山君をころがしました。

「勝った！」

そう思いました。ところが判定は、引き分けの「同体」。

もう一度、すもうを取る「取り直し」です。

ぜったいに自分が勝ったと思っていたので、正直「まさか」という感覚です。

取り直しは、時間をおかずにすぐに取らなければいけません。しかし判定に納得《なっとく》できず、④ぼくは集中力をキープすることがむずかしい状態でした。

それでも、この1年間、わんぱく相撲で優勝することだけを目標にがんばってきたことを思いだしました。審判《しんぱん》の判定に※くさってしまえば自分の負けになります。なんとか気持ちをいれなおして、高山君とむかいあいました。

取り直しのすもうも、同じように立ち会いから一気に土俵際まで寄られました。

あぶない！

ひやひやの展開でしたが、必死にこらえてまわりこむと、最後、上手投げで高山君をたおすことができました。

夢にまで見た「わんぱく横綱《よこづな》」に自分がなったのです。

優勝した瞬間《しゅんかん》も、大阪に帰る新幹線のなかでも、ずっとうれしくてたまりませんでした。

すもうをやっている小学生にとって、一番の目標は、国技館《こくぎかん》でおこなわれる「わんぱく相撲」で優勝することです。わんぱく相撲で

二〇二二年度 国士舘中学校

【国語】〈第三回試験〉（四五分）〈満点：一〇〇点〉

一

次の——線の漢字の読みをひらがなに、カタカナは漢字に直しなさい。ていねいに、はっきりと書くこと。

1 明朗な性格で皆《みな》に好かれる。
2 西洋風の建築で人気の店。
3 コーヒーに砂糖を入れる。
4 困っている友人を助ける。
5 おだやかな日々を過ごす。
6 自動車のモケイを組み立てる。
7 仕事の成果をヒョウカする。
8 まよいねこをホゴする。
9 海外のマツりの動画を見る。
10 ミズウミで遊覧船に乗る。

二

次の文章は、元大相撲《おおずもう》力士の豪栄道豪太郎《ごうえいどうごうたろう》さんが、小学五年生で二度目のわんぱく相撲全国大会に出場したときのことをふりかえって書いた文章の一部です。これを読んで、後の問いに答えなさい。

影山《かげやま》君と初めて対戦したのは4年生のときの立川《たちかわ》大会でした。このときはぼくが立ち合い※から一気に土俵《どひょう》下までふっ飛ばして勝っています。だから、初戦の相手で「影山」の名前を見たときは、①強い選手という印象もなく別に警戒《けいかい》していませんでした。

ところが、ひさびさに対戦した影山君は、別人のように強くなっていました。

立ち合いで一気に土俵際《ぎわ》まで押《お》されてしまったのです。

あせりましたが、なんとかこらえてまわりこみました。

右腕《みぎうで》を相手の左わきの下にいれる右四つの体勢に持ちこんで、下手《したて》を引くとそのまま投げを打って、下手投げでどうにか勝ちました。

2022年度

国士舘中学校

▶解説と解答

算　数　＜第３回試験＞（45分）＜満点：100点＞

解　答

[1] ①　8　②　0.123　③　$\frac{9}{10}$　④　$\frac{1}{15}$　⑤　20　[2] ⑥　$\frac{4}{7}$　⑦　156　⑧　12km　⑨　700mL　⑩　2　⑪　150個　⑫　71　⑬　12個　⑭　16人　⑮　5km　⑯　14通り　⑰　137度　⑱　1.5倍　⑲　44cm^2　⑳　128cm^2

解　説

[1] 四則計算，計算のくふう

①　72÷(120−37×３)＝72÷(120−111)＝72÷９＝８

②　３−0.9−0.98−0.997＝１＋１＋１−0.9−0.98−0.997＝１−0.9＋１−0.98＋１−0.997＝0.1＋0.02＋0.003＝0.123

③　$0.48\times\frac{9}{16}\div0.3=\frac{12}{25}\times\frac{9}{16}\div\frac{3}{10}=\frac{12}{25}\times\frac{9}{16}\times\frac{10}{3}=\frac{9}{10}$

④　$\frac{5}{6}-\frac{3}{10}-\frac{7}{15}=\frac{25}{30}-\frac{9}{30}-\frac{14}{30}=\frac{2}{30}=\frac{1}{15}$

⑤　$15000\div600000\times800=15000\times\frac{1}{600000}\times800=\frac{15000\times800}{600000}=20$

[2] 小数・分数の性質，約数と倍数，速さ，相当算，規則性，割合と比，倍数算，平均，場合の数，時計算，辺の比と面積の比，相似，水の深さと体積

⑥　$\frac{4}{7}$と$\frac{7}{13}$を小数で表すと，$\frac{4}{7}$＝４÷７＝0.57…，$\frac{7}{13}$＝７÷13＝0.53…となるので，いちばん大きい数は$\frac{4}{7}$とわかる。

⑦　右の図１の計算から，12と26の最小公倍数は，２×６×13＝156と求められる。

図１

```
2 ) 12  26
    6   13
```

⑧　１時間は60分であり，９分は，９÷60＝$\frac{3}{20}$(時間)だから，時速80kmの自動車が９分間走ると，80×$\frac{3}{20}$＝12(km)進む。

⑨　はじめにあったジュースの量を[1]として，ジュースの量を線分図で表すと，右の図２のようになる。図２から，[1]＋[0.3]−[0.9]＝[0.4]が280mLにあたることがわかるので，はじめにあったジュースの量は，[1]＝280÷0.4＝700(mL)となる。

図２

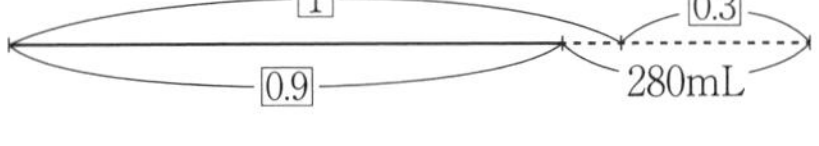

⑩　$\frac{1}{7}$を小数で表すと，$\frac{1}{7}$＝１÷７＝0.142857142857…と，{142857}の６個の数字の並びがくり返し出てくる。45÷６＝７あまり３より，小数第45位までに，この６個の数字の並びが７回くり返され，さらに３個の数字が並ぶから，小数第45位の数は２である。

⑪　はじめ，ふくろの中には白石が，300×0.8＝240(個)，黒石が，300−240＝60(個)入っている。ここから白石を取り出しても，黒石の個数が変わることはない。白石の個数を全体の60％にするには，黒石の個数を全体の，100−60＝40(％)にすればよいので，そのときの白石と黒石の個数の合

計は，60÷0.4＝150(個)になる。したがって，ふくろの中から白石を，300－150＝150(個)取り出せばよい。

⑫　小さい方の数を$\boxed{1}$とすると，大きい方の数は，$\boxed{1}$×４＋３＝$\boxed{4}$＋３と表せる。すると，大きい方の数と小さい方の数の和は，$\boxed{4}$＋３＋$\boxed{1}$＝$\boxed{5}$＋３となり，これが88にあたるので，$\boxed{5}$＋３＝88より，$\boxed{5}$＝88－３＝85，$\boxed{1}$＝85÷５＝17となる。よって，大きい方の数は，88－17＝71である。

⑬　食べた後のＡとＢの残りの個数の比が３：１で，合計が16個だから，Ａは，$16\times\frac{3}{3+1}=12$(個)，Ｂは，16－12＝４(個)残っていて，その差は，12－４＝８(個)である。同じ個数だけ食べても個数の差は変わらないから，はじめのＡとＢの個数の差も８個だったことになる。つまり，はじめのＡとＢの個数の比である３：２の差の，３－２＝１が８個にあたるから，はじめのＡの個数は，８×３＝24(個)，Ｂの個数は，８×２＝16(個)である。すると，24－12＝12(個)，16－４＝12(個)より，どちらのおかしも12個ずつ食べたとわかる。

⑭　右の図３のように表せる。図３で，かげをつけた２つの長方形の面積の合計と，太線で示した長方形の面積は，どちらもクラスの合計点を表しているから，㋐と㋑の２つの長方形の面積も等しくなる。㋐と㋑の縦の長さの比は，(77－72)：(81－77)＝５：４で，横の長さの比は，$\frac{1}{5}:\frac{1}{4}=4:5$だから，男子の人数は，$36\times\frac{4}{4+5}=16$(人)である。

図３

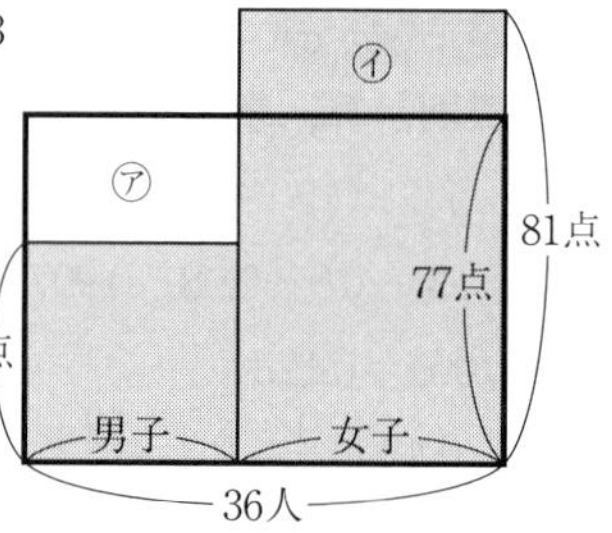

⑮　Ａ駅を出発した10分後にＢ駅を出発しているので，10－５＝５(分)でＡ駅とＢ駅の間を移動することがわかる。よって，Ａ駅とＢ駅の間の道のりは，$60\times\frac{5}{60}=5$(km)である。

⑯　100円玉１枚，50円玉２枚，10円玉２枚のうち一部または全部を使って，おつりがないようにはらうことができる金額は，10円，20円，50円，60円，70円，100円，110円，120円，150円，160円，170円，200円，210円，220円の14通りある。

⑰　時計の長針は，毎分，360÷60＝６(度)，短針は，毎分，360÷12÷60＝0.5(度)の速さで回転する。10時ちょうどに，長針は12，短針は10を指していて，短針は長針より，360÷12×10＝300(度)だけ先に進んでいると考えられる。この14分後に長針と短針の間は，(６－0.5)×14＝77(度)だけ縮まって，300－77＝223(度)になる。よって，10時14分に長針と短針がつくる角のうち，小さい方の角の大きさは，360－223＝137(度)となる。

⑱　正六角形の一辺の長さを１とすると，まわりの長さは，１×６＝６である。これとまわりの長さが等しい正三角形の１辺の長さは，６÷３＝２となる。この正三角形と正六角形は，右の図４のように，等しい大きさの正三角形に分けることができる。図４から，正六角形の面積は，正三角形の面積の，６÷４＝1.5(倍)とわかる。

図４

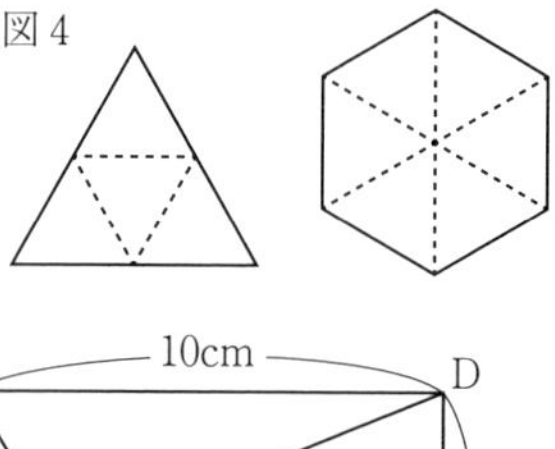

⑲　右の図５のように，ＥからCDに向かって垂直な直線を引き，AFとの交点をＨとする。すると，三角形ABFと三角形AEHの相似より，BF：EH＝AB：AE＝２：１，BF＝10÷２＝５(cm)，

図５

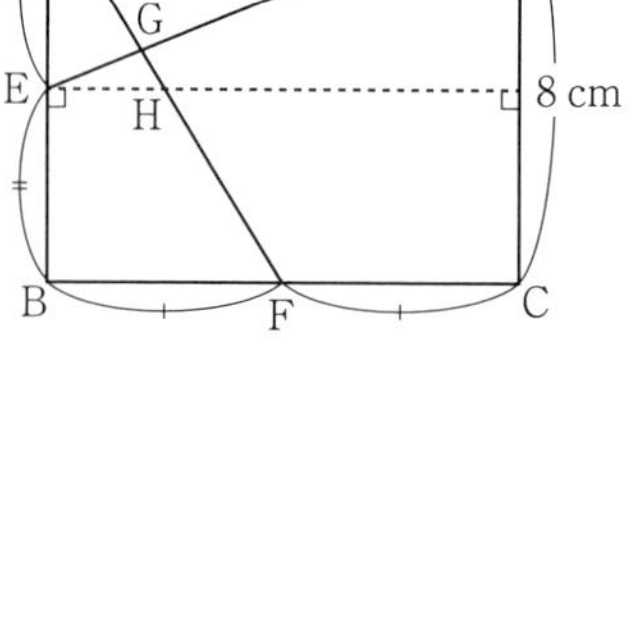

EH＝5÷2＝2.5(cm)となる。また，三角形EGHと三角形DGAの相似より，EG：DG＝EH：DA＝2.5：10＝1：4となる。すると，三角形EGAと三角形DGAは，それぞれEGとDGを底辺とすれば高さの等しい三角形だから，面積比は，EGとDGの長さの比と等しい1：4とわかる。AEの長さは，8÷2＝4(cm)で，三角形AEDの面積は，10×4÷2＝20(cm^2)だから，三角形DGAの面積は，$20\times\frac{4}{1+4}=16$(cm^2)である。さらに，台形AFCDの面積は，(10＋5)×8÷2＝60(cm^2)なので，四角形CDGFの面積は，60－16＝44(cm^2)と求められる。

⑳　問題文中の直方体を，(あ)の面が水そうの底につくようにしずめると，水の深さが8cmになったから，水面の上に出た直方体の体積は，8×8×(12－8)＝256(cm^3)になる。一方，(い)の面が水そうの底につくようにしずめると水の深さが10cmになり，直方体全部が水の中に入ったから，はじめに水面の上に出た部分(256cm^3)が水の中に入り，水の深さが，10－8＝2(cm)だけ増えたことになる。よって，水そうの底の面積は，256÷2＝128(cm^2)である。

国語　<第3回試験>（45分）<満点：100点>

解答

一　**1**　めいろう　**2**　けんちく　**3**　さとう　**4**　たす(ける)　**5**　す(ごす)　**6～10**　下記を参照のこと。　二　**問1**　かんたんに勝てていた　**問2**　(例)　一年間がんばったのは自分だけではなく，みんな強くなったこと。　**問3**　2　**問4**　ぜったいに自分が勝った　**問5**　**a**　がまん　**b**　つづける　**問6**　3　**問7**　(例)　ぼくは，野球の試合で大きな失敗をしてしまい，それが原因でチームが負けてしまったことがあります。そのときは気持ちが落ちこみ，練習もできなくなりました。でも，落ちこんで休んでいてもチームのためにはならないと思い，勇気をもって練習に加わり，今は元気にプレーしています。ぼくも，「負けや失敗をおそれないこと」はとても大切だと思います。努力して続けていかなければ，そこから一歩も前に進めないからです。　三　**問1**　(例)　トレーニングでへとへとになっていたから。　**問2**　2　**問3**　いくらやってもだめだ　**問4**　雨がふろうとヤリがふろうと続けます　**問5**　4　**問6**　ぼくの心の　**問7**　3　四　**問1**　いいかげん　**問2**　4　**問3**　なまけ心　五　takoyaki　六　**問1**　**主語**…2　**述語**…6　**問2**　4　**問3**　温

●漢字の書き取り

一　**6**　模型　**7**　評価　**8**　保護　**9**　祭(り)　**10**　湖

解説

一　漢字の読みと書き取り

1　明るくて朗《ほが》らかなこと。　**2**　家屋などの建物をつくりあげること。　**3**　しょ糖を主成分とする甘味《あまみ》のある調味料。　**4**　音読みは「ジョ」で，「助力」などの熟語がある。　**5**　音読みは「カ」で，「経過」などの熟語がある。　**6**　実物の形に似せてつくったもの。　**7**　価値や価格を見定めること。　**8**　かばって守ること。　**9**　音読みは「サイ」で，「祭礼」などの熟語がある。　**10**　音読みは「コ」で，「湖水」などの熟語がある。

二　出典は豪栄道豪《ごうえいどうごう》太郎《たろう》の『すもう道まっしぐら！』による。元大相撲《おおずもう》力士の豪栄道さんが，わんぱく相撲全国大会で優勝《ゆうしょう》したときの経験をもとに，どのようにして日本一になれたのかということについて語っている。

問１　「ぼく」は，影山《かげやま》君と初めて対戦した一年前の大会で，「立ち合いから一気に土俵《どひょう》下までふっ飛ばし」て，「かんたんに勝てていた」ので，「影山」という名前を見ても特に警戒《けいかい》しなかった。

問２　「ぼく」は，影山君が「別人のように強くなって」いるのを知り，「１年間がんばってきたのは自分だけ」ではなく，みんな「きびしいけいこにたえ」て，「昨年より強くなって全国大会にのぞんでいる」ということに気づいた。

問３　「ぼく」は，決勝で高山《たかやま》君に「すぐに土俵際《ぎわ》まで押《お》しこまれて」しまったが，「ぐっとこらえて，逆転の上手投げ」を打って高山君をころがした，という文脈になる。よって，前のことがらを受けて，それに反する内容を述べるときに用いる「しかし」が入る。

問４　上手投げで高山君をころがし，「ぜったいに自分が勝った」と思っていた「ぼく」は，引き分けで「取り直し」という判定に納得《なっとく》できず，集中力をキープすることが難しい状態になった。

問５　ａ，ｂ　「ぼく」は，「わんぱく横綱《よこづな》」になれた理由をふり返り，「がまん」することで優勝をつかめたのだと気づいた。そして，「イヤなこと」を「がまん」して「いっしょうけんめいにつづけること」によって「たえる気持ち」が身につき，「あたらしい道がひらけることもある」とも思った。「ぼく」は，負けたり失敗したりしても，「がまん」して「つづけること」が大切なのだということを，わんぱく相撲から学んだのである。

問６　豪栄道さんは，小学五年生のわんぱく相撲全国大会で，みんなが昨年よりも強くなったことを実感し，決勝の取り直しのすもうでも「一気に土俵際まで寄られ」たが，必死にこらえてねばった結果，初めて「わんぱく横綱」になれた(１，２…×)。そして，「優勝できたのは，どうしてだったのか」とふり返り，「イヤイヤながらはじめたすもう」を「何百回」も「やめたい」と言ったことはあったが(３…○)，「がまん」して「いっしょうけんめいにつづける」ことで「たえる気持ちが自然に身につくようになる」ということを学んだ(４…×)。

問７　まず，負けたことによって投げやりになってしまったこと，あるいは失敗してもくじけずにがんばったことなど，自分の経験を思い返してみる。その経験をふまえたうえで，「負けや失敗をおそれないこと」という言葉について，自分の意見や思いを書く。

三　出典はくすのきしげのりの『ネバーギブアップ！』による。うでずもうの弱い「ぼく」が，クラスで行われることになったうでずもう大会に向けて，姉といっしょに山下《やました》先生の朝のトレーニングに参加し，少しずつ自信をつけていく。

問１　「ぼく」は，朝のトレーニングで「朝ごはんも食べられ」ないくらいに「へとへと」になってしまったので，「あしたもがんばろうな」という先生の言葉に「まんぞくに返事」ができなかった。

問２　先生は「雨がふったら休み」とは言っていなかったが，「どしゃぶりの雨のようす」を見た「ぼく」は，「自分でかって」にトレーニングはないものと決めこみ，休むことができる言いわけができたと思い，ほっとしたのである。

問３　前日までのトレーニングで「ぼく」が思ったことにも着目する。「とび箱や水泳のクロール，さかあがりやなわとびの二重とび」だけではなく，以前の練習のときには「ランニング」「腹筋運動」「うで立てふせ」「けんすい」なども，「ぼく」にはきちんとできなかった。ミキねえちゃんに「へなちょこじゃない！」と反論したものの，「ぼくの頭」には「いまだにできないままのこと」が次々と浮《う》かび，「いくらやってもだめだ」という思いがよみがえり，弱気になったのである。

問４　ミキねえちゃんは，「雨がふろうとヤリがふろうと続けます」という言葉どおり，先生は朝のトレーニングを続けるから，公園に「ぜったい」いると確信している。

問５　直後の「ほおをふくらませたまま着がえた」という表現から，「ぼく」の不満な気持ちが読みとれる。先生は「言ったことはちゃんと守るんだから」ときっぱりと言いきるミキねえちゃんのいきおいに負けて，「ぼく」はしかたがないとあきらめたような気持ちで，トレーニングに行くことにしたのである。

問６　トレーニングの初めのころのことなので，本文前半の内容に着目し，たとえを用いた表現を探す。トレーニングを続けていくうちに「いくらやってもだめだ」と自信を失ってしまった「ぼくの心の中」には，「ほんとうに強くなれるんだろうか」という「思いが，少しずつ黒い雲のように広がっていた」のである。

問７　ミキねえちゃんは，「ぼく」に向かって「弱虫，なき虫，ダメ男」「へなちょこ」などと言ったが，その言葉のおかげで，「ぼく」は「気合い」を入れて，「雨がふる日も風が強い日も，一日も休まず」にトレーニングを続けられるようになった。自らも積極的にトレーニングに取り組み，きびしい言葉ではげましてくれるミキねえちゃんは，「ぼく」にとって頼《たよ》れる人物であると考えられるので，３の内容が合う。

四　**出典は兼好法師《けんこうほうし》の『徒然草《つれづれぐさ》』第九十二段による**。なすべきことをすぐ実行にうつすのは難しいと述べられている。

問１　弓の師匠《ししょう》は，二本の矢を持つと，最初の矢を「ゆるがせにする」気持ちがはたらいてしまうと説《と》いている。つまり，自分では意識しなくても，最初の矢は「いいかげん」に射てしまうことがあるので，矢は一本だけにするべきだと教えているのである。

問２　次の段落の内容にも着目して考える。学問をするとき，夕方には翌朝《よくあさ》があるからと思い，朝になると夕方にやればいいと思ってしまう。別の機会をあてにすると全力で取り組めないものだという考え方は，二本の矢を持ってはいけないという弓の師匠の教えに通じているといえる。

問３　人間は別の機会があると「そのときになったら，一所懸命《けんめい》やればいい」と思ってしまうものである。つまり，自分では気づかなくても，「なまけ心」が生じてしまうのである。

五　**ローマ字の表記**

ローマ字では，あ行と各段の母音を表すａ，ｉ，ｕ，ｅ，ｏと，各行の子音とを組み合わせて表記する。母音はそれぞれ，あ段がａ，い段がｉ，う段がｕ，え段がｅ，お段がｏとなり，各行の子音は，か行がｋ，さ行がｓ，た行がｔ，な行がｎ，は行がｈ，ま行がｍ，や行がｙ，ら行がｒ，わ行がｗとなる。よって「た」は「ta」，「こ」は「ko」，「や」は「ya」，「き」は「ki」となる。

六　**主語と述語，漢字の知識，対義語の完成**

問１　主語は「だれが」や「何が」を表す文節で，述語は主語に対して「どうする」「どんなだ」「何だ」にあたる文節である。よって「兄なら」が主語で，「受けられる」が述語となる。

問２　「消」の訓読みは「け(す)」「き(える)」で，音読みは「ショウ」。印の訓読みは「しるし」で，音読みは「イン」。「消印」は，「けしいん」と読むので，訓読み＋音読みとなる。

問３　「寒冷」は，気候などが寒くて冷たいこと。対義語は，気候などが暖かいことをいう「温暖」。

2021年度　国士舘中学校

〔電　話〕　03(5481)3135
〔所在地〕　〒154－8553　東京都世田谷区若林4－32－1
〔交　通〕　東急世田谷線―松陰神社前駅より徒歩６分
小田急線―梅ヶ丘駅より徒歩13分

【算　数】〈第１回試験〉（45分）〈満点：100点〉

1　［　　］にあてはまる数を入れなさい。

・　3.92÷2.8＝［　①　］

・　17＋3×(23－8)＝［　②　］

・　$\frac{8}{15}\div\frac{8}{9}-\frac{1}{6}=$［　③　］

・　0.25×8.7×4＝［　④　］

・　$\left(0.4-\frac{2}{9}\right)\div 0.32=$［　⑤　］

2　［　　］にあてはまる数を入れなさい。

・　9と12の公倍数のうち、280にいちばん近い数は［　⑥　］です。

・　0.7より大きく$\frac{4}{5}$より小さい分母が7の分数は［　⑦　］です。

・　時速［　⑧　］kmで走るバスが40分走ると、32km進みます。

・　1.8Lの35％は［　⑨　］mLです。

・　はじめ、兄と弟は合わせて2600円持っていました。兄が700円、弟が400円使ったら、兄の残りのお金が弟の残りのお金の1.5倍になりました。兄がはじめに持っていたお金は［　⑩　］円です。

・　ある池のまわりに木を植えるのに、5mおきに植えても7mおきに植えても、ちょうどよく植えることができます。用意した木の本数だと、5mおきに植えるには3本たりませんが、7mおきに植えると5本あまります。用意した木の本数は［　⑪　］本です。

・　［　⑫　］円で仕入れた品物に、仕入れ値の2割のもうけを見こんで定価をつけました。この品物を定価の1割引きで売ったら、520円の利益がありました。（消費税は、考えない。）

・　はじめ、姉と妹が持っていた折り紙の枚数の比は3：2でした。姉が妹に8枚あげたら、姉と妹が持っている折り紙の枚数は等しくなりました。姉と妹が持っている折り紙の枚数は合わせて［　⑬　］枚です。

・　10以上99以下の整数の中から異なる2つの整数を選んで、2つの数の和が160になるようにします。このような2つの整数の組は、全部で［　⑭　］組あります。

・　7、0、3、5、1、7、0、3、5、1、7、0、…のように、あるきまりにしたがって63個の数字を書きました。このとき、ちょうど真ん中にある数字は［　⑮　］です。

・　箱の中に同じ玉が4個入っています。この玉をすべて取り出すのに、1回に取り出せる玉の個数を1個または2個とします。このとき、全部で［　⑯　］通りの取り出し方があります。

・　右の図で、㋐と㋑の角の大きさの和は ⑰ 度です。

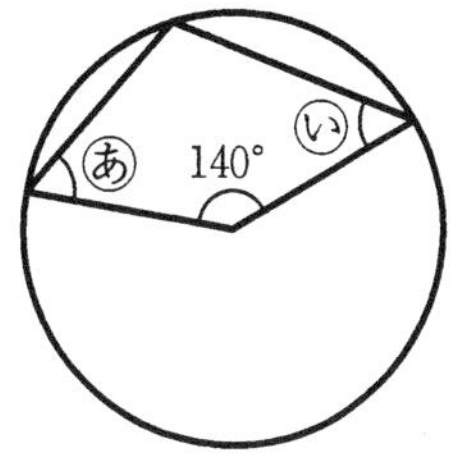

・　右の図で、ＡＤとＤＢの長さの比、ＢＥとＥＣの長さの比は２：１で、点Ｆは辺ＡＣの真ん中の点です。三角形ＡＢＣの面積が72cm^{2}のとき、三角形ＤＥＦの面積は ⑱ cm^{2}です。

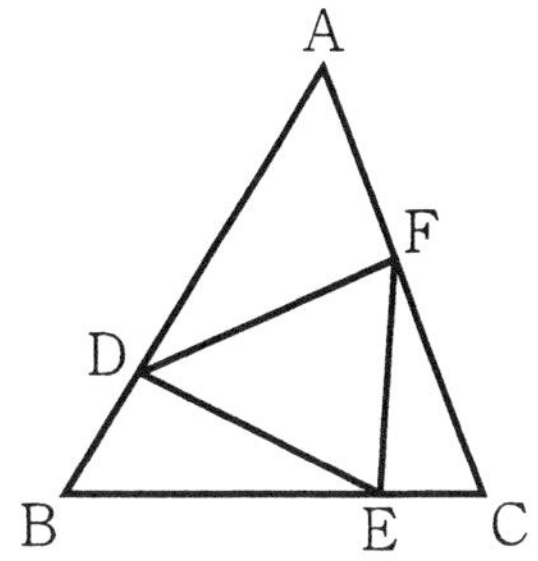

・　右の図の三角形ＡＢＣで、ＤＥは辺ＢＣと平行で、点Ｄは辺ＡＢの真ん中の点です。三角形ＡＢＣの面積は、三角形ＤＦＥの面積の ⑲ 倍になります。

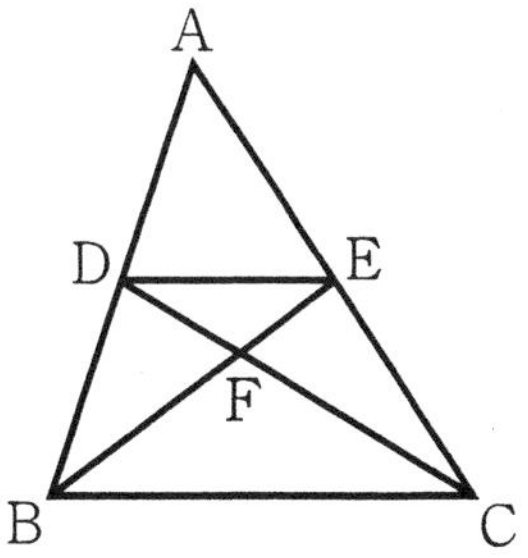

・　Ａさんは、家から公園まで自転車で一定の速さで走った。そのとちゅう２回休み、２回目は１回目よりも２分長く休みました。家から公園までの道のりは2700mで、右の図は、そのときの家を出発してからの時間と走った道のりの関係を表したグラフです。このとき、Ａさんが１回目に休んだ時間は ⑳ 分です。

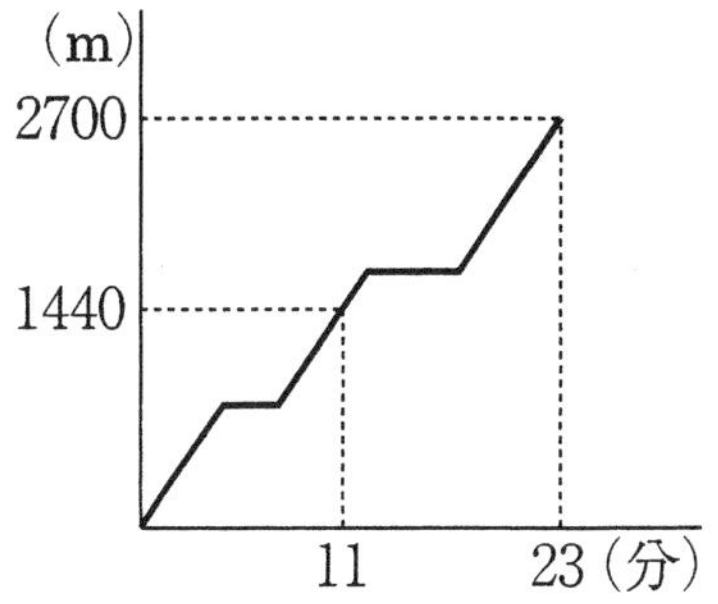

六　次の問いに答えなさい。

問一　次の文から文全体の主語と述語にあたる部分を一つずつ選び、番号で答えなさい。

1明日　2父は　3仕事の　4ために　5ヨーロッパに　6出発する。

問二　次の漢字の部首名をそれぞれひらがなで答えなさい。

①　図　　②　祝

問三　次の四字熟語が、あとの意味になるように、□に入る漢字をそれぞれ書きなさい。

□進□歩

ものごとが時間の経過とともに、たえまなく進歩すること。

五

次の――線部の言葉をローマ字に直して、すべて小文字で書きなさい。

四　次の俳句と鑑賞《かんしょう》文を読んで、後の問いに答えなさい。

葉ざくらの中の無数の空さわぐ　　篠原梵《しのはらぼん》

この句は、そよ風のなか、折り重なった桜の葉が揺《ゆ》れるその隙間《すきま》に、「無数の空」を発見したのです。普通《ふつう》の感覚だと、せいぜいたくさんの葉っぱが光って綺麗《きれい》だなくらいのものですね。しかし、作者は葉っぱを見ながらも、その隙間をじっと見つめて、そこに小さな「無数の空」が「さわぐ」ところを見逃《みのが》さなかったのです。空は本来一つですが、葉と葉の隙間から見えた小さな空の青を、「無数の空」という言葉にした感覚はとても鋭《するど》いものです。そして「さわぐ」という、まるで葉ざくらを生き物のように表現したところに、きらきらとした躍動感《やくどうかん》が漲《みなぎ》りました。その躍動感は、三つ重なった助詞「□」のリズムにも表れていますね。

この句はまた、一つの「もの」を見るときに、どの角度から、どう捉《とら》えるかで、全くその「もの」が違《ちが》って見えてくるということを感動をもって、私に教えてくれました。普段何気《なにげ》なく見ている葉ざくらの新しい見方をこの句は示してくれています。

（堀本裕樹『俳句の図書室』より）

問一　□に入る言葉として最も適切なものを、ひらがな一字で俳句の中から書きぬきなさい。

問二　――線「全くその『もの』が違って見えてくる」とありますが、この短歌は、実際にはどのような様子を見てよまれたものですか。「～様子。」に続く形で、鑑賞文中から二十字で書きぬきなさい。

問三　この俳句では、生き物ではないものをまるで生き物や人のように表現する「擬人法《ぎじんほう》」が使われています。このような擬人法を使った俳句を作りなさい。ただし、俳句の定型（決まった形）を守り、季語（季節のわかる言葉）を入れること。また、解答らんにその季節を書きなさい。

問四　［④］・［⑦］に入る言葉として最も適切なものを次の中から一つずつ選び、それぞれ番号で答えなさい。

1　ふらふらと　　2　きっと　　3　のびのびと　　4　じっと　　5　ちらちらと

問五　――線⑤「なんか、ここ、いいじゃんって思ったよ。いいヤツらが集まってるじゃんってさ」とありますが、真野がこのように思った理由として最も適切なものを次の中から一つ選び、番号で答えなさい。

1　練習にこなくなった真野を復帰させるために、仲間たちがいろいろと考えてくれていたことがわかったから。
2　休んでいた真野を何のこだわりもなく受け入れてくれ、また楽しそうに練習する仲間たちの姿を見たから。
3　バスケットボールへの興味を失いかけていた真野に、仲間たちが本当の楽しさを教えてくれたから。
4　真野に弱いとばかにされてもくじけず、必死で練習している仲間たちの姿に、強くなる可能性を見いだしたから。

問六　――線⑥「不満を持つようになった」とありますが、明良はどうしてチームに不満を持つようになったのですか。次の文の［　］に入る言葉を、「勝つ」「負け」という言葉を用いて（形をかえて用いてもよい）、二十字以上二十五字以内で書きなさい。（、や。なども一字に数えます。）

もっと勝ってバスケを楽しみたいのに、このチームのメンバーは、［　　］から。

問七　明良は真野をどのような性格だと思っていますか。最も適切な言葉を、本文中から十六字で書きぬきなさい。

プロになりたいと思えるほど、夢中になれただろうか。

「だからこれ以上、貴重なメンバーを失いたくない。小杉だってちゃんときてるし、後藤にも、やめてほしくない」

真野はそういうと、立ち上がった。

「待ってるから」

ふり向いて、明良を見る目は、真剣《しんけん》そのものだった。

（草野たき『リリース』より）

※　小杉……バスケットボールの強い中学からきた転校生。すぐれた技量を持つが、チームになじめていない。

※　ＮＢＡ……北米のプロバスケットボールリーグのこと。

※　里中高……明良が行きたいと思っているバスケットボールの強い高校。

問一　――線①「うちのチームには、恩があるんだ」とありますが、その恩を返すため真野が心に決めたことを、本文中から十八字で探し、初めの五字を書きぬきなさい。

問二　――線②「オレ？」とありますが、このときの明良の気持ちとして最も適切なものを次の中から一つ選び、番号で答えなさい。

1　いかり　　2　おどろき　　3　不満　　4　喜び

問三　――線③「……覚えてない」とありますが、この部分を朗読するとしたら、どのように読むとよいですか。最も適切なものを次の中から一つ選び、番号で答えなさい。

1　おこったようにきっぱりと読む。　　2　がっかりしたように弱々しく読む。

3　困ったようにぼそぼそと読む。　　4　ふざけたように軽い調子で読む。

た。興奮していた。

それで将来、プロの選手になりたいという夢を抱《いだ》くようになったのだ。※ＮＢＡで活躍《かつやく》するような選手になるのだと、心に誓《ちか》ったのだ。

「⑤なんか、ここ、いいじゃんって思ったよ。いいヤツらが集まってるじゃんってさ」

弱小チームのくせにはりきって練習する明良のことを、笑うヤツはひとりもいなかった。三年生の引退試合のときは、親切な先輩《せんぱい》が「やってみるか?」と試合に出場させてくれたほどだった。そんなひいきは、弱小だから、試合に勝つつもりなんかないチームだからこそ、可能だったのだ。そんな明良を、メンバーはひがむことなく応援《おうえん》してくれた。

「ここにいたいって思ったよ」

そんなチームに、⑥不満を持つようになったのはいつからだろう。

「ここを自分の居場所にするんだって、この居心地のよさを自分が守っていこうって思ったよ」

このチームに失望するようになったのは……。

「男子バスケ部は、いいチームだよ」

初めて出場したその試合でボロ負けして、早々と試合会場を去らなければならなかったあのときだ。むなしかった。くやしかった。もっと試合がしたかった。でも、負けたらそれでおしまい。もう試合はさせてもらえない。

バスケを楽しみたかったら、勝たなきゃ意味がないと思った。それなのに、うちのチームはこんなに簡単に負けてしまう。しかも負けたことをちっともくやしがっていない。

メンバーと自分の意識のギャップに、愕然《がくぜん》とした。中学時代をこんなのんきな部活ですごして、今、すでに地区大会で優勝するようなヤツらに、追いつけるのだろうかと、不安になった。

急に心配になったあのときから、チームに不満を持ちはじめた。このノリにそまるわけにいかないと思った。そして、おばあちゃんの家でのシュート練習にくわえて、夜のトレーニングをはじめた。勝つチームにいるヤツらに少しでも追いつくように。※里中高《さとなかこう》に入学したときにはすでに手遅《ておく》れでしたということになっていないように。

「男子バスケ部は弱いけど、いいヤツらが集まってる」

だけど、バスケを楽しいと思わせてくれたのは、ほかでもないこのチームだったからだ。

夢中になっている明良のことを、だれもバカにしなかった。なにがんばっちゃってんの的な邪魔《じゃま》は、一度もされたことがない。だから、練習にこないヤツに「面白いよ」と声をかけてしまうほど、無邪気でいられた。［⑦　　］、ボールを追いかけていられた。

たとえば小杉みたいに、チームメイトとうまくいってなかったら、どうだっただろう。はたして、バスケを楽しいと思えただろうか。

だ。

「オレ、中学受験失敗して、まだふてくされてた時期だったし、こんな弱小チームでやってられるかって、すぐに見限ったんだ」

そんな理由でやめていくのも、めずらしいことじゃない。

「だけど、ほかにはいりたい部活もなかったし、とりあえず幽霊部員のままでいたんだ」

真野は背中をまるめてぼそぼそと話し続けていた。

「だけど、毎日退屈《たいくつ》でさ。居場所はないし、やりたいことはないしで、スゲーきつかったよ」

そのころを思いだしているのか、首を倒《たお》してうなだれている。

「そんなときにさ。後藤が声をかけてくれたんだよ」

「②オレ？」

また身に覚えのないことをいわれて、明良はすっとんきょうな声をあげた。

「スゲー無邪気《むじゃき》な笑顔を見せて『今日、練習こないの？』ってさ」

明良は必死で自分の記憶《きおく》の回路をさぐったけれど、まったく思いだせない。

「返事に困って口ごもってたら『最近一年でもゲーム形式の練習に参加させてくれるんだよ。面白《おもしろ》いからきたほうがいいよ』って誘《さそ》ってくれてさ」

「③……覚えてない」

明良の言葉に真野は「やっぱりね」と笑った。

「でも、オレは声をかけてもらえたのが、スゲーうれしくてさ」

真野は照れているのをかくすように、両手で顔をこすって汗《あせ》をふいている。

「それで何気ない顔して、体育館にいったらさ。まず、吉田《よしだ》や谷口《たにぐち》がオレのこと見て『おかえり！』っていってくれたよ」

明良はそんな真野を ④ 見つめた。

「久野《くの》が『さびしかったわよぉ』って、抱《だ》きついてくれて、和田《わだ》が『大丈夫《だいじょうぶ》、オレたち全然上達してないから』って、肩《かた》組んできたよ」

指先でおでこをぽりぽりかいて、照れまくっているその様子は、さわやかで、やさしくて、おおらかないつもの真野らしくなかった。

「そして、おまえは夢中になって練習してたよ。スゲー楽しそうに、ボールを追ってたよ」

新入生のころ……。

シュート以外の練習ができるのが楽しくて、パスを受けとるだけで、ドリブルでコートをかけぬけるだけで、爽快《そうかい》だった。愉快《ゆかい》だっ

3　人生を楽しもうと考えられるようになったのは、受け入れてくれる仲間がいたからだ。

4　視覚障がい者にとって、知らない人からの声かけはかえって迷惑なこともあるのだ。

問七　視覚障がい者である「僕」の自立についての考え方を読んで、あなたは自立についてどのように考えるか書きなさい。

三

次の文章は、中学のバスケ部キャプテンの後藤明良《ごとうあきら》の家に部員の真野《まの》が訪《たず》ねてきた場面を描《えが》いたものです。明良は部員たちとの意識のちがいから意欲を失い、退部するつもりで練習を休んでいます。これを読んで、後の問いに答えなさい。

「あのさぁ」

明良は大きく息を吐《は》いた。

「※小杉《こすぎ》にしても、オレにしても、どうしてそこまでひきとめようとするわけ?」

すると、真野は今までのさわやかな笑顔を少しくもらせていった。

「……恩、がある」

急に目をふせて、いいにくそうに続ける。

「①うちのチームには、恩があるんだ」

「なんの?」

少なくとも、明良は真野に恩など売った覚えはなかった。

「おまえ、一年のとき、オレが一時期幽霊《ゆうれい》部員になってたの覚えてない?」

真野は立っているのが辛《つら》くなったのか、明良が座《すわ》っている玄関《げんかん》のたたきに腰《こし》をおろした。

「そうだっけ……」

明良のとなりに座った真野に、さっきのさわやかさはもうなかった。

「入部して、一ヶ月くらいのころかな」

「へぇ」

明良がおどろけないのも無理はなかった。いちいちだれが、なんて覚えてられないくらいに、頻繁《ひんぱん》に消えていくのが、男子バスケ部

問一　――線①「僕と両親は進路について話し合った」とありますが、このあとの話し合いの様子から、視覚障がいのある「僕」に対する両親のどのような態度が読み取れますか。最も適切なものを次の中から一つ選び、番号で答えなさい。

1　心配しながらも「僕」の意思を尊重し特別あつかいをしない態度。
2　全く心配せず普通の学校に行くのが当然と思っている態度。
3　盲学校に行ってくれればいいのにと心配でたまらないという態度。
4　「僕」が決めることだから親は関係ないとつき放した態度。

問二　――線②「その環境」とありますが、その指している内容を本文中から十七字で探し、初めと終わりの五字を書きぬきなさい。

問三　③・⑥に入る言葉として最も適切なものを次の中から一つずつ選び、それぞれ番号で答えなさい。

1　たとえば　　2　でも　　3　さらに　　4　ところで　　5　だから

問四　――線④「そんなふうにすごしてしまう」とありますが、どのようにすごしてしまうということですか。次の文の□に入る言葉を、「一人」という言葉を用いて二十字以上三十字以内で書きなさい。（、や。なども一字に数えます。）

校内では□すごしてしまうということ。

問五　⑤に入る最も適切な言葉を、本文中から二字で書きぬきなさい。

問六　この文章に書かれている内容と合っていないものを次の中から一つ選び、番号で答えなさい。

1　盲学校では守るだけでなく、自分でやってみて予測を立てるということを学ばせるべきだ。
2　目が見えないせいで周りの人に迷惑をかけることは、あるていど仕方のないことだ。

僕はこれまで、家族や友だちをはじめ、いろんな人にちょっとずつ手を借りながら生きてきた。そしてきっと、これからも。それでも、子どものころの友だちが「別にええよ」と受け入れてくれたおかげで、僕は自分の人生を楽しもうと考えられる人間になった。

もしかしたら、と僕は思う。

視覚障がい者が自立するためのキーワードは「ちょっとずつ人に ⑤ こと」なんじゃないかと。

一見、矛盾《むじゅん》するようだけれど、困ったらだれかに頼《たよ》る。自分にできないことは人にサポートしてもらう。そんなふうにちょっと力を貸してもらえる人が多ければ多いほど、視覚障がい者が外に出て一人歩きする扉《とびら》は開かれるんじゃないだろうか。

外出するたびに利用する券売機は、ボタン式からタッチパネル式にどんどん変わってきて、戸惑《とまど》うことが多い。ＪＲなどのように音声ガイドが流れる券売機は何とか使えるけれど、多くのレストランなどではさっぱりだ。特にトッピングとか大盛りとか複数のチケットを買う必要があるときは、食べたいものを一人で頼《たの》めない。

もしみなさんが、※白杖《はくじょう》をついた人が券売機の前で立ち尽《つ》くしているところや、お店の中に入ってきたところを見かけたら、勇気を出して声をかけてほしい。いざ障がい者にかかわろうとしても、何をどうすればいいかわからないと思うならば、「何か手伝えることはありますか？」と聞いてくれたらうれしい。その一言から、僕らは困っていることを打ち明けられるのだから。

みなさんがせっかく声をかけてくれたとしても、手伝いが必要なければ、僕たちは「大丈夫《だいじょうぶ》です」と答えるだろう。でもそれは、助けようとしてくれたことを「嫌《いや》だな」とか「おせっかいだな」と感じて拒絶《きょぜつ》しているわけではない。 ⑥ 「せっかく声をかけたのに断られた」と※ネガティブに受け取らず、「この人にとって、いまは助けがなくても大丈夫な※シチュエーションだったんだ」とポジティブに感じてもらえたら、僕たちはいまよりずっと安心して外を歩くことができる。

自立とは、他人の手を煩《わずら》わせないことじゃない。

「なりたい自分」を心にえがき、そこへ向かう道を自分で選び、自分の意志で歩いていくこと。目標を達成するために協力し合える仲間を作ること。その仲間の目標にも力を貸してあげられる人間になること。

それこそが本当の自立なんじゃないかな。

（江橋よしのり『サッカーなら、どんな障がいも超《こ》えられる』より）

※　白杖……視覚障がい者等が歩行の時に使用する白いつえ。
※　ネガティブ……ここでは消極的、悲観的。ポジティブはその反対で、積極的、楽観的。
※　シチュエーション……場面。

もし盲学校に入ったら、もちろんいろんな配慮《はいりょ》が行き届いた安全な生活を送れるだろう、とは思った。けれど、そこへ行ってしまったら僕は②その環境《かんきょう》に甘《あま》えてしまう、と子どもながらに不安を抱《いだ》いた。

走ったりジャンプしたり、サッカーをしたり、ヒザカックンとかデコピンをしてふざけ合ったり、パワプロとかウイイレ（『ウイニングイレブン』）とかのゲームで勝ったり負けたり、遊戯王《ゆうぎおう》カードで遊んだり――。

そういう遊びは、見える友だちと一緒《いっしょ》だからこそ僕にもできたはずだ。それと同じぐらいの刺激的《しげきてき》な体験が、盲学校でもできるような気がしなかった。

ずっとあとの話になるが、僕は大学を卒業後、ある地方の盲学校で教員として働いたことがある。そこで最初に驚《おどろ》いたのは、学校の中で生徒が先生に手を引かれ、常に見守られながら生活していることだった。

確かに一人で歩いたら壁《かべ》や人が見えなくて頭をぶつけたり、階段で転んだりして怪我《けが》をするかもしれない。［③］、幼少期を④そんなふうにすごしてしまうと、大人になってから外を歩くのはとてもむずかしくなるだろう。盲学校から一歩外に出た世界で、彼《かれ》ら彼《かの》女《じょ》らの手を引いてずっと一緒に歩いてくれる人が、いつでもそばにいてくれるとは限らない。

子どもたちの立場に立てば、校内を一人で歩くことも最初は怖《こわ》いと思う。でも、ぶつかったり転んだりを何回か経験するうちに「こういう場合はこうなるだろうな」と予測ができるようになるはずだ。予測を立てるというのも大事な学びなのに、その機会を盲学校が奪《うば》ってしまっては本末転倒《ほんまつてんとう》ではないだろうか。

人に迷惑《めいわく》をかけちゃいけません。

僕らの世代には、子どものころ親や周りの大人からそう言われて育った人が多い。盲学校の生徒の親も、ひょっとしたらそんな気持ちなのかもしれない。自分の子どもが、目が見えないせいで見知らぬだれかに迷惑をかけたらどうしようと、胸がつぶれるほどに不安を感じているかもしれない。

でも僕の考えはちがう。はっきり言って、だれにも迷惑をかけずに生きていくなんて不可能だ。

もちろん、だれかれ構わず迷惑をかけまくるつもりはないし、自分でできることはなるべく自分でやろうと努めている。それでも、迷惑の程度にもよると思うけれど、目の見えない僕は、少なからず周りを巻き込《こ》んで、助けてもらいながら生きていくしかない。

だから、迷惑をかけない人間になろうとすると、とたんに身がすくんで何もできなくなる。そうなってしまうより、多少巻き込まれても「まあええよ」と受け入れてくれる仲間を作ることのほうが、僕にとって大事なことなんだと思う。

二〇二一年度　国士舘中学校

【国　語】〈第四回試験〉（四五分）〈満点：一〇〇点〉

一

次の――線の漢字の読みをひらがなに、カタカナは漢字に直しなさい。ていねいに、はっきりと書くこと。

1　運動してダイエットに成功する。
2　食品の品質を管理する。
3　難しい問題に決着がついた。
4　出かける前に服装を整える。
5　細かい説明を省く。
6　ザイホウがあると言われる城を調べる。
7　肉と魚をレイゾウする。
8　楽器のエンソウができるようになりたい。
9　私と妹はふたごのように二ている。
10　木の枝にとまった鳥がナく。

二

次の文章は、ブラインドサッカーで活やくしている視覚障がい者の川村怜《かわむらりょう》さんについて書かれた文章の一部です。これを読んで、後の問いに答えなさい。


小学校の卒業を控《ひか》えて、①僕《ぼく》と両親は進路について話し合った。

「なあリョウ、中学はどうする？」

「どうって？」

「普通《ふつう》の学校でええの？」

「普通がいい。友だちと同じがいい」

「ほな、そうしよな」

別に両親も盲《もう》学校へ行かせたかったわけじゃなかったので、話し合いはすぐに終わった。

2021年度

国士舘中学校 ▶解説と解答

算　数　＜第１回試験＞（45分）＜満点：100点＞

解　答

1 ①　1.4　②　62　③　$\frac{13}{30}$　④　8.7　⑤　$\frac{5}{9}$　**2** ⑥　288　⑦　$\frac{5}{7}$　⑧　時速48km　⑨　630mL　⑩　1600円　⑪　25本　⑫　6500円　⑬　80枚　⑭　19組　⑮　0　⑯　５通り　⑰　110度　⑱　20cm^2　⑲　12倍　⑳　３分

解　説

1 四則計算，計算のくふう

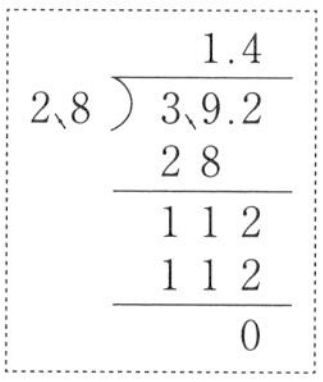

①　右の筆算より，$3.92 \div 2.8 = 1.4$

②　$17 + 3 \times (23 - 8) = 17 + 3 \times 15 = 17 + 45 = 62$

③　$\frac{8}{15} \div \frac{8}{9} - \frac{1}{6} = \frac{8}{15} \times \frac{9}{8} - \frac{1}{6} = \frac{3}{5} - \frac{1}{6} = \frac{18}{30} - \frac{5}{30} = \frac{13}{30}$

④　$0.25 \times 8.7 \times 4 = 0.25 \times 4 \times 8.7 = 1 \times 8.7 = 8.7$

⑤　$\left(0.4 - \frac{2}{9}\right) \div 0.32 = \left(\frac{2}{5} - \frac{2}{9}\right) \div 0.32 = \left(\frac{18}{45} - \frac{10}{45}\right) \div 0.32 = \frac{8}{45} \div 0.32 = \frac{8}{45} \div \frac{8}{25} = \frac{8}{45} \times \frac{25}{8} = \frac{5}{9}$

2 約数と倍数，分数の性質，速さ，割合と比，分配算，植木算，売買損益，倍数算，場合の数，周期算，角度，辺の比と面積の比，相似，グラフ

⑥　９と12の公倍数は，９と12の最小公倍数である36の倍数と等しい。$280 \div 36 = 7$あまり28より，280より小さく，280に近い36の倍数は，$36 \times 7 = 252$，280より大きく，280に近い36の倍数は，$36 \times 8 = 288$である。280と252の差は，$280 - 252 = 28$，280と288の差は，$288 - 280 = 8$だから，288の方が280に近い。よって，280にいちばん近い数は288であるとわかる。

⑦　0.7を分数で表すと$\frac{7}{10}$になる。この分母を７にするには，分母を$\frac{7}{10}$倍（0.7倍）すればよいが，分数の大きさを変えないためには，分子も0.7倍する必要がある。すると，$\frac{7 \times 0.7}{10 \times 0.7} = \frac{4.9}{7}$と表せる。同様に，$\frac{4}{5}$の分母を７にするには，分母と分子を$\frac{7}{5}$倍（1.4倍）すればよいから，$\frac{4 \times 1.4}{5 \times 1.4} = \frac{5.6}{7}$となる。よって，$\frac{4.9}{7}$より大きく，$\frac{5.6}{7}$より小さい分母が７の分数は，$\frac{5}{7}$とわかる。

⑧　40分は，$40 \div 60 = \frac{40}{60} = \frac{2}{3}$（時間）だから，$\frac{2}{3}$時間で32km進むバスの速さは，時速，$32 \div \frac{2}{3} = 48$（km）である。

⑨　ある数の35％とは，その数の0.35倍のことを表す。1.8Ｌ＝(1.8×1000)mL＝1800mLになるので，1.8Ｌの35％は，$1800 \times 0.35 = 630$（mL）となる。

図１

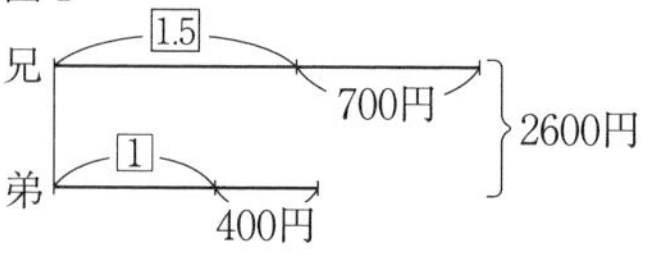

⑩　兄と弟がはじめに持っていたお金を線分図で表すと，右の図１のようになる。図１から，$2600 - (700 + 400) = 1500$（円）が，$\boxed{1.5} + \boxed{1} = \boxed{2.5}$にあたるとわかる。よって，$\boxed{1} = 1500 \div 2.5 = 600$な

ので，兄がはじめに持っていたお金は，600×1.5＋700＝1600(円)である。

⑪　池のまわりに木を植えるのに，５ｍおきに植える場合と，７ｍおきに植える場合とで，木と木の間の数の比は，$\frac{1}{5}:\frac{1}{7}$＝７：５で，必要になる木の本数の比も７：５になる。この比の差の，７－５＝２が，３＋５＝８(本)にあたるから，比の１の値は，８÷２＝４(本)で，用意した木の本数は，４×７－３＝25(本)となる。

⑫　仕入れ値の２割のもうけを見こんで定価をつけ，定価の１割引きで売ったとすると，売り値は，仕入れ値の，１×(１＋0.2)×(１－0.1)＝1.08(倍)になる。つまり，利益の520円は，仕入れ値の，1.08－１＝0.08(倍)にあたるから，仕入れ値は，520÷0.08＝6500(円)である。

⑬　姉が妹に８枚の折り紙をあげても，２人が持っている折り紙の枚数の合計は変わらない。このことから，２人の持っている折り紙の枚数の合計を，３＋２＝５と，１＋１＝２の最小公倍数である10とおくと，はじめに持っていた折り紙の枚数は，姉が，$10\times\frac{3}{3+2}$＝６，妹が，10－６＝４と表せる。また，姉が妹に折り紙をあげたあとの折り紙の枚数は，姉と妹ともに，10÷２＝５と表せる。すると，比の，６－５＝１が８枚にあたるとわかる。したがって，２人が持っている折り紙の枚数の合計は，８×10＝80(枚)となる。

⑭　異なる２つの整数をア，イとし，アの方が大きいとする。アの最大は99で，このときのイは，160－99＝61である。また，160÷２＝80より，アが80だと，イも，160－80＝80となってしまい，異なる整数にならないので，アの最小は81となる。よって，アとイの組は，全部で，99－81＋１＝19(組)ある。

⑮　{7，0，3，5，1}の５個の数字が，この順でくり返し並んでいる。63個の数字のちょうど真ん中は，はじめから数えて，(63＋１)÷２＝32(番目)の数字である。32÷５＝６あまり２より，32番目の数字までに，５個の数字の周期を６回くり返し，さらに２個の数字が並ぶから，ちょうど真ん中にある数字は，周期の２番目の０となる。

⑯　球の取り出し方を樹形図で示すと，右の図２のようになり，全部で５通りの取り出し方がある。

図２

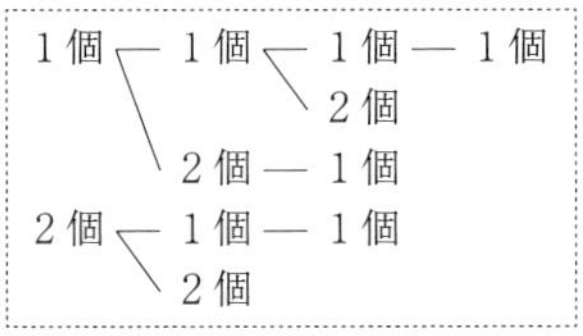

図３

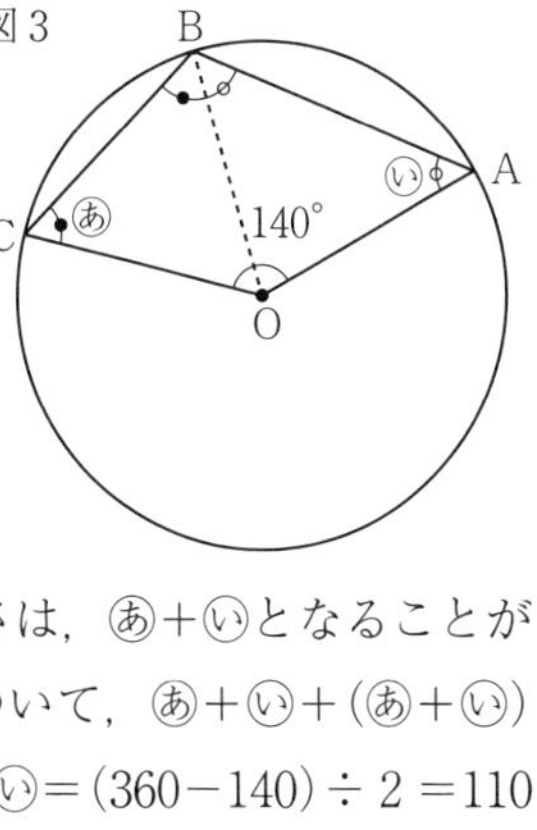

⑰　右の図３で，OA，OB，OCはいずれも円の半径で長さが等しいから，三角形OAB，OBCは二等辺三角形である。すると，●の記号をつけた角，○の記号をつけた角の大きさはそれぞれ等しくなり，四角形OABCの角Ｂの大きさは，ⓐ＋ⓘとなることがわかる。四角形の内角の和は360度だから，四角形OABCの内角の和について，ⓐ＋ⓘ＋(ⓐ＋ⓘ)＋140＝(ⓐ＋ⓘ)×２＋140＝360(度)という式が成り立つ。よって，ⓐ＋ⓘ＝(360－140)÷２＝110(度)と求められる。

⑱　三角形ADFの面積は，三角形ABCの面積の，$\frac{2}{2+1}\times\frac{1}{1+1}=\frac{1}{3}$である。同様に，三角形BEDの面積は，三角形ABCの面積の，$\frac{2}{2+1}\times\frac{1}{1+2}=\frac{2}{9}$，三角形CFEの面積は，三角形ABCの面積の，$\frac{1}{1+1}\times\frac{1}{1+2}=\frac{1}{6}$である。すると，三角形DEFの面積は，三角形ABCの面積の，$1-\left(\frac{1}{3}+\frac{2}{9}+\frac{1}{6}\right)=\frac{5}{18}$となる。したがって，三角形DEFの面積は，$72\times\frac{5}{18}$＝20(cm^2)と求められる。

⑲　右の図４のように，三角形ABCと三角形ADEの相似より，BC：DE＝AB：AD＝２：１である。また，三角形CFBと三角形DFEの相似より，CF：DF＝BC：DE＝２：１である。ここで，三角形DFEの面積を１とすると，三角形DCEの面積は，１×(１＋２)＝３，三角形ADCの面積は，３×(１＋１)＝６，三角形ABCの面積は，６×(１＋１)＝12と表せる。よって，三角形ABCの面積は，三角形DFEの面積の，12÷１＝12(倍)となる。

図４

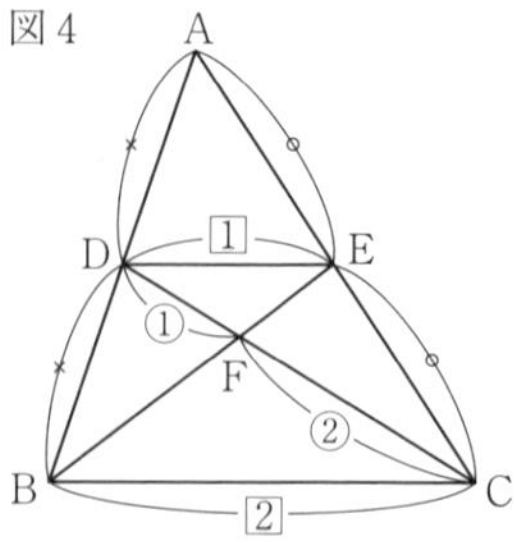

⑳　問題文中のグラフより，１回目の休みをふくめて11分間で1440m進んでいる。もし，２回目も同じ時間だけ休んで進み続けたとしたら，11×２＝22(分後)までに，1440×２＝2880(m)進むはずである。しかし実際には，２回目の休みを１回目より２分長くして，出発してから23分後に2700m地点にいる。もし，２回目も１回目と同じ時間だけ休んでいたら，出発して，23－２＝21(分後)には2700m地点にいたことになる。よって，Ａさんは，22－21＝１(分)で，2880－2700＝180(m)進むとわかる。したがって，Ａさんが１回目に休んだ時間は，11－1440÷180＝３(分)である。

国　語　＜第４回試験＞（45分）＜満点：100点＞

解　答

一　**1**　せいこう　**2**　かんり　**3**　けっちゃく　**4**　ととの(える)　**5**　はぶ(く)　**6～10**　下記を参照のこと。　二　**問1**　1　**問2**　いろんな配～安全な生活　**問3**　③　2　⑥　5　**問4**　(例)　一人で歩かず，先生に手を引かれ，常に見守られながら　**問5**　頼る　**問6**　4　**問7**　(例)　視覚障がい者の自立についての「僕」の思いを読んで，今までの自分の考え方が少し違っていたと感じました。障がいを持つ人は，社会が守るべきだと考えていたのです。でも，この文章を読んで，障がい者の方々には自立が必要で，そのためには私たち一人ひとりが意識を変え，積極的に手を差し伸べるようにしなければならないと思いました。　三　**問1**　この居心地　**問2**　2　**問3**　3　**問4**　④　4　⑦　3　**問5**　2　**問6**　(例)　試合に勝つつもりがなく，負けてもくやしがらない　**問7**　さわやかで，やさしくて，おおらか　四　**問1**　の　**問2**　そよ風のなか，折り重なった桜の葉が揺れる　**問3**　**俳句**…(例)　春風に　そよぐカーテン　ダンスする／**季節**…春　五　ayatori　六　**問1**　**主語**…2　**述語**…6　**問2**　①　くにがまえ　②　しめすへん　**問3**　日(進)月(歩)

●漢字の書き取り

一　**6**　財宝　**7**　冷蔵　**8**　演奏　**9**　似(て)　**10**　鳴(く)

解　説

一　漢字の読みと書き取り

1　目的どおりに物事を成し遂《と》げること。　**2**　基準内に収めたり，物事がうまくいったりするように全体を統制すること。　**3**　問題などにきまりがついて，終わりになること。　**4**　音読みは「セイ」で，「整理」などの熟語がある。　**5**　音読みは「ショウ」「セイ」で，「省略」

「反省」などの熟語がある。　**6**　財産や宝物。　**7**　飲食物などを低温で貯蔵すること。　**8**　音楽をかなでること。　**9**　音読みは「ジ」で，「類似」などの熟語がある。　**10**　音読みは「メイ」で，「悲鳴」などの熟語がある。

二　出典は江橋《えばし》よしのりの『サッカーなら，どんな障がいも超《こ》えられる』による。ブラインドサッカーで活躍《かつやく》している川村怜さんが，自分の経験に基《もと》づき，どのようにしたら視覚障がい者が社会で自立できるかということについて述べた文章である。

問１　「普通《ふつう》の学校でええの？」と問われたのに対して，「僕」が「普通がいい。友だちと同じがいい」と答えると，両親は「ほな，そうしよな」と言うだけで，進学についての話し合いはすぐに終わった。両親も，視覚に障がいのある「僕」のことを思って，進学先についての確認《かくにん》を一応はしたが，もともと「盲《もう》学校へ行かせたかったわけ」ではなく，「僕」の気持ちや生き方を尊重しようという姿勢で接しているために，特にそれ以上の意見は聞かなかったものと考えられる。

問２　「僕」は，小学校で「見える友だちと一緒《いっしょ》」だったからこそ，ふざけ合ったり遊んだりして，「刺激的《しげきてき》な体験」ができた。だから，盲学校に入ると，「いろんな配慮《はいりょ》が行き届いた安全な生活」に甘《あま》えてしまい，小学校のときと同じような生活ができなくなるのではないかという不安を抱《いだ》いたのである。

問３　③　視覚障がいのある子どもが「一人で歩いたら壁《かべ》や人が見えなくて頭をぶつけたり，階段で転んだりして怪我《けが》をするかもしれない」けれど，幼少期を「先生に手を引かれ，常に見守られながら生活している」と「大人になってから外を歩くのはとてもむずかしく」なってしまう，という文脈になっている。前のことがらに対し，後のことがらが対立する関係にあることを表す「でも」が入る。　⑥　「白杖《はくじょう》をついた人」が「大丈夫《だいじょうぶ》です」と答えても，「助けようとしてくれたことを『嫌《いや》だな』とか『おせっかいだな』と感じて拒絶《きょぜつ》しているわけではない」ので，「せっかく声をかけたのに断られた」と「ネガティブに受け取ら」ずに，「大丈夫なシチュエーションだったんだ」と「ポジティブに感じ」てほしいという文脈になっている。前のことがらを理由・原因として，後にその結果をつなげるときに用いる「だから」を入れるのが適切である。

問４　「僕」は，視覚に障害のある子どもが一人で行動することで「ぶつかったり転んだりを何回か経験するうちに『こういう場合はこうなるだろうな』と予測ができるようになるはずだ」から「予測を立てるというのも大事な学び」であると考えている。だから，地方の盲学校で一人で行動せずに「生徒が先生に手を引かれ，常に見守られながら生活している」のに接したとき，「大人になってから外を歩く」のが「むずかしくなるだろう」と心配したのである。

問５　次の段落を参考にする。「僕」は，「いろんな人にちょっとずつ手を借りながら生きて」きて，「自分の人生を楽しもうと考えられる」ようになった。だから，視覚障がい者の自立のためには「だれかに頼《たよ》る」ことが必要だと考えている。「自立」と「頼る」ことは矛盾《むじゅん》しているようにも思われるが，「自分にできないことは人にサポートしてもらう」ことで，「視覚障がい者が外に出て一人歩きする扉《とびら》」が開かれると，「僕」は自分の経験から考えている。

問６　盲学校では，常に子どもを見守るのではなく，「ぶつかったり転んだり」する経験をする中で「予測を立てる」ことを学ばせることも大切だと「僕」は考えている（1…○）。また，「僕」は周囲の人たちが「別にええよ」と受け入れてくれたおかげで「自分の人生を楽しもうと考えられる」ようになったという経験から（3…○），「だれにも迷惑《めいわく》をかけずに生きていくなんて不可能だ」

と考えており，むしろ「困ったらだれかに頼る」ことで視覚障がい者が自立できるようになると考えている（２…○）。だから，困っているような「白杖をついた人」に声をかけたときに「大丈夫です」と言われたとしても，「『嫌だな』とか『おせっかいだな』と感じて拒絶しているわけではない」ので，「勇気を出して声をかけてほしい」と思っている（４…×）。

問７　「僕」は，視覚障がいを持つ子どもが「ぶつかったり転んだり」する経験をしていく中で「予測を立てる」ことを学べると考えているので，常に見守られながら生活するという盲学校のあり方に疑問を持っており，視覚障がい者は，周囲に迷惑をかけずに生きていくのではなく，「困ったらだれかに頼る」ことで自立できるようになるとも考えている。そして，本文の最後に「本当の自立」について，「なりたい自分」に向かって「自分の意志で歩いていく」ためには「協力し合える仲間」をつくり，「その仲間の目標にも力」を貸せる人間になるということも述べられているので，自分の意見をまとめるさいの参考にするとよい。

三　**出典は草野《くさの》たきの『リリース』による。**バスケットボール部を退部しようと思っているキャプテンの明良を引きとめるために家に訪ねてきた部員の真野が，新入生のころのことをいろいろと語り，明良もその当時のことを回想する場面である。

問１　真野は，「毎日退屈《たいくつ》」で，「居場所」も「やりたいこと」もない時期に，「幽霊《ゆうれい》部員」でいた自分を明るく迎《むか》えてくれたバスケットボール部を「自分の居場所にする」と思うようになれた。だから，今は，そのときの恩返しとして「この居心地のよさを自分が守っていこう」と決意し，明良たちを引きとめていると考えられる。「～いこう」が決意が表れた表現である。

問２　真野が「スゲーきつかった」時期に「後藤が声をかけてくれた」と言ったが，明良にはそのことについて「身に覚え」がなく，驚《おどろ》いたので，「オレ？」と「すっとんきょうな声」で確認《かくにん》したのである。

問３　真野は，新入生のころに明良にかけられた「今日，練習こないの？」とか「最近一年でもゲーム形式の練習に参加させてくれるんだよ」などの言葉を覚えていたが，言った本人である明良は「記憶《きおく》の回路をさぐった」が全く思い出せなかった。ここは，困惑した気持ちを表すために，「覚えてない」と口ごもりながら言うのが適切である。

問４　④　明良に声をかけてもらえてうれしかったことや，吉田や谷口が「おかえり！」と言ってくれたことなどを語り続けている真野を，明良が見守り続けている情景であると考えられる。視線を動かさないで見ている様子が想像できるので，「じっと」が入る。　⑦　明良は，バスケを楽しいと感じ，バスケに夢中になっているときの自分を思い出した。自由に「ボールを追いかけていられた」という様子なので，押さえつけられることなく自由に，という意味の「のびのびと」が適切である。

問５　無気力で，どこにも「居場所」がないと感じていた新入生のころの真野に，明良は笑顔で声をかけて練習に誘ってくれた。そして，体育館では，他の部員たちも明るく声をかけてきてくれたり，楽しそうに練習していたりしたことを，真野は照れながら語り続けた。「幽霊部員」だった自分を，明るく迎え入れてくれた仲間にすぐに打ち解けられたので，真野は「いいヤツらが集まってるじゃん」と思ったと考えられる。

問６　明良は，「将来，プロの選手」になって「NBAで活躍するような選手」になりたいという夢を抱いていた。しかし，初めて出場した試合で「ボロ負け」し，それ以上試合をさせてもらえなかったという経験をしたとき，「バスケを楽しみたかったら，勝たなきゃ意味がない」と痛切に感じ，「簡単に負けて」しまったうえに「負けたことをちっともくやしがっていない」チームに不満を持ったのである。

問７　新入生のころの様子を「照れまくって」語る真野を見て，明良は「いつもの真野らしくなかった」と感じた。明良は，真野のことを「さわやかで，やさしくて，おおらかな」感じだと思っていたので，いつもとは違うと思ったのである。

四　出典は堀本裕樹《ほりもとゆうき》の『俳句の図書室』による。篠原梵《しのはらぼん》の俳句とその鑑賞《かんしょう》文を紹介《しょうかい》している。

問１　「葉ざくらの」と「中の」と「無数の」に「の」という助詞が連続して用いられており，リズムのある「躍動感」をつくっている。

問２　作者は，「折り重なった桜の葉」が「そよ風」に揺れている様子を実際に見つつも，「葉と葉の隙間から見えた小さな空の青」を主題として俳句を詠んだ。「発見」という語句に着目する。

問３　生き物ではない「空」の様子を，「さわぐ」という人間の動作のように表現する技法を擬人法という。俳句を作るときは，音数で「五・七・五」の型を守り，季節を示す「季語」を入れるという「有季定型」が基本となる。

五　ローマ字の表記

ローマ字では，あ行と各段の母音を表すａ，ｉ，ｕ，ｅ，ｏと，各行の子音とを組み合わせて表記する。母音はそれぞれ，あ段がａ，い段がｉ，う段がｕ，え段がｅ，お段がｏとなり，各行の子音は，か行がｋ，さ行がｓ，た行がｔ，な行がｎ，は行がｈ，ま行がm，や行がｙ，ら行がｒ，わ行がｗとなる。よって「あ」はａ，「や」はya，「と」はto，「り」はri，となる。

六　主語と述語，漢字の部首，四字熟語の完成

問１　主語は「だれが」や「何が」を表す文節で，述語は主語に対して「どうする」「どんなだ」「何だ」にあたる文節である。よって「父は」が主語で，「出発する」が述語となる。

問２　①「図」の部首は，「囗」の部分のくにがまえ。くにがまえを部首とする他の漢字には，「国」「囲」「固」などがある。　②「祝」の部首は，「ネ」の部分のしめすへん。しめすへんを部首とする他の漢字には，「礼」「祈」「祖」などがある。

問３　「日進月歩」は，日々絶えることなく進歩していること。

Dr.福井の

入試に勝つ！脳とからだのウルトラ科学

復習のタイミングに秘密あり！

算数の公式や漢字，歴史の年号や星座の名前……。勉強は覚えることだらけだが，脳は一発ですべてを記憶することができないので，一度がんばって覚えても，しばらく放っておくとすっかり忘れてしまう。したがって，覚えたことをしっかり頭の中に焼きつけるには，ときどき復習をしなければならない。

ここで問題なのは，復習をするタイミング。これは早すぎても遅すぎてもダメだ。たとえば，ほとんど忘れてしまってから復習しても，最初に勉強したときと同じくらい時間がかかってしまう。これはとっても時間のムダだ。かといって，よく覚えている時期に復習しても何の意味もない。

そもそも復習とは，忘れそうになっていることを見直し，記憶の定着をはかる作業であるから，忘れかかったころに復習するのがベストだ。そうすれば，復習にかかる時間が一番少なくてすむし，記憶の続く時間も最長になる。

では，どのタイミングがよいか？　さまざまな研究・発表を総合して考えると，1回目の復習は最初に覚えてから1週間後，2回目の復習は1か月後，3回目の復習は3か月後——これが医学的に正しい復習時期だ。復習をくり返すたびに知識が海馬《かいば》(脳の，知識をためる倉庫みたいな部分)にだんだん強くくっついていくので，復習する間かくものびていく。

この計画どおりに勉強するには，テキストに初めて勉強した日付と，その1週間後・1か月後・3か月後の日付を書いておくとよい。あるいは，復習用のスケジュール帳をつくってもよいだろう。もちろん，計画を立てたら，それをきちんと実行することが大切だ。

ちなみに，記憶量と時間の関係を初めて発表したのがドイツのエビングハウスという学者で，「エビングハウスの忘却《ぼうきゃく》曲線」として知られている。

Dr.福井(福井《ふくい》一成《かずしげ》)…医学博士。開成中・高から東大・文Ⅱに入学後，再受験して翌年東大・理Ⅲに合格。同大医学部卒。さまざまな勉強法や脳科学に関する著書多数。

2021年度　国士舘中学校

〔電　話〕　03(5481)3135
〔所在地〕　〒154－8553　東京都世田谷区若林4－32－1
〔交　通〕　東急世田谷線―松陰神社前駅より徒歩６分
小田急線―梅ヶ丘駅より徒歩13分

【算　数】〈第３回試験〉（45分）〈満点：100点〉

1　□にあてはまる数を入れなさい。

・　$9999+998+97-6=$ ［　①　］

・　$\left(0.75-\dfrac{1}{6}\right)\div\dfrac{7}{8}=$ ［　②　］

・　$0.87\times1.9-0.57\times1.9=$ ［　③　］

・　$18\div7.5\times1.5=$ ［　④　］

・　$\dfrac{3}{10}-\dfrac{3}{20}\times\dfrac{8}{9}=$ ［　⑤　］

2　□にあてはまる数を入れなさい。

・　ある数を5倍してから9をひくと26になるとき、ある数は［　⑥　］です。

・　5.7haは、［　⑦　］m^2の75倍の面積になります。

・　4%の食塩水300gと9%の食塩水200gを混ぜ合わせると、［　⑧　］%の食塩水になります。

・　たかしさんのこれまでの3回の算数のテストの平均点は77点です。この次のテストで［　⑨　］点とると、4回のテストの平均点が80点になります。

・　1時と2時の間で、時計の長針と短針が重なる時刻は、1時［　⑩　］分です。

・　1.5mのリボンを姉と妹で分けました。姉のリボンの長さが妹のリボンの長さの1.4倍より6cm短いとき、姉のリボンの長さは［　⑪　］cmです。

・　1個160円のりんごと1個90円のみかんを合わせて15個買って、2000円出したら、おつりが230円ありました。このとき、りんごを［　⑫　］個買いました。（消費税は、考えない。）

・　はじめ、AさんがBさんよりお金を600円多く持っていました。Aさんが持っていたお金の7割、Bさんが持っていたお金の6割を使ったら、2人の残りのお金が等しくなりました。はじめにAさんが持っていたお金は［　⑬　］円です。

・　はじめ、兄が持っていたカードの枚数は、弟が持っていたカードの枚数の3倍でした。兄が弟にカードを9枚あげたら、兄が持っているカードの枚数は弟が持っているカードの枚数の1.5倍になりました。はじめに兄が持っていたカードの枚数は［　⑭　］枚です。

・　［0］、［2］、［3］、［4］の4枚の数字カードの中から3枚を並べて3けたの整数をつくります。偶数は全部で［　⑮　］通りつくれます。

・　右の表のＡ組、Ｂ組の数は、それぞれあるきまりにしたがって並べられています。Ａ組の数が29のとき、その下のＢ組の数は［　⑯　］です。

Ａ組	1	3	5	7	9	11	…
Ｂ組	1	4	7	10	13	16	…

・　右の図で、四角形ＡＢＣＤは長方形です。かげをつけた部分の面積は［　⑰　］cm^2です。　（円周率は3.14とする。）

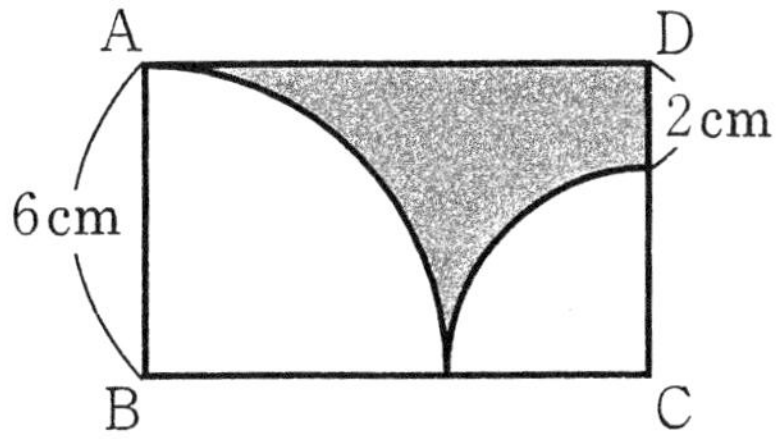

・　右の図で、三角形ＡＢＣの面積は$63cm^2$で、三角形ＡＥＣの面積は三角形ＡＢＤの面積の２倍です。三角形ＡＢＤの面積は［　⑱　］cm^2です。

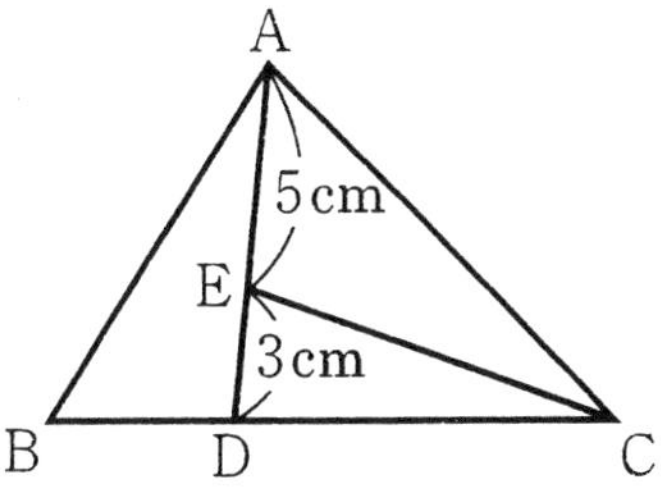

・　右の図で、四角形ＡＢＣＤは平行四辺形です。かげをつけた部分の面積が$66cm^2$のとき、ＤＥの長さは［　⑲　］cmです。

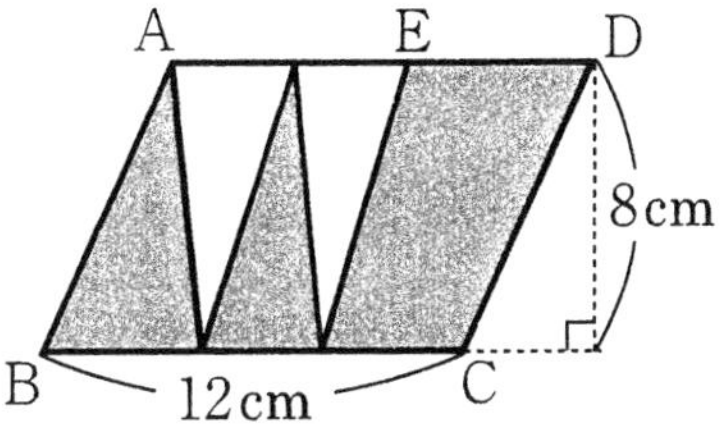

・　右の図のように、直線上に正方形と直角三角形があります。図の位置から直角三角形が秒速１cmで矢印の方向に、直線上を動きます。直角三角形が動き始めてから11秒後に２つの図形が重なっている部分の面積は［　⑳　］cm^2です。

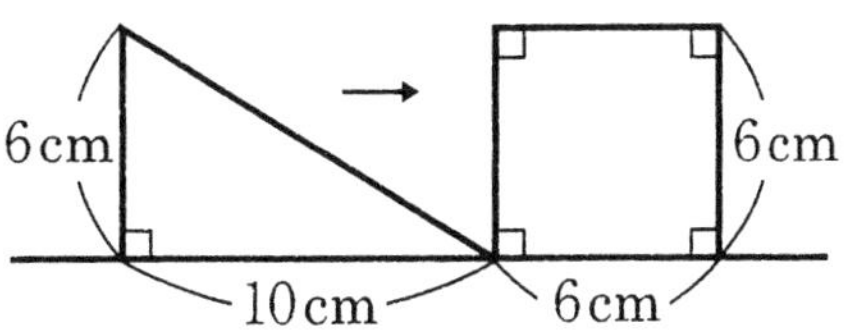

六　次の問いに答えなさい。

問一　次の文から文全体の主語と述語にあたる部分を一つずつ選び、番号で答えなさい。

1 暗く　2 なったので　3 ふたりとも　4 急いで　5 家に　6 帰った。

問二　次の――線の語のうち、送りがなが適切でないものを一つ選び、番号で答えなさい。

1　駅前で友だちと別れる。
2　スイッチをおして明かりをつける。
3　勢おいよく飛びあがる。
4　父が営むお店を手伝う。

問三　「二度目の正直」と反対の意味のことわざとして最も適切なものを次の中から一つ選び、番号で答えなさい。

1　仏の顔も三度
2　雨降って地固まる
3　終わりよければすべてよし
4　二度あることは三度ある

五

次の――線部の言葉をローマ字に直して、すべて小文字で書きなさい。

おりがみ

四　次の短歌と鑑賞《かんしょう》文を読んで、後の問いに答えなさい。

青空にエンドロールが流れだす　蟬《せみ》が鳴いてるだけだった夏　　穂《ほ》村《むら》弘《ひろし》

映画の終わりなどに、音楽とともに流れるエンドロール。あれってなんだか、切なく感じる。ロケ地の海や学校や洋館がどこだったのか知りたくて、じっと見つめることなどもある。ふと思う。もしも、現実の世界にエンドロールがあったら、どんな感じなんだろう。

青空に不意に文字が流れだした時、初めて今年の「夏」が［　　］ことに気づいた。「夏」の主役たちは見知らぬ名前。エンドロールはさらさらと流れてゆく。次々にどこかの誰《だれ》かの名前が現れて、ああ、そうか、と思う。僕《ぼく》にとっては「蟬が鳴いてるだけだった夏」に、みんなにはさまざまな出来事があったんだ。泣いたり、笑ったり、今年の「夏」をきらきらと生きた人々がいる。青空のエンドロールも少しずつ終わりに近づいて、文字が小さくなってゆく。僕の名前は見つけられそうもない。

（穂村弘・堀本裕樹『短歌と俳句の五十番勝負』より）

問一　［　　］に入る言葉として最も適切なものを次の中から一つ選び、番号で答えなさい。

1　始まった　　2　続いている　　3　終わった　　4　なかった

問二　――線「僕にとっては『蟬が鳴いてるだけだった夏』」とありますが、それはつまり僕にとってどのような夏だったということですか。「きらきら」という言葉を用いて、「～夏。」に続く形で十五字程度で書きなさい。（、や。なども一字に数えます。）

問三　この短歌から感じられる「僕」の気持ちとして最も適切なものを次の中から一つ選び、番号で答えなさい。

1　なつかしさ　　2　さみしさ　　3　もどかしさ　　4　おもしろさ

問四　[④]に入る言葉として最も適切なものを、これより前の本文中から五字で書きぬきなさい。

問五　――線⑤「どこかうれしそうだ」とありますが、符音はなぜうれしそうにしていたと思われますか。次の文の[　　]に入る言葉を、「ひとり」「いっしょ」という言葉を用いて、二十字以上二十五字以内で書きなさい。（、や。なども一字に数えます。）

陸上をやめる前に、[　　]から。

問六　みらいと真歩の人物像として最も適切なものを次の中から一つずつ選び、それぞれ番号で答えなさい。

1　くよくよとなやむところがあるが、やると決めたことには全力をそそぐ人物。
2　少し自分勝手なところがあり、自分のことだけを自分のペースでやる人物。
3　少し気が弱いところがあるが、しっかりと自分の意見を持っている人物。
4　おせっかいなところがあり、相手の気持ちを考えず正論だけを主張する人物。
5　口調に少しきついところがあるが、周りの人をよく見て的確に意見を言える人物。

問七　真歩が走っている部分の表現の特ちょうとして、最も適切なものを次の中から一つ選び、番号で答えなさい。

1　会話を多用して人物の心情をわかりやすく描いている。
2　周りの人たちの様子を細かく描くことで臨場感を出している。
3　短い文を次々に並べることでスピード感を出している。
4　専門用語を用いてリレーについてくわしく解説している。

抜いた！

ゴールした瞬間、二着に入ったのがわかった。

思わず逆走して、符音のところへ走った。誰《だれ》が声をかけたわけでなく、南沢中のみんなが駆《か》け寄ってくる。

「胴上《どうあ》げするしかないね」

みらいが言いだして、一回、二回、三回と符音の小さな体が、泣きながら宙に舞《ま》った。

「真歩のおかげだよ」

（村上しいこ『ダッシュ！』より）

※　オン・ユア・マークス……「位置について」の意味。この後の、「セット」は「用意」の意味。

※　ダッシュマーク……バトンをスムーズに受け渡すために、後の走者が走り出すための目印。

※　反芻……くり返し考えること。

問一　——線①「そりゃ、美羽留をチームＡで走らせたいからでしょ」とありますが、真歩のこうしたもやもやした気持ちが切りかわったことがわかるたとえを用いた表現を、本文中から一文で探し、初めの五字を書きぬきなさい。

問二　——線②「…………」とありますが、このときの真歩の様子として最も適切なものを次の中から一つ選び、番号で答えなさい。

1　みらいの言い分にはなっとくできないということを、どう伝えようかと迷っている様子。
2　勝手なことばかり言われて腹が立ち、みらいの言葉に返事をする気もなくしている様子。
3　おかしなことをいうみらいを心配し、とにかく落ち着かせようと言葉を探している様子。
4　思いもしなかったことを言われておどろき、みらいの言葉の意味をよく考えている様子。

問三　——線③「みらいの目を見ることさえできなかった」とありますが、このときの真歩の気持ちとして最も適切なものを次の中から一つ選び、番号で答えなさい。

1　おそろしい　　2　もどかしい　　3　かなしい　　4　はずかしい

葉月がトップで突《つ》っこんできて、沙凪にバトンが渡《わた》る。そして西中と符音。
（さあ、きて！）
心の中で呼びかけると、
（うん！）
聞こえるはずのない符音の声が届いた。
※ダッシュマークと符音の体が重なる。
振り向いてダッシュをかける。
「ハイっ！」
符音の声に反応して腕を伸《の》ばす。
バトンが手のひらを振動《しんどう》させる。
心臓まで熱が伝わる。
目の前に西中の背中。
抜《ぬ》いてやる！
一気に加速して追いかけた。アンカーはハートで走る。
「真歩！　行けえええー！」
符音の声が背中を押《お》す。
差は一メートルもない。
ゴールまであと六十メートル。
くそう！
と思った瞬間《しゅんかん》、沙凪のアドバイスが頭をよぎった。
（真歩はもっと、楽して走らなきゃ。体の力を抜いておへそで押す感じ）
心の中で※反芻《はんすう》してみる。
急に体が前に弾《はず》んだ。
西中の背中が近づく。
一瞬、横顔が視界に入りすぐうしろへ流れた。

「バトンつまってもいいから、符音はギリギリまで腕《うで》振《ふ》って走ってきて。わたしは大丈夫だから。ただバトンをつなぐことだけ考えて走ったらいいから」

「うん。なんか今日のキャプテン、いちだんと頼《たの》もしいね。教え方も上手だし」

「あはっ。それから二走の美玲にいちばん長く走らせたいから、つぐみは早めにバトンつなご」

「ハイ！　チームAに勝てるかも」

つぐみが言うと、

「ちがうよ。勝ちにいくんだよ」

美玲が返す。

気合が入って、一時間の間に円陣《えんじん》を組むまでになった。

「チームB最高！」

「おう！」

女子四百メートルリレー決勝。第四走者は、沙凪が第四レーン、わたしは第三レーンに立った。

「なんか不思議な感じだね」

沙凪がスタンドを背に話しかけてくる。

「南沢中で、ワン、ツー、フィニッシュだから。もちろんウチが［④］から」

そう返したとたん勝負師のスイッチが入り、沙凪の表情が引き締《し》まった。

スターターが台に上り、競技場が静まる。

「※オン・ユア・マークス」

沙凪の静かな横顔が前方に見える。まだ体はリラックスさせたまま、スタート地点に気持ちを集中させる。

「セット……」

パン！　声援《せいえん》が競技場を包む。

つぐみが幅《はば》跳《と》びで鍛《きた》えたバネをいかして、最高のスタートを切った。表面には出さないけど、美羽留への意地もあるだろう。チームAとの差はほとんどないまま二走へ。

二走の美玲はみらいに食らいつくように走る。そして三走へ。トップ争いは三チーム。チームA、西中、チームBの順。

符音が、バランス感覚のよさを見せつけるように、コーナーをしなやかに走る。苦しいはずなのに、⑤どこかうれしそうだ。

三　次の文章は、市の記録会の女子四百メートルリレーで、南沢《みなみさわ》中学校陸上部のチームA（美羽留《みはる》、みらい、葉月《はづき》、沙凪《さなぎ》）とチームB（つぐみ、美玲《みれい》、符音《ふおん》、真歩《まほ》）が予選を通過した場面を描《えが》いたものです。もともと長距離《ちょうきょり》選手の符音は、ピアノに専念するために陸上をやめるつもりです。そして一年生の美羽留に主力のチームAのレギュラーをうばわれたキャプテンで三年生の真歩は、予選では全く集中できず、そんな真歩にみらいが話しかけました。これを読んで、後の問いに答えなさい。

「ねえ、今日の試合の意味わかってるの？　どうして南沢中から二チーム、リレー出してるか」

「①そりゃ、美羽留をチームAで走らせたいからでしょ」

「ちがうよ。西中《にしちゅう》だって三池中《みいけちゅう》だって、女子だけで部員二十人はいるよ。それが十一人しかいないウチが二チーム出してるって、おかしいと思わない」

「そりゃ、ちょっとは……」

「立花《たちばな》先生がゴリ押《お》ししたんだよ、きっと。今日の試合を、符音の引退試合にしようって。符音にリレーのよさも伝えたくって。符音ってさ、いつもひとりで走ってたじゃない。そしていつもひとりで自分を追いつめてた。陸部やめるのだってひとりで決めて。でも、こういう生き方もあるから覚えておけよって、先生なりのメッセージだと思うよ。ちがう？」

「②…………」

「しかもいちばん仲のよかった真歩に、アンカー任せたんだよ。ただ勝つためなら、沙凪が行くよ。葉月でもいいよ。わたしだっていくよ。でも真歩じゃなきゃダメなんだよ。なんでダメなのか考えろよ」

何も言えなかった。③みらいの目を見ることさえできなかった。

みんながいるブルーシートへ戻《もど》る。ぼんやりしていた頭の中の霧《きり》が、すっと晴れた。結果を恐《おそ》れるどころか、求めようともしていなかった。

「大丈夫《だいじょうぶ》だった？」

沙凪が気づかってくれた。

「ぜんぜん。あ、符音、サブトラ行こうか」

「うん」

符音の笑顔《えがお》に救われる。わたしのことを心から信じてくれている。虹《にじ》が笑ったら、たぶんあんな笑顔になるのだろう。つぐみと美玲もいっしょにサブトラックへ移動する。

問三　二つの［③］には同じ言葉が入ります。最も適切なものを次の中から一つ選び、番号で答えなさい。

1　自分勝手　　2　負けず嫌《ぎら》い　　3　悠々《ゆうゆう》自適　　4　引っ込み思案

問四　――線④「その指導法」とありますが、どのような指導法ですか。次の文の［　］に入る言葉として最も適切なものを本文中から十九字で書きぬきなさい。

［　］ようにさせる指導法。

問五　この文章は内容の上から大きく三つに分けられます。二つめと三つめはそれぞれどこから始まりますか。本文中の【1】～【5】の中から一つずつ選び、それぞれ番号で答えなさい。

問六　この文章に書かれている内容と合っていないものを次の中から一つ選び、番号で答えなさい。

1　うまくいかないときは次のことに気持ちを切りかえ、その時々で最善の道を選び、その道を信じて突き進むだけだ。
2　自分の中に、何か一つでもこれだけは負けたくないというものがあると、それが芯となって人は強くなれるものだ。
3　勝って喜び、負けて悔しいと思ってこそ強くなれるのであり、本気で戦わないのは最初から負けているということだ。
4　自分の弱点に自分で気づき、自分で原因を探って直すことは難しいので、指導者のアドバイスに従うほうがよいのだ。

問七　文章の最後の段落「失敗から逃げずに、……必要なことなのです。」という筆者の考え方についてどう思うか、自分自身の経験に当てはめて書きなさい。

それは、十代の頃《ころ》からの習慣です。ミスをした時、原因は自分ひとりで考えること。コーチの小浦猛志《こうらたけし》さんにそう教わりました。試合に負けたことは課題を与えられたということ。つねに原因を追究して、克服《こくふく》していくやり方を、当時からしていました。

「今、ボールを打った時、何が悪かった?」

「打つのが遅《おそ》かったからです」

「なぜ、遅かった?」

「ちゃんと構えていなかったからです」

【5】 小浦さんは、決して答えを教えてはくれませんでした。ここが悪いからここを直せとは、最初から言わなかったのです。自分の弱点に自分で気づいて、自分で原因を探って、自分で直す。それを当たり前のようにやっていました。初めは、なぜ教えてくれないのかと腹も立ちましたが、自分で考えたほうが身につくのです。

④その指導法は、まさに的確でした。先にアドバイスされると、自分で考える機会を失ってしまいます。何でも人の言う通りに従うだけだと、自主性はなくなり、課題はクリアされず、残されたまま。なぜ失敗したのかに気づく前に、簡単に答えが聞けてしまうと、楽かもしれないけれど、誰《だれ》かの指示がないと動けない人間になってしまいます。

失敗から逃《に》げずに、答えが出るまで突き詰めて考えることは大事なことです。イヤなことはすぐに忘れて、振《ふ》りきって前に進むよりも、前向きな内省——原因を深く考えることは、同じ過《あやま》ちを二度と繰《く》り返さないために必要なことなのです。

(クルム伊達公子『進化する強さ』より)

※ フォーカス……集中すること。

※ メンタリティ……ものの考え方。心理状態。

問一 ——線①「コートの中はまるで人生のようです」とありますが、どのようなところが人生のようだと言っているのですか。「変化」「やりがい」という言葉を用いて、「〜ところ。」に続く形で、二十字以上三十字以内で書きなさい。(、や。なども一字に数えます。)

問二 ——線②「それ」とありますが、その指している内容を本文中から四字で書きぬきなさい。

【1】　いつも後悔《こうかい》だけはしたくないので、その時々で最善の道を選んで突《つ》き進むだけです。信じて進めば、また別の道が見えてきます。人生は終わりのない旅をしているようなものです。山あり谷ありの道だから楽しいのではないでしょうか。ずっと同じ道だとしたら、嫌気《いやけ》がさすと思います。景色が変わり、道が変化するから、面白《おもしろ》いのです。

いつも難しい課題を与《あた》えられているほうが、生きている実感が得られると思います。

つらいことがあるほど、そこから脱《ぬ》け出すために必死になる。のめり込んでいる時のほうが人はイキイキできます。意志も強く持てるし、迷いもなくなります。

テニスも人生もなかなか簡単に勝たせてくれないからこそ、やりがいがあるのです。

【2】　心を強くするには、何か一つでもこれだけは負けたくない、というものを持つべきだと思います。私の場合はテニスがそれであり、そういうものが一つでもあれば、人は強くなれます。自分の中に、芯《しん》ができるのです。

今の時代は、何でも平等にしたがります。それは一方では正義なのかもしれませんが、すべてそうしてしまったら競争心はなくなってしまう。運動会の徒競走で、順位をつけないというのが一時期ありましたが、実は私は、そういうやり方にはあまり賛成できません。一番は一番ということで、それはそれでいいと思うのです。

勝ち負けが必要だと言っているわけではありません。「うれしい！」とか「悔《くや》しい！」という気持ちを育てるためには、順位をつけることも大切だと思います。

勝ってうれしいともっと頑張《がんば》りたいと思うし、負けて悔しいとどうすれば勝てるかを考えます。負けないと負けた人の気持ちもわからないし、勝ってみて初めて勝った人の喜びを感じることができる。両方を経験して、初めて両方の気持ちがわかる。②それを避《さ》けて通っていたら、いつまでたっても強くなれない。

こんなものだろう、この程度でいいと最初から手を抜《ぬ》いてしまったら、本当の力は出せない。ここぞという時の底力さえも発揮できない。

【3】　自分の得意なこと、好きなこと、これだけは譲《ゆず》れないもの、大切にしているもの――その部分だけはどんなことがあってもあきらめない。傷つくことや失うことを恐《おそ》れて本気にならないのは、最初から負けているということ、戦っていないということです。

もっと［③］になってもいいと思います。［③］は、強くなるには欠かせない※メンタリティだと思います。

【4】　私も、時には試合に負けて何日も考え込むことがあります。何とか切り替《か》えて、次に向かう時もありますが、とことん突き詰《つ》めることが多いです。何が悪いのか、何が足りないのか、それをじっくりと考えます。

ああすればよかったという後悔ではありません。未来につながる模索《もさく》をするのです。

二〇二一年度 国士舘中学校

【国語】〈第三回試験〉（四五分）〈満点：一〇〇点〉

一 次の――線の漢字の読みをひらがなに、カタカナは漢字に直しなさい。ていねいに、はっきりと書くこと。

1 太平洋をヨットで横断する。
2 絵画展で銀賞をとる。
3 炭酸の入ったジュースを飲む。
4 ケーキの大きさを比べる。
5 大きな音におどろいて首を縮める。
6 キセツの移り変わりを感じる。
7 テツボウで逆上がりをする。
8 祖父から畑でとれたヤサイが届く。
9 池に小さな魚のムれがいる。
10 サイワいなことに明日は晴れだ。

二 次の文章は、世界的なテニスプレーヤーだった伊達《だて》公子《きみこ》さんが、26歳《さい》で引退後、37歳で現役復帰して活やくしていたころに書いた文章の一部です。これを読んで後の問いに答えなさい。

①コートの中はまるで人生のようです。喜ぶ瞬間《しゅんかん》や悩《なや》む瞬間、自問する時も当然あります。よくなったり、悪くなったりの連続です。毎日の身体の調子、テニスの好不調、天候、相手、環境《かんきょう》、いろいろなことに左右されます。テニスも人生も進むのに平坦《へいたん》な道などありません。つねに変化していて、どんなにつらくても道は続いていくのです。

少しのことで自信を取り戻《もど》せるのに、そのきっかけがなかなかつかめない時もあります。パズルのピースが一つ足りないような、そこが埋《う》まれば流れを引き寄せられそうな感覚があるのに、波に乗りきれない。そんな時は、コツコツと試合をこなしながら、調子を上げていって、試合の勘《かん》をつかんでいくしかありません。

腐《くさ》らず、焦《あせ》らず、試練にチャレンジしていくのみです。悪い結果を気にしすぎず、次のことに気持ちを※フォーカスしていくのです。

2021年度

国士舘中学校　▶解説と解答

算　数　＜第３回試験＞（45分）＜満点：100点＞

解　答

1 ①　11088　②　$\frac{2}{3}$　③　0.57　④　3.6　⑤　$\frac{1}{6}$　2 ⑥　7　⑦　760m^2　⑧　6％　⑨　89点　⑩　1時$5\frac{5}{11}$分　⑪　85cm　⑫　6個　⑬　2400円　⑭　45枚　⑮　14通り　⑯　43　⑰　19.18cm^2　⑱　15cm^2　⑲　4.5cm　⑳　22.5cm^2

解　説

1　四則計算，計算のくふう

①　$9999+998+97-6=(10000-1)+(1000-2)+(100-3)-6=10000-1+1000-2+100-3-6=10000+1000+100-(1+2+3+6)=11100-12=11088$

②　$\left(0.75-\frac{1}{6}\right)\div\frac{7}{8}=\left(\frac{3}{4}-\frac{1}{6}\right)\div\frac{7}{8}=\left(\frac{9}{12}-\frac{2}{12}\right)\div\frac{7}{8}=\frac{7}{12}\div\frac{7}{8}=\frac{7}{12}\times\frac{8}{7}=\frac{2}{3}$

③　$0.87\times1.9-0.57\times1.9=(0.87-0.57)\times1.9=0.3\times1.9=0.57$

④　$18\div7.5\times1.5=18\div\frac{15}{2}\times\frac{3}{2}=18\times\frac{2}{15}\times\frac{3}{2}=3.6$

⑤　$\frac{3}{10}-\frac{3}{20}\times\frac{8}{9}=\frac{3}{10}-\frac{2}{15}=\frac{9}{30}-\frac{4}{30}=\frac{5}{30}=\frac{1}{6}$

2　逆算，単位の計算，濃度《のうど》，平均，時計算，分配算，つるかめ算，割合と比，倍数算，場合の数，数列，面積，辺の比と面積の比，図形の移動

⑥　ある数を□として，「ある数を５倍してから９をひくと26になる」ということを式に表すと，□×５－９＝26となる。これより，□×５＝26＋９＝35，よって，□＝35÷５＝７となる。

⑦　１haは10000m^{2}と等しいので，5.7ha＝(5.7×10000) m^2＝57000m^{2}である。これは，57000÷75＝760(m^2)の75倍にあたる。

⑧　４％の食塩水300ｇには，300×0.04＝12(ｇ)，９％の食塩水200ｇには，200×0.09＝18(ｇ)の食塩がふくまれている。これらを混ぜ合わせると，(12＋18)÷(300＋200)×100＝６(％)の食塩水になる。

⑨　たかしさんの３回の算数のテストの合計点は，77×３＝231(点)である。４回のテストの平均点を80点にするには，４回のテストの合計点を，80×４＝320(点)にしなければならないので，４回目のテストで，320－231＝89(点)をとればよい。

⑩　長針の動く速さは，毎分，360÷60＝６(度)，短針の動く速さは，毎分，360÷12÷60＝0.5(度)である。１時ちょうどのとき，短針は長針より，360÷12＝30(度)先に進んでいるから，長針が短針と重なるまで，あと，$30\div(6-0.5)=30\div5.5=30\div\frac{11}{2}=30\times\frac{2}{11}=\frac{60}{11}=5\frac{5}{11}$(分)かかる。よって，１時と２時の間で，時計の長針と短針が重なる時刻は，１時$5\frac{5}{11}$分である。

⑪　1.5m＝(1.5×100)cm＝150cmより，姉と妹のリボンの長さを線分図で表すと，下の図１のよ

うになる。図１から，[1]＋[1.4]＝[2.4]が，150＋６＝156(cm)にあたる。よって，[1]＝156÷2.4＝65(cm)なので，姉のリボンの長さは，150－65＝85(cm)となる。

図１

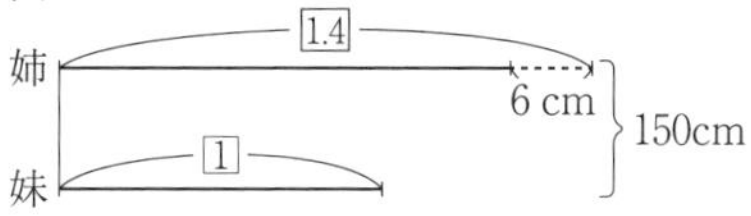

⑫　2000円を出して，おつりが230円あったときの代金は，2000－230＝1770(円)である。みかんだけを15個買ったとすると，代金は，90×15＝1350(円)となるが，これは実際の代金と，1770－1350＝420(円)の差がある。みかん１個をりんご１個と置きかえるごとに，代金が，160－90＝70(円)ずつ増えるから，りんごは，420÷70＝６(個)買ったことになる。

⑬　Ａさんが持っていたお金の７割を使うと，残りは，10－７＝３(割)になる。また，Ｂさんが持っていたお金の６割を使うと，残りは，10－６＝４(割)になる。これが等しいということは，Ａさんが持っていたお金の３割と，Ｂさんが持っていたお金の４割が等しいということなので，はじめに２人が持っていたお金の比は，(１÷0.3)：(１÷0.4)＝４：３である。この比の差の，４－３＝１が600円にあたるから，はじめにＡさんは，600×４＝2400(円)持っていたとわかる。

⑭　兄が弟にカードをあげても，２人の持っているカードの枚数の和は変わらない。はじめ，兄と弟が持っていたそれぞれのカードの枚数と和を比で表すと，３：１：４になる。同様に，兄が弟に９枚あげたあとの比は，1.5：１：2.5＝３：２：５なので，比の和を４と５の最小公倍数の20にそろえると，右上の図２のようになる。はじめに兄が持っていたカードと兄が弟にあげた９枚の比は，15：(15－12)＝５：１となるから，９×５＝45(枚)が求める枚数となる。

図２

兄：弟：和
３：１：４＝15：５：20
３：２：５＝12：８：20

⑮　３けたの偶数《ぐうすう》をつくるには，一の位に偶数である０，２，４のいずれかを置く必要がある。ただし，百の位に０を置くことができないことに注意する。樹形図を利用して３けたの整数をつくると，右の図３のように，全部で14通りつくれる。

図３

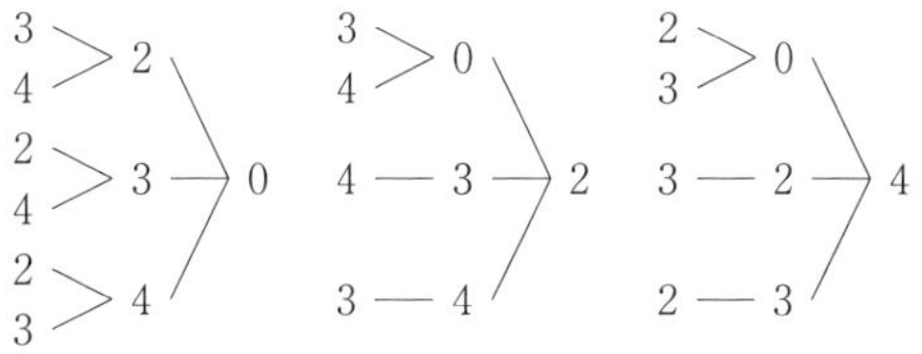

⑯　Ａ組の数は，先頭が１，差が２の等差数列で，Ｂ組の数は，先頭が１，差が３の等差数列である。Ａ組の中の29は，はじめから数えて，(29－１)÷２＋１＝15(番目)の数だから，その下のＢ組の数は，１＋３×(15－１)＝43となる。

⑰　かげをつけた部分の図形は，長方形から２つのおうぎ形を除いたものである。２つのおうぎ形の半径の長さは，６cmと，６－２＝４(cm)で，長方形の横の長さは，６＋４＝10(cm)だから，かげをつけた部分の面積は，$6\times10-\left(6\times6\times3.14\times\frac{1}{4}+4\times4\times3.14\times\frac{1}{4}\right)=60-(36+16)\times3.14\times\frac{1}{4}=60-52\times3.14\times\frac{1}{4}=60-13\times3.14=60-40.82=19.18$(cm²)と求められる。

⑱　三角形AECと三角形EDCの面積比は，AE：ED＝５：３である。三角形AECの面積を10，三角形EDCの面積を，$10\times\frac{3}{5}=6$とすると，三角形ABDの面積は，10÷２＝５，三角形ABCの面積は，５＋10＋６＝21と表せる。三角形ABCの面積は63cm²だから，比の１の値は，63÷21＝３(cm²)，三角形ABDの面積は，３×５＝15(cm²)となる。

⑲　下の図４のように，かげをつけた部分の一部を変形すると，台形EBCDとなる。この台形EBCDの面積も66cm²だから，DEの長さを□cmとして面積を表すと，(□＋12)×８÷２＝66(cm²)

という式が成り立つ。よって，□＝66×２÷８−12＝4.5(cm)と求められる。

図４

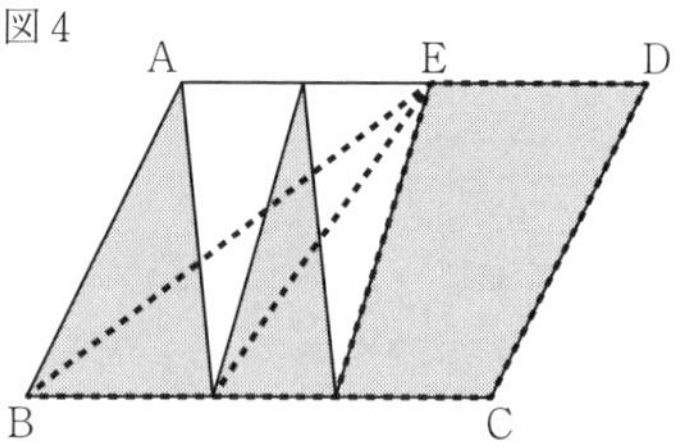

図５

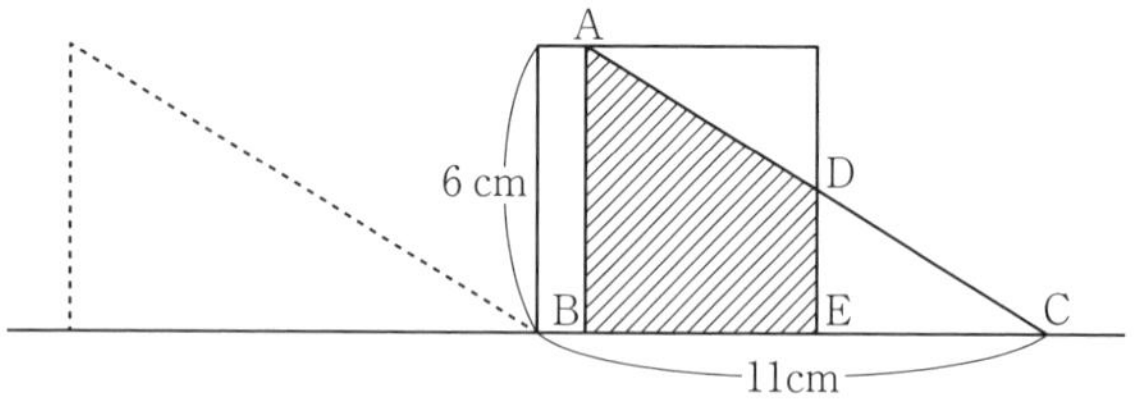

⑳　11秒後に直角三角形が，１×11＝11(cm)動いて，正方形と重なった様子は，上の図５のようになる。図５で，ECの長さは，11−６＝５(cm)，BEの長さは，10−５＝５(cm)である。また，三角形ABCと三角形DECは相似で，AB：DE＝BC：EC＝10：５＝２：１，DE＝$6\times\frac{1}{2}$＝３(cm)である。よって，重なっている部分の四角形ABEDは台形だから，面積は，（６＋３）×５÷２＝22.5(cm^2)となる。

国　語　＜第３回試験＞（45分）＜満点：100点＞

解　答

一　**1**　おうだん　**2**　ぎんしょう　**3**　たんさん　**4**　くら(べる)　**5**　ちぢ(める)　**6〜10**　下記を参照のこと。　二　**問１**　（例）　つねに変化していて難しい課題に取り組むことにやりがいがある　**問２**　勝ち負け　**問３**　２　**問４**　ミスをした時，原因は自分ひとりで考える　**問５**　**二つめ…**【２】　**三つめ…**【４】　**問６**　４　**問７**　（例）　逆上がりの練習をしていたとき，うでをしっかり曲げればいいとわかると，うまくできるようになったので，筆者の「原因を深く考える」ことが大切だという考えには，とても共感できる。　三　**問１**　ぼんやりし　**問２**　４　**問３**　４　**問４**　勝ちにいく　**問５**　（例）　ひとりではなく真歩たちといっしょに走ることができた　**問６**　**みらい…**５　**真歩…**１　**問７**　３　四　**問１**　３　**問２**　（例）　きらきらした出来事は何もなかった　**問３**　２　五　origami　六　**問１**　**主語…**３　**述語…**６　**問２**　３　**問３**　４

●漢字の書き取り

一　**6**　季節　**7**　鉄棒　**8**　野菜　**9**　群(れ)　**10**　幸(い)

解　説

一　漢字の読みと書き取り

1　東西に横切ること。　**2**　金賞につぐ二番目の賞。　**3**　二酸化炭素を水に溶《と》かしたもの。　**4**　二つのもののちがいを見ること。　**5**　短くしたり，小さくしたりすること。　**6**　一年を天候の推移にしたがってわけたときの，それぞれの区切り。　**7**　二本の支柱の間に鉄の棒をわたした体操器具。　**8**　畑などで栽培《さいばい》する食用の植物。　**9**　同じ種類の生物がたくさん集まったもの。　**10**　運や都合がよいこと。

二　出典はクルム伊達《だて》公子《きみこ》の『進化する強さ』による。テニスプレイヤーだった経験をもとに，簡単にはいかないものにやりがいを感じることのすばらしさや，うまくいかない原因を考えることの大切さを述べている。

問１　「テニス」と「人生」の一つ目の共通点は，ぼう線①の四つ後の文に，「テニスも人生も」とあり，その文に「平坦《へいたん》な道などありません」とあることから，つねに「変化」することだとわかる。そして，二つ目の共通点は，七つ目の段落に，また「テニスも人生も」とあり，その文で，「やりがい」があるということだとわかる。答案には，この二点をまとめる。

問２　指示語の指す内容は，直前にある。直前には「両方を経験して，初めて両方の気持ちがわかる」とあり，「両方」とは，勝つことと負けることである。これを四字で探すと，少し前に，「勝ち負け」という言葉が見つかる。

問３　戦って傷つくことや失うことをおそれず，「どんなことがあってもあきらめない」のは，「負けず嫌《ぎら》い」である。

問４　「その指導法」とは，「コーチの小浦猛志《こうらたけし》さん」の指導法のことである。小浦さんは，十代の頃《ころ》の筆者に，「ミスをした時，原因は自分ひとりで考えること」と教えていたのだから，この部分がぬき出せる。

問５　【１】では，テニスと人生を重ね合わせている。【２】【３】では，競争において負けず嫌いになることの大切さを述べている。【４】【５】では，自分の十代の頃の経験，つまり，自分で考えることの大切さを述べている。

問６　１は，「何とか切り替《か》えて，次に向かう時もあります」とあるので，正しい。２は，「何か一つでもこれだけは負けたくない，というものを持つべきだ」とあるので，正しい。３は，「勝ち負け」の「両方を経験して，初めて両方の気持ちがわかる」とあるので，正しい。４は，「先にアドバイスされると，自分で考える機会を失ってしまいます」とあり，せんたく肢《し》の「指導者のアドバイスに」「従う」のでは，自分で考えたことにならず，誤りである。

問７　筆者が最後の段落で述べているのは，「原因を深く考えること」の大切さについてである。答案には，失敗の原因を深く考えず，同じ失敗をくり返してしまったという経験をあげてもいいし，原因を深く考えて失敗をさけることができた経験をあげてもいい。

三　**出典は村上《むらかみ》しいこの『ダッシュ！』による。**レギュラーをうばわれたキャプテンの真歩《まほ》は，予選では全く集中できなかったが，チームメイトのアドバイスで立ち直り，親友の引退試合で力を発揮する。

問１　真歩はレギュラーをうばわれたことで，美羽留《みはる》への複雑な思いをかかえていたが，「でも真歩じゃなきゃダメなんだよ」というみらいのことばを聞いて，自分がなぜアンカーを任されたのかを理解し，もやもやした気持ちが晴れた。このことは，ぼう線③のすぐ後で「ぼんやりしていた頭の中の霧《きり》が，すっと晴れた」と表現されている。

問２　みらいに，「ウチが二チーム出してるって，おかしいと思わない」と言われて，真歩はその不自然さに気づき，「そりゃ，ちょっとは……」と答えている。さらに，二チーム出している理由が，「符音《ふおん》」に「リレーのよさ」を伝えようとする立花《たちばな》先生のメッセージだと言われたが，それが思いもよらなかったことだったので，すぐには返事ができずにいるのである。

問３　真歩は，試合に二チーム出場する意味や，自分がアンカーを任された意味を考えず，レギュラーを美羽留にうばわれたことへの不平をこぼしていた。しかし，みらいに「なんでダメなのか考えろよ」と言われ，自分の考えが浅《あさ》かったと思い知らされ，はずかしくなったのである。

問４　すぐ前に，「もちろん」と強い意志を表す語句があり，また，直後に「勝負師のスイッチ」が入ったとあるので，空らん④には，勝とうとする強い気持ちを表す言葉が入るとわかる。したがって，「勝ちにいく」という表現がふさわしい。

問５　いつもひとりで走って，いつもひとりで自分を追いつめていた符音に，みんなでいっしょに走る「リレーのよさ」を伝えたいというのが，この試合にこめた先生のメッセージだった。符音も，それを実際に感じ取り，みんなで走れることを喜んでいるのである。

問６　「みらい」は，前に進めずにいた真歩にアドバイスをし，「なんでダメなのか考えろよ」と強い口調で言っている。そして，これをきっかけに，真歩は立ち直ることができた。ここから，「みらい」は，的確に意見を言える人物だとわかる。一方，「真歩」は，レギュラーをうばわれたことでくよくよなやんでいたが，なやみがふっきれた後は，勝利に向けて全力をつくしていることがわかる。

問７　「心臓まで熱が伝わる。目の前に西中の背中。抜《ぬ》いてやる！」「心の中で反芻《はんすう》してみる。急に体が前に弾《はず》んだ。西中の背中が近づく」のように，短い文をテンポよく並べることで，リレーで走っているときのスピード感を表現している。

四　**出典は穂村《ほむら》弘《ひろし》・堀本裕樹《ほりもとゆうき》の『短歌と俳句の五十番勝負』による。**穂村弘の短歌とその鑑賞《かんしょう》文を紹介《しょうかい》している。

問１　「エンドロール」は，「映画の終わり」に流れるものである。したがって，「夏」の「エンドロール」は，夏の「終わり」を表している。

問２　夏の間に，「みんなにはさまざまな出来事があった」はずだが，「僕《ぼく》」の夏は，思い出となるような「きらきら」した出来事がないまま，ただ過ぎ去って行ったのである。「蟬《せみ》が鳴いてるだけだった夏」という表現には，何も起きないまま終わってしまった夏に対する，「僕」の切ない思いがこめられている。

問３　映画の「エンドロール」が「切なく感じる」ように，夏が終わっていくこともまた，「僕」には切なくさみしいことなのである。

五　**ローマ字の表記**

ローマ字では「あいうえお」を，ａ，ｉ，ｕ，ｅ，ｏと表記し，カ行以下はどの行の音かを表す子音と，どの段の音かを表す母音の組み合わせで表す。よって，「origami」と書く。

六　**主語と述語，送りがなの知識，ことわざの知識**

問１　述語は，「どうする」「どんなだ」「なんだ」にあたる部分である。したがって，この文の場合，「どうする」を表している「帰った」が述語になる。一方，主語は，「なにが」「だれが」にあたる部分である。

問２　「勢おい」ではなく，「勢い」が正しい。

問３　「三度目の正直」は，なんでも三回目には，望んだとおりにうまくいくこと。よって，“二度起きたことは，また起こるものだ”という意味の「二度あることは三度ある」が，反対の意味を持つことわざにあたる。

2025年度用

中学スーパー過去問

■編集人 声の教育社・編集部
■発行所 株式会社 声の教育社
〒162-0814 東京都新宿区新小川町8-15
☎03-5261-5061(代) FAX03-5261-5062
https://www.koenokyoikusha.co.jp

※本書の内容についての一切の責任は当社にあります。内容・解説・解答・その他は当社ホームページよりお問い合わせ下さい。

東京都／神奈川県／千葉県／埼玉県／茨城県／栃木県ほか

2025年度用
声の教育社版

中学受験案内

■全校を見開き2ページでワイドに紹介！

■中学～高校までの授業内容をはじめ部活や行事など、6年間の学校生活を凝縮！

■偏差値・併願校から学費・卒業後の進路まで、知っておきたい情報が満載！

私立・国公立353校掲載

Ⅰ 首都圏（東京・神奈川・千葉・埼玉・その他）の私立・国公立中学校の受験情報を掲載。

合格情報
近年の倍率推移・偏差値による合格分布予想グラフ・入試ホット情報ほか

学校情報
授業、施設、特色、ICT機器の活用、併設大学への内部進学状況と併設高校からの主な大学進学実績ほか

入試ガイド
募集人員、試験科目、試験日、願書受付期間、合格発表日、学費ほか

Ⅱ 資　料
(1)私立・国公立中学の合格基準一覧表（四谷大塚、首都圏模試、サピックス）
(2)主要中学早わかりマップ
(3)各校の制服カラー写真
(4)奨学金・特待生制度，帰国生受け入れ校，部活動一覧

Ⅲ 大学進学資料
(1)併設高校の主要大学合格状況一覧
(2)併設・系列大学への内部進学状況と条件

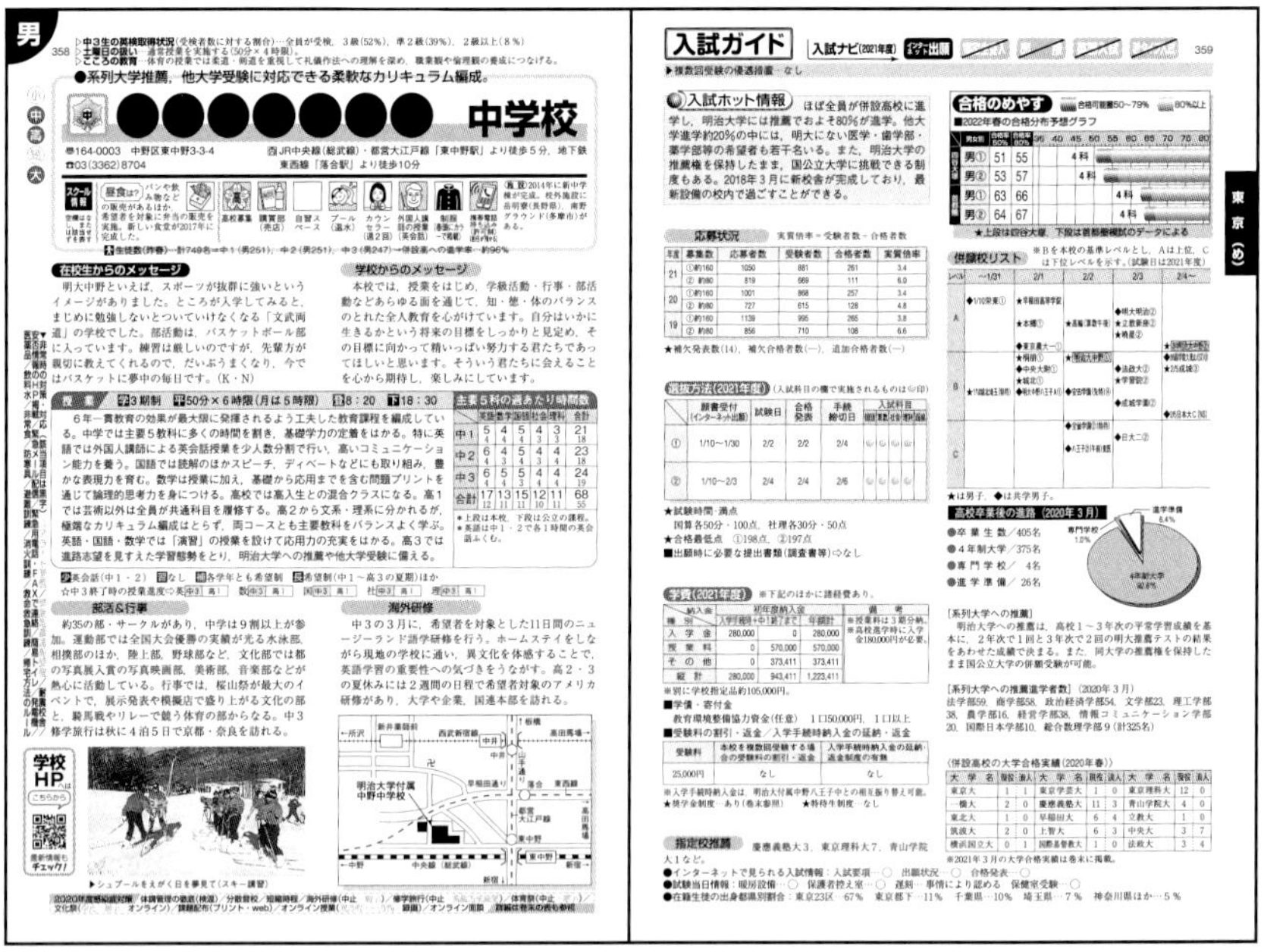

志望校・併願校を この１冊で選ぶ！決める!!

カコを追いかけ
ミライをつかめ
「今の説明、もう一回」を何度でも
web過去問
ストリーミング配信による入試問題の解説動画
もっと古いカコモンないの?
カコ過去問
「さらにカコの」過去問をHPに掲載(DL)
声の教育社
詳しくはこちらから

よくある解答用紙のご質問

01

実物のサイズにできない

拡大率にしたがってコピーすると，「解答欄」が実物大になります。配点などを含むため，用紙は実物よりも大きくなることがあります。

02

A3用紙に収まらない

拡大率164％以上の解答用紙は実物のサイズ（「出題傾向＆対策」をご覧ください）が大きいために，Ａ３に収まらない場合があります。

03

拡大率が書かれていない

複数ページにわたる解答用紙は，いずれかのページに拡大率を記載しています。どこにも表記がない場合は，正確な拡大率が不明です。

04

１ページに２つある

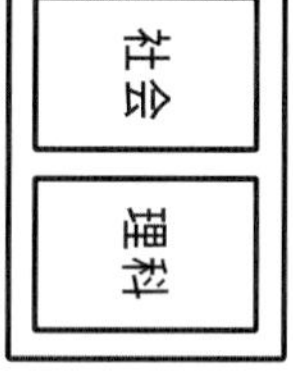

１ページに２つ解答用紙が掲載されている場合は，正確な拡大率が不明です。ほかの試験回の同じ教科をご参考になさってください。

国士舘中学校

【別冊】入試問題解答用紙編

解答用紙は本体からていねいに抜きとり、別冊としてご使用ください。

※　実際の解答欄の大きさで練習するには、指定の倍率で拡大コピーしてください。なお、ページの上下に小社作成の見出しや配点を記載しているため、コピー後の用紙サイズが実物の解答用紙と異なる場合があります。

●入試結果表

— は非公表または不明

年度	回	項目	国語	算数	2科合計	合格者
2024	第１回	配点(満点)	100	100	200	最高点
		合格者平均点	65.5	58.2	123.7	175
		受験者平均点	—	—	—	最低点
		キミの得点				106
	〔参考〕第５回国語の合格者平均点は 61.2 です。					
	第２回	配点(満点)	100	100	200	最高点
		合格者平均点	69.0	52.5	121.5	156
		受験者平均点	—	—	—	最低点
		キミの得点				102
	第４回	配点(満点)	100	100	200	最高点
		合格者平均点	65.7	50.1	115.8	126
		受験者平均点	—	—	—	最低点
		キミの得点				101
2023	第１回	配点(満点)	100	100	200	最高点
		合格者平均点	66.5	54.2	120.7	181
		受験者平均点	—	—	—	最低点
		キミの得点				110
	〔参考〕第２回算数の合格者平均点は 53.9 です。					
	第３回	配点(満点)	100	100	200	最高点
		合格者平均点	61.2	48.0	109.2	149
		受験者平均点	—	—	—	最低点
		キミの得点				102
	〔参考〕第４回国語の合格者平均点は 63.8 です。					
2022	第１回	配点(満点)	100	100	200	最高点
		合格者平均点	71.3	52.4	123.7	170
		受験者平均点	—	—	—	最低点
		キミの得点				98
	〔参考〕第２回国語の合格者平均点は 72.1 です。					
	第３回	配点(満点)	100	100	200	最高点
		合格者平均点	60.5	54.0	114.5	150
		受験者平均点	—	—	—	最低点
		キミの得点				92
2021	第１回	配点(満点)	100	100	200	最高点
		合格者平均点	—	—	—	161
		受験者平均点	—	—	—	最低点
		キミの得点				90
	〔参考〕第４回国語の合格者平均点は非公表です。					
	第３回	配点(満点)	100	100	200	最高点
		合格者平均点	—	—	—	—
		受験者平均点	—	—	—	最低点
		キミの得点				—

※　表中のデータは学校公表のものです。ただし、２科合計は各教科の平均点を合計したものなので、目安としてご覧ください。

声の教育社

２０２４年度　　国士舘中学校

算数解答用紙　第１回

番号		氏名		評点	／100

1

①	
②	
③	
④	
⑤	

2

⑥	
⑦	
⑧	点
⑨	円
⑩	%
⑪	円
⑫	番目
⑬	ページ
⑭	m
⑮	通り
⑯	点
⑰	度
⑱	cm
⑲	cm^2
⑳	秒後

（注）この解答用紙は実物を縮小してあります。Ｂ５→Ｂ４（141％）に拡大コピーすると、ほぼ実物大の解答欄になります。

〔算　数〕100点（学校配点）

1, 2　各５点×20

２０２４年度　国士舘中学校

国語解答用紙　第五回

番号　　氏名　　評点　／100

一

1　2　3　4　う　5

6　7　8　9　える　10

二

問一　a　b

問二　20　30

問三　問四　④　⑤

問五　問六

問七

三

問一

問二　20　30

問三　問四　問五

問六　問七

四

問一　問二

問三

五　(下の解答らんに書きなさい。)

五

六

問一　主語　述語

問二　①　画　②　画　問三

(注) この解答用紙は実物を縮小してあります。B５→A３(163%)に拡大コピーすると、ほぼ実物大の解答欄になります。

〔国　語〕100点(学校配点)

一　各２点×10　二　問１　３点＜完答＞　問２　５点　問３〜問６　各３点×４＜問４は完答＞　問７　10点　三　問１　３点　問２　５点　問３〜問７　各３点×５　四　各４点×３　五，六　各３点×５＜六の問１は完答＞

２０２４年度　　国士舘中学校

算数解答用紙　第２回

番号		氏名	

評点	／100

1

①	
②	
③	
④	
⑤	

2

⑥	
⑦	個
⑧	
⑨	分
⑩	
⑪	才
⑫	
⑬	m
⑭	時間
⑮	円
⑯	
⑰	度
⑱	cm^2
⑲	cm
⑳	cm

（注）この解答用紙は実物を縮小してあります。Ｂ５→Ｂ４（141%）に拡大コピーすると、ほぼ実物大の解答欄になります。

〔算　数〕100点(学校配点)

1, 2　各５点×20

２０２４年度　　国士舘中学校

国語解答用紙　第二回

番号		氏名		評点	／100

一

1	2	3	4　ぶ	5　たす
6	7	8	9　く	10　う

二

問一　問二 ②　④　問三 a　b

問四（20）（30）と思い込む状態。

問五　問六

問七

三

問一（20）（30）

問二 ②　④　問三

問四 a　b

問五　問六　問七

四

問一

問二

問三

五　（下の解答らんに書きなさい。）

五

六

問一 主語　述語　問二　問三

（注）この解答用紙は実物を縮小してあります。Ｂ５→Ａ３（163％）に拡大コピーすると、ほぼ実物大の解答欄になります。

〔国　語〕100点(学校配点)

一　各2点×10　二　問1〜問3　各3点×3＜問2，問3は完答＞　問4　5点　問5，問6　各3点×2　問7　10点　三　問1　5点　問2〜問7　各4点×6＜問2，問4は完答＞　四〜六　各3点×7＜六の問1は完答＞

２０２４年度　　国士舘中学校

算数解答用紙　第４回

番号		氏名		評点	／100

1

①	
②	
③	
④	
⑤	

2

⑥	個
⑦	
⑧	ページ
⑨	秒
⑩	4月　日
⑪	倍
⑫	本
⑬	通り
⑭	円
⑮	人
⑯	時速　km
⑰	度
⑱	cm
⑲	cm^2
⑳	cm^3

（注）この解答用紙は実物を縮小してあります。Ｂ５→Ｂ４（141％）に拡大コピーすると、ほぼ実物大の解答欄になります。

〔算　数〕100点(学校配点)

1, 2　各５点×20

２０２４年度　国士舘中学校

国語解答用紙　第四回

番号		氏名		評点	／100

一

1	2	3	4 る	5 がす
6	7	8	9 く	10

二

問一 ①　⑦　問二 a　b　問三

問四 (20)(30)

問五

問六

問七

三

問一　問二　問三　問四　問五

問六 (20)(25)

問七

四

問一　問二

問三 a　b

五 （下の解答らんに書きなさい。）

六

問一 主語　述語

問二 ①　②

問三 大　小

五

（注）この解答用紙は実物を縮小してあります。B５→A３（163％）に拡大コピーすると、ほぼ実物大の解答欄になります。

〔国　語〕100点(学校配点)

一　各２点×10　二　問１～問３　各３点×３＜問１，問２は完答＞　問４　５点　問５，問６　各３点×２　問７　10点　三　問１～問５　各３点×５　問６　５点　問７　３点　四　各４点×３＜問３は完答＞　五，六　各３点×５＜六の問１は完答＞

2023年度　国士舘中学校

算数解答用紙　第2回

番号		氏名		評点	／100

1

①	
②	
③	
④	
⑤	

2

⑥	
⑦	
⑧	倍
⑨	円
⑩	分速　　m
⑪	円
⑫	問
⑬	分後
⑭	枚
⑮	円
⑯	人
⑰	度
⑱	cm
⑲	cm
⑳	cm^3

（注）この解答用紙は実物を縮小してあります。Ｂ５→Ｂ４（141％）に拡大コピーすると，ほぼ実物大の解答欄になります。

〔算　数〕100点（学校配点）

1，2　各５点×20

二〇二三年度　国士舘中学校

国語解答用紙　第一回

番号　　氏名　　評点　／100

一
1　2　3　4　める　5
6　7　8　9　う　10

二
問一　問二　問三 ③ ⑤
問四（20・30）
問五　問六
問七

三
問一 ① ⑤　問二
問三
問四（20・25）
問五　問六　問七

四
問一
問二
問三

五　（下の解答らんに書きなさい。）

五

六
問一 主語 述語
問二 ① 画 ② 画　問三

（注）この解答用紙は実物を縮小してあります。B５→A３（163%）に拡大コピーすると、ほぼ実物大の解答欄になります。

〔国　語〕100点(学校配点)

一　各２点×10　二　問１～問３　各３点×３＜問３は完答＞　問４　５点　問５，問６　各３点×２　問７　10点　三　問１～問３　各３点×３＜問１は完答＞　問４　５点　問５～問７　各３点×３　四　各４点×３　五，六　各３点×５＜六の問１は完答＞

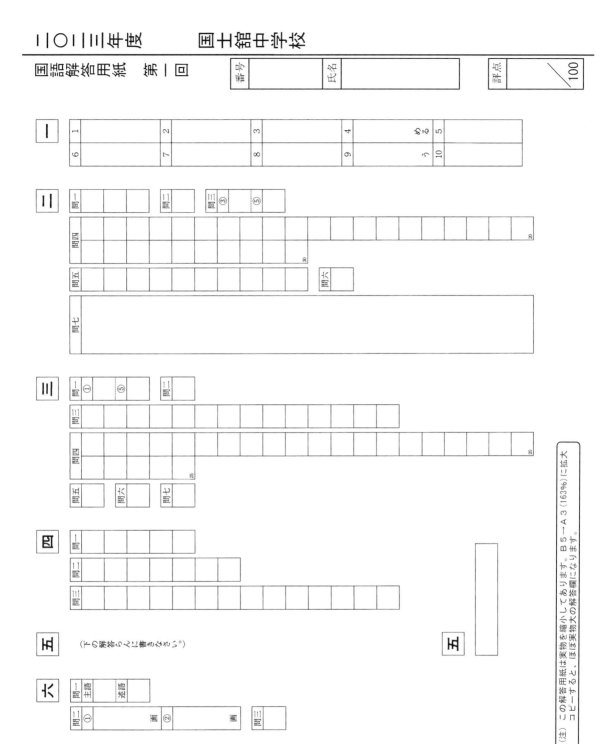

２０２３年度　　国士舘中学校

算数解答用紙　第３回

番号		氏名		評点	／100

1

①	
②	
③	
④	
⑤	

2

⑥	
⑦	分
⑧	%
⑨	円
⑩	
⑪	円
⑫	2時　　分
⑬	m
⑭	円
⑮	点
⑯	
⑰	度
⑱	cm^3
⑲	m
⑳	cm^2

（注）この解答用紙は実物を縮小してあります。Ｂ５→Ｂ４（141%）に拡大コピーすると、ほぼ実物大の解答欄になります。

〔算　数〕100点（学校配点）

1，2　各５点×20

二〇二三年度　国士舘中学校

国語解答用紙　第四回

番号		氏名		評点	/100

一

1	2	3	4 う	5
6	7	8	9 れる	10

二

問一

問二

問三 ③ ④　問四　問五

問六（20, 30）

問七

三

問一 ① ②　問二　問三

問四　問五 a b

問六（15, 25）

問七

四

問一

問二　問三

五

（下の解答らんに書きなさい。）

六

問一 主語 述語

問二 ① ②

問三 心 心

五

（注）この解答用紙は実物を縮小してあります。B５→A３（163%）に拡大コピーすると、ほぼ実物大の解答欄になります。

〔国　語〕100点(学校配点)

一　各２点×10　二　問１～問５　各３点×５＜問３は完答＞　問６　５点　問７　10点　三　問１～問５　各３点×５＜問１，問５は完答＞　問６　５点　問７　３点　四　各４点×３　五，六　各３点×５＜六の問１は完答＞

２０２２年度　　国士舘中学校

算数解答用紙　第１回

番号		氏名	

評点	／100

1

①	
②	
③	
④	
⑤	

2

⑥	
⑦	
⑧	倍
⑨	km
⑩	円
⑪	秒
⑫	円
⑬	枚
⑭	m
⑮	
⑯	人
⑰	度
⑱	cm
⑲	倍
⑳	時速　　km

（注）この解答用紙は実物を縮小してあります。Ｂ５→Ｂ４（141%）に拡大コピーすると、ほぼ実物大の解答欄になります。

〔算　数〕100点（学校配点）

1, 2　各５点×20

二〇二二年度　国士舘中学校

国語解答用紙　第二回

番号		氏名		評点	/100

一

1		2		3		4	める	5	びる
6		7		8		9	ける	10	い

二

問一

問二（30）

問三　問四

問五　問六

問七

三

問一　問二　問三 ③ ⑥　問四

問五（25）

問六

問七

四

問一

問二（こと）

問三

五

（下の解答らんに書きなさい。）

六

問一 主語 述語　問二　問三

五

（注）この解答用紙は実物を縮小してあります。Ｂ５→Ａ３（163%）に拡大コピーすると、ほぼ実物大の解答欄になります。

〔国　語〕100点（学校配点）

一　各２点×10　二　問１　３点　問２　５点　問３～問６　各３点×４　問７　10点　三　問１～問４　各４点×４＜問３は完答＞　問５　５点　問６，問７　各４点×２　四～六　各３点×７＜六の問１は完答＞

２０２２年度　国士舘中学校

算数解答用紙　第３回

番号		氏名	

評点	／100

1

①	
②	
③	
④	
⑤	

2

⑥	
⑦	
⑧	km
⑨	mL
⑩	
⑪	個
⑫	
⑬	個
⑭	人
⑮	km
⑯	通り
⑰	度
⑱	倍
⑲	cm^2
⑳	cm^2

（注）この解答用紙は実物を縮小してあります。Ｂ５→Ｂ４（141％）に拡大コピーすると、ほぼ実物大の解答欄になります。

〔算　数〕100点(学校配点)

1，2　各５点×20

二〇二二年度　　国士舘中学校

国語解答用紙　第三回

番号　　氏名　　評点　　／100

一

1　2　3　4　ける　5　こす
6　7　8　9　り　10

二

問一
問二
問三　問四
問五　a　b　問六
問七

三

問一
問二　問三
問四
問五　問六　問七

四

問一　問二
問三

五　（下の解答らんに書きなさい。）

六

問一　主語　述語
問二　問三

五

（注）この解答用紙は実物を縮小してあります。B5→A3（163%）に拡大コピーすると、ほぼ実物大の解答欄になります。

〔国　語〕100点（学校配点）

一　各2点×10　二　問1　3点　問2　5点　問3〜問6　各3点×4＜問5は完答＞　問7　10点　三　問1　5点　問2〜問7　各4点×6　四〜六　各3点×7＜六の問1は完答＞

２０２１年度　　国士舘中学校

算数解答用紙　第１回

番号		氏名		評点	／100

1

①	
②	
③	
④	
⑤	

2

⑥	
⑦	
⑧	時速　　　　km
⑨	mL
⑩	円
⑪	本
⑫	円
⑬	枚
⑭	組
⑮	
⑯	通り
⑰	度
⑱	cm^2
⑲	倍
⑳	分

（注）この解答用紙は実物を縮小してあります。Ｂ５→Ｂ４(141%)に拡大コピーすると、ほぼ実物大の解答欄になります。

〔算　数〕100点(学校配点)

1, 2　各５点×20

二〇二三年度　国士舘中学校

国語解答用紙　第四回

番号		氏名		評点	/100

一

1	2	3	4 える	5 く
6	7	8	9 て	10 く

二

問一　問二 ～　問三 ③ ⑥

問四 20 30

問五　問六

問七

三

問一　問二　問三　問四 ④ ⑦　問五

問六 20 25

問七

四

問一

問二

問三 俳句 季節

五

（下の解答らんに書きなさい。）

五

六

問一 主語 述語

問二 ① ②

問三 進 歩

（注）この解答用紙は実物を縮小してあります。B5→A3（163%）に拡大コピーすると、ほぼ実物大の解答欄になります。

〔国　語〕100点(学校配点)

一　各2点×10　二　問1～問3　各3点×3＜問3は完答＞　問4　6点　問5，問6　各3点×2　問7　10点　三　問1～問5　各3点×5＜問4は完答＞　問6　5点　問7　3点　四　問1，問2　各3点×2　問3　5点　五，六　各3点×5＜六の問1は完答＞

２０２１年度　　国士舘中学校

算数解答用紙　第３回

番号		氏名		評点	／100

1

①	
②	
③	
④	
⑤	

2

⑥	
⑦	m^2
⑧	%
⑨	点
⑩	1時　　分
⑪	cm
⑫	個
⑬	円
⑭	枚
⑮	通り
⑯	
⑰	cm^2
⑱	cm^2
⑲	cm
⑳	cm^2

（注）この解答用紙は実物を縮小してあります。Ｂ５→Ｂ４（141％）に拡大コピーすると、ほぼ実物大の解答欄になります。

〔算　数〕100点（学校配点）

1, 2　各５点×20

二〇二二年度　国士舘中学校

国語解答用紙　第三回

番号　　氏名　　評点　／100

一
1　2　3　4 べる　5 める
6　7　8　9 れ　10 い

二
問一（30字）
問二　問三
問四
問五 二つめ　三つめ　問六
問七

三
問一　問二　問三　問四
問五（25字）
問六 みらい　真歩　問七

四
問一　問二（15字）
問三

五（下の解答らんに書きなさい。）

六
問一 主語　述語
問二　問三

五

（注）この解答用紙は実物を縮小してあります。B５→A３（163%）に拡大コピーすると、ほぼ実物大の解答欄になります。

〔国　語〕100点(学校配点)

一　各２点×10　二　問１　５点　問２～問６　各３点×5<問５は完答>　問７　10点　三　問１～問４　各４点×4　問５　５点　問６，問７　各４点×2<問６は完答>　四～六　各３点×7<六の問１は完答>

Memo